走进世界·海外民族志大系

丛书策划：高丙中　高秀芹　丁超

咨询与编辑委员会

主　　任：郝　平

副 主 任：吴志攀　刘　伟

执行主任：谢立中　李　强

秘 书 长：萧　群

委员（按音序排列）：

陈庆德	丁　超	范　可	方李莉	方　文	傅增有
高丙中	高秀芹	郭于华	郝　平	何　彬	何　明
贺　霆	钱民辉	景　军	李　强	刘爱玉	刘　伟
罗红光	麻国庆	潘　蛟	彭小瑜	彭兆荣	秦兆雄
渠敬东	阮云星	色　音	尚会鹏	石奕龙	王建民
王建新	文　化	翁乃群	吴小安	吴志攀	萧　群
谢立中	徐黎丽	徐新建	阎云翔	杨圣敏	于　硕
张海洋	张江华	张黎明	赵旭东	周大鸣	周　星
周　云	朱晓阳	庄孔韶	纳日碧力戈	Judith Farquhar
George Marcus

主编：高丙中

鸣谢

本项研究获得高丙中主持的教育部人文社会科学研究2002年度重大项目"社会转型过程中公民身份建构的人类学实证研究"（02JAZD840001）、教育部文科基地重大项目"社团组织研究"（02JAZJD840002）的资助，本书的出版得到北京大学社科部的资助，特此致谢。

美国的社会与个人
——加州悠然城社会生活的民族志

李荣荣 / 著

北京大学出版社
PEKING UNIVERSITY PRESS

图书在版编目（CIP）数据

美国的社会与个人：加州悠然城社会生活的民族志 / 李荣荣著.
— 北京：北京大学出版社，2012.3
（走进世界·海外民族志大系）
ISBN 978-7-301-20358-3

Ⅰ.①美⋯ Ⅱ.①李⋯ Ⅲ.①家庭生活－研究－美国
Ⅳ.① D771.281

中国版本图书馆 CIP 数据核字 (2012) 第 033043 号

书　　　名：美国的社会与个人——加州悠然城社会生活的民族志
著作责任者：李荣荣　著
责任编辑：丁　超
标准书号：ISBN 978-7-301-20358-3/C·0742
出版发行：北京大学出版社
地　　　址：北京市海淀区成府路 205 号　100871
网　　　址：http://www.pup.cn
电　　　话：邮购部 62752015　发行部 62750672
　　　　　　编辑部 62750112　出版部 62754962
电子邮箱：pw@pup.pku.edu.cn
封面设计：点石坊
平面设计：点石坊
印　制　者：北京大学印刷厂
经　销　者：新华书店
　　　　　　650mm×980mm　16 开本　20 印张　310 千字
　　　　　　2011 年 10 月第 1 版
　　　　　　2012 年 3 月第 2 版　2012 年 3 月第 1 次印刷
定　　价：36.00 元

未经许可，不得以任何方式复制或抄袭本书之部分或全部内容。
版权所有，侵权必究　举报电话：010-62752024
　　　　　　　　　　电子邮箱：fd@pup.pku.edu.cn

"走进世界"丛书总序

以全球社会为研究对象 推动社会科学更加繁荣

当今世界的主题是和平与发展。如何促进世界和平和人类社会的和谐发展，是社会科学界要致力研究的重大理论和实践问题。随着我国改革开放步伐的不断加大，与其他国家的接触和交流日益增多，我国的社会科学研究也迈入了新的阶段，即加强对全球社会的经验研究，推动我国哲学社会科学优秀成果和优秀人才走向世界。

长期以来，我国社会科学的发展侧重于国内社会的实践研究，对国外的研究偏重于理论介绍，而经验研究相对缺乏，这样可能出现的后果是国内外的理论家由于缺乏可供讨论的共同的实践经验，因而对双方理论的理解难以深入，容易陷入彼此自说自话的状态。当今天我国的综合国力显著提升，国际影响力逐渐增强，同时，我们的研究者也能对自己的研究充满自信的时候，那么，走出国门进行外国社会的经验研究就具备了比较成熟的条件。

推动以全球社会为对象的经验研究，是中华民族在全球化的背景下为实现伟大复兴而赋予我国社会科学界的使命，是我们制定科学的国际战略和外交政策的前提条件，也是我们促进国际社会朝着有利于世界和平方向发展的可能契机，同时也是我们开展区域合作，共同营造和平稳定、平等互信、合作共赢国际环境的基石。

推动以全球社会为对象的经验研究，是我国在全球化的背景中日益迫切的知识需求。随着我国改革开放向纵深方向的发展，"中国发展离不开世界，世界繁荣稳定也离不开中国。"长期以来，由于我国社会科学对于海外社会研究的匮乏，我国社会层面对于外部世界的认识还停留在集体想象和个人的经验之上，因此以参与观察为基础的关于国外真实而复杂的社会的知识，有利于进一步提高我国的社会科学研究水平，有利于促进我国社会科学事业的发展繁荣，也有利于推动我国改革开放局面的良好发展。从社会科学发展的角度来思考，这也是实现我国社会科学与国外社会科学平等对话的前提条件，有助于我国社会科学朝着更加全面先进的方向发展。

以全球社会为对象的经验研究是一项光荣而非常艰巨的工作，同时，它涉及到全球社会的政治、经济、宗教以及文化心理等方面的内容，这也就对此项工作的开展提出了更多、更苛刻的要求，它不仅要求我们掌握当地语言、实现多学科联合作业，而且还必须具备从事实地调查研究的诸多客观条件。在很长的一段时间内，我国此项工作的开展的确存在着诸多困难。比如，从事海外田野作业的经费短缺；政府外事机构针对我国公民在外国的管理和服务功能尚不健全。令人欣慰的是，上述诸多制约条件在近几年内特别是在党的"十七大"之后发生了根本性的转变：一些学术课题的资助有力支持了部分学者到一些国家进行田野作业；党中央、政府鼓励优秀成果和优秀人才走向世界，为有志于此的学者提供了条件；同时，我国的发展水平也造就了民众比较自信和平和的对外心态，奠定了接受充满差异的真实的外部世界的心理基础。我们高兴地看到，我国一些学术机构和学者正在致力于建设面向全球社会的实地研究平台，开创了全球社会经验研究的新局面。正是他们的辛勤付出，为我们真实了解世界开启了一扇更为宽阔的视窗。

我们期待，随着更多的中国学者走进世界，一批又一批令人瞩目的研究成果将会诞生。我们相信，中国社会科学将会因此进入一个更加繁荣的新时期！

中华人民共和国教育部副部长 郝平
2010 年 6 月 15 日端午节

"走进世界·海外民族志大系"总序

凝视世界的意志与学术行动

能叙事才好成事。是表述主体才可能是社会主体。

"到海外去!"

"到民间去",曾经是一个世纪前中国现代社会科学发生期所酝酿出来的口号。先有具备学术规范的社会调查,才有社会科学的出现。在少数人一段时间的尝试之后,一句凝结着共同体集体意识的"到民间去"成为1919年之后的知识界的运动,在中国促成书斋学问之外的社会调查之风蓬勃兴起。社会科学诸学科此前在中国主要是课堂传授的西方书本知识,"到民间去"的调查之风呼唤着以中国社会为对象的知识生产,这种知识生产逐渐造就了中国社会科学诸学科。

今日的中国社会科学界则萌发着另一种冲动,一种积聚了很久、压抑了很久的求知之志,这就是:"到海外去"!

曾经,在大家都不能出国的时期,我们在政治关怀上满怀豪情地、当然只是浪漫地"放眼世界"。今天,出国旅行在中国已经大众化了,"看世界"的欲望已如春潮涌动。中国的知识界要做的是以规范的学术方式"走进世界"之后"凝视世界"!

关于社会调查,关于经验研究,"到海外去"预示着中国社会科学发展的新机会。社会调查的眼界有多宽,社会科学的格局才可能有多大。几辈知识分子在"民间"、在本土开展调查研究,奠定了中国社会科学的当下格局。我们今天到海外去,到异国他乡去认识世界,则是为了中国社会科学明天的新格局。

到海外做民族志

中国人出国，在"镀金"、"淘金"、"挥金"之外，新增加了一个目标，这就是扎在一个地方把它作为一种社会、一种文化来观察，然后写出学理支撑的报告，名之曰"海外民族志"。虽然到目前只有十多个人怀抱着这个目标走出国门，但是它的学术和社会意义却不同凡响。

海外民族志，是指一国的人类学学子到国外（境外）的具体社区进行长期的实地调查而撰写的研究报告。这种实地调查应该符合人类学田野作业的规范，需要以参与观察为主，需要采用当地人的语言进行交流，并且需要持续至少一年的周期。

在西方人类学的正统和常识中，民族志就是基于异国田野作业的研究报告，"海外"是民族志的题中应有之意，所以它们是没有"海外民族志"这个说法的。

人类学民族志的标杆是由马林诺斯基、拉德克利夫—布朗、玛格丽特·米德那批充满学术激情的青年才俊在1920年代出版的著作所树立起来的。他们各自从伦敦，从纽约背起行囊，乘船出海，到大洋中的小岛和"野蛮人"长期生活在一起，完成了《西太平洋的航海者》、《安达曼岛人》及《萨摩亚人的成年》等经典的民族志著作。他们是第一批靠民族志成为人类学家并进而成为学术领袖的人物。他们的职业生涯成为人类学专业的人才培养的模式。做民族志，总要有充沛的激情让自己想得够远，走得够远。在拥有成千上万的人类学从业者的西方国家，即使后来在国内社会做民族志的人逐渐多起来，但是，到海外做民族志还是一直被尊为人类学人才培养的正途。

但是，对于中国的人类学共同体来说，民族志一直都是一种家乡研究，一种对于本乡本土、本族本国的调查报告，因此，"海外"从来都是中国人类学的民族志所缺少的一个要素，所未曾企及的一个视野，所没有发育起来的一种性质，当然也是今天绝对需要的一种格局。

一般都说中国人类学已经有百年的历史，我们现在才有组织地把田野作业推进到海外，这项迟来的事业让我们终于可以跨越百年的遗憾。北京大学、中山大学、中央民族大学、厦门大学、云南大学等具有人类学专业的国内高校正陆续把一个一个的学子送到海外开展规范的田野作业。

中国学人到海外做民族志的时代尽管迟来却已经大步走来！

作为表述主体的共同体

一个共同体，在关于世界的叙事中所占的位置与它在这个世界中的位置是关联在一起的。民族志是共同体对共同体的表述地位、能力以及主体性明确程度的知识证明。

学术是用文字表达的抽象观念。文字是个人一段一段书写的，但是抽象观念却不是在个人意义上能够成立的。学术是共同体的衍生物、伴随品。——共同体造就学人，共同体产生知识兴趣、共鸣群体（读者），共同体传承学术成果。反过来，学术则催生新的共同体或促成共同体的新生。

具有集体意识的共同体必须是表述者，必须是能够言说自我、言说他人的表述者。民族志是关于共同体表述地位是否存在的证明，是共同体通过特定的表述得以构成或显现为主体的知识途径，是共同体的表述者身份的名片。

虽然民族志的主笔者是个人，虽然民族志的材料来自被访谈的个人，虽然一部一部的民族志都有各各不同的具体内容，但是在集合起来的总体效用上，民族志承载着共同体对共同体的结构性关系。西方与东方的关系、与非洲和拉美的关系，既是由西方所生产的器物所支撑的，由西方的武器所打出来的；也是由西方关于非西方世界的叙事所建构的。这种结构性关系是难以改变的，但不是不能改变的。改变，只能由器物生产的实力和叙事的表述能力所构成的合力来促成。

在前现代，作为表述者的共同体是各自说话，并且主要是自说自话，偶尔才说及他人，对他人的表述和自我表述都难以直接影响他人社会——即使慢慢偶然传播到他人社会了，影响效果也总是以缓慢而曲折的方式发生。

在现代，西方社会科学的兴起，尤其是民族志的兴起，造成了一种知识后果，这就是群体作为自我与作为他者都被置于同一个表述所组成的社会景观之中，置于西方作为世界中心的这个社会结构之中。从视角来分析这种社会结构的知识关系，西方之所以处于世界的中心是因为几乎所有的观察者、表述者都是从西方往外看的。也就是说，从民族志来分析，作者都是西方学者或者学习西方的学者，而文本内容所叙述的都是非西方社会的事情；在共同体层次，西方是凝视者，非西方是被观察对象。知识的社会后果早就凸显出来：关于他人社会的叙事不仅在不断满足西方大众的猎奇之心，而且在知识和社会观念上不断强化我群与他群的一种中心—边缘的结构关系——如果我群与他群的相互表述是不平等的，这种结构关系也是不平等的；如果相互表述是极端不平等的，那么这种结构关系也是极端不平等的。民族志的作者在自己的社会中不过是一个普通学者，而在共同体的关系中却支撑着其共同体的优越地位。西方作为民族志叙事的主体，同时也成为普遍主义思维模型的创立者，普世价值的申说者、裁判者，世界议题的设置者。

不过，后现代的世界给人类带来了新的机会。这一波来势汹汹的全球化，也是世界各个共同体、各个层次的共同体的力量和关系的再结构化机会。意识形态批判使西方中心主义得到深刻反省，新技术、新媒体与人口流动使关于他人的叙述不再能够作为一面之词而成立。更多的共同体能够在国际平台上成为关于世界的叙事者了，世界真正变得紧密了，于是，共同体的代表者对自我的表述与对他人的表述都会同时影响自我和他人在结构中的位置和关系。共同体在全球社会景观中的位置和关系是由代表者的表述和他们参与的表述的总和所塑造的。

中国学者是一个后来的参与群体。"后来"有遗憾，但是后来者必然有不一样的机会和优势。

民族志与中国社会科学

西方人类学家打造了民族志的镜子，用它来审视非西方社会；我们从西方拿来民族志方法的镜子，我们几十年来只拿它观照自己。现在需要强调指出的是，民族志方法其实是一把多面镜，它可以观照我们，其实更方便观照我们之外的世界。

共同体的社会科学是要靠关于社会的叙事来支撑的。支撑西方社会科学的是关于全球范围的社会叙事，而支撑中国社会科学的是限于中国内地的社会叙事。相比较而言，西方社会科学是以西方为中心看世界，而中国社会科学是以西方的学术眼光看中国。西方学者跑遍世界,当然也跑遍了中国各地,撰写了成千上万的民族志,建立了关于世界的叙事;中国学者也出国,当然主要是到西方国家,但是十分耐人寻味的是,他们把西方只是当作一个大学,那里只是求学的知识殿堂,并不是他们做田野调查的地方。他们回国才做调查研究。

中国追求现代化一百多年,几辈学者介绍了几乎所有的现代化国家的思想和理论,但是从来没有为国人提供特定的现代社会在社区层次的实际运作的经验知识。现代社会具体是怎样的?现代生活对于个人如何是可能的?中国的社会科学没有认真提过这种问题,中国的人类学也没有当作使命来回答过这种问题,当然就一直没有相应对象的民族志出现。

毫无疑问,中国的社会科学也是以追求真理、认识人类社会的科学规律来自我期许的。但是,中国在近代以来主要是在政治、军事上纠缠在国际事务之中,在学术上因第一手经验研究的缺乏是处于国际之外的。我们也关心亚非拉人民,也声援发达国家的人民反对资本主义、帝国主义、霸权主义的正义事业,不过,这大都是在政治、道义上的努力。在知识产业上,中国的社会科学一直都是一种家庭作坊,是一种自产自销的格局:学者们在自己的社会中发掘经验材料,以国内的政府、同行、大众为诉求对象。一些学科也涉及国际世界,甚至以国际社会为论题,但是基本上都是站在(或藏在)中国社会之中对外人信息间接引用与想象的混合物。没有进入世界的田野作业,没有关于国际社会的民族志作为支撑,何来以现实世界为调查研究对象的社会科学?

中国的社会科学,从关于中国、关注中国社会、关心中国发展的社会科学,到认知全球社会的科学,必须从最基本的海外民族志个案积累开始。中国学界的海外民族志将逐步建构中国对于世界的表述主体,中国将从民族志观察的对象转变为叙述世界的主体。在国际社会科学中,中国从单向地被注视,发展出对世界的注视,以此为基础,作为表征社会知识生产关系之核心的"看"就必须用"注视—对视"(也就是"相视")的范畴来对待了。获得社会知识的单方面的审视总是被抱怨包含着轻视、敌视,但是"对视"以及作为其产物的相互表述的民族志将在国际社会之间造成"相视而笑"的效果,也就是费孝通先生所期盼的"美美与共,天下大同"的结果。

以中文为母语的人口与中国人口都在世界上占最大的比重。中国学人和中文加入到关于世界的实地调查研究中来，世界社会科学无疑将因之大为改变。更多的参与者、更多的视角看世界，看彼此，被呈现出来的世界将会大不相同。

展望中国社会科学新格局……

因为心中有春天，我们看见嫩芽会欢欣。

海外民族志训练是未来的人类学家出师的汇报演出。没有人指望其中有多少大师的代表作，但是它们无疑都是地区研究的一个区域的开拓性著作，更加确信的是，它们的作者是中国人类学乃至社会科学在国外社会大展经验研究的开路先锋，是为我们共同体在知识世界开疆裂土的功臣。它们的作者从熟悉的家园到远方、到异国他乡而去，拓展了中文世界的空间。它们从社会知识生产的源头而来，就像涓涓溪水从雪山而来，假以时日，配以地势，必将汇聚成知识的海洋。

我们年青的人类学者已经走进世界，在泰国、蒙古、马来西亚、印度、澳大利亚、美国、德国、法国、俄罗斯、巴西、香港、台湾等地，深入一个社区进行起码一年的参与式社会调查。他们会带动越来越多的学人参与，世界上也将会有越来越多的地方成为中国学界的关注点。他们陆陆续续地会完成自己的民族志成果，用中文书写当前世界各种社会的文化图像。他们的民族志个案今后可以组合成为对于发达国家的社会研究，对于金砖四国的综合研究，对于佛教、伊斯兰教、印度教和基督教社会的比较研究，如此等等，不一而足。我们特别期盼对于非洲大陆、阿拉伯世界、太平洋众多岛国的研究，特别期盼对于周边国家日本、韩国、缅甸、越南的研究……

海外民族志在中国的广泛开展，将改变中国社会科学单一的学科体制。中国社会科学按照学科划分为政治学、法学、经济学、教育学、社会学、民族学、人类学、人口学、民俗学……，分属不同学科的学人要开展合作，并没有学科体制的平台。民族志比较发达的那些知识共同体，如美国、日本，在学科分列的同时还有一个地区研究（area studies）的体制。在学科与地区研究并行的体制中，大学教授分属不同学科的院系，但是相同的地区研究兴趣又把不同院系的教授联结起来。这个方向的发展是以关于国外社会的民族志为基础的，但是却不是人类学家单独能够操作的。我们刚刚开头的海外民族志事业对于中国社会科学派生"地区研究"的机会却是靠整个学界才能够把握的。

海外民族志成为中国社会科学的基础知识领域之后，中国社会科学在学术上也会更上一层楼。海外民族志除了在共同体层次上、在整体上对于社会科学的重大意义之外，在技术层次、操作层次对于社会科学的影响也会是很实在的。从业者只在中国社会做调查与同时在海外社会做调查，代表着不同的眼界、不同的事实来源。更开阔的眼界对于议题的选择、对象的甄选、观念的形成都会更胜一筹。学术的精进总伴随着寻找更广泛的社会事实来源；由国际社会经验比较所支持的论说可能更加有力。

相对比较紧迫的是，海外民族志是疗治中国社会科学严重落后于时代的病症的一剂良药。在一个全球化的时代，中国学者却只在本国的社会中做实地调查。中国把大量资源投入到外语学习上，却没有几个人是计划学了语言去国外社会做调查研究的。中国的商品拥挤在全世界各地，可是它们总是置身在陌生的社会被人用怀疑的眼光打量、挑剔，中国学界没有能够及时为它们创造各个方面都能够熟悉的知识环境。中国大众旅游的洪流已经从国内漫延到国外，在世界上浮光掠影的观光所型塑的世界观是极其偏颇而危险的。所有这一切都在期待中国社会科学的世界眼光。

凝视世界的欲望需要走出去的意志来展现。人类学者是共同体的眼珠子——它们被用来看世界，看社会，看社会世界，看世界社会。有眼珠子就能够看，有心才能够凝视。人类学者也是知识群体的脚板子——它们要走很远的路，走很多的路，走陌生的路，也就是走没有路的路。有了这样的人类学者群体，一个共同体的社会科学才能走得够远，看得更远。

高丙中
北京大学社会学系教授
北京大学人类学专业海外民族志项目负责人

2009年7月4日

序　言

　　这是一部近乎完美的人类学著作。通过引人入胜的叙事，生动细腻的深描，和如闻其声的受访者自述，李荣荣博士成功地展示出美国一个小城市中个体与社会之复杂关系的方方面面。深嵌于各个章节之内的历史背景介绍，统计资料和媒体报道的运用，学术文献的回顾，有关理论的对话，再加上作者的精彩分析，又为流畅的民族志叙事增添了思想的重量。书中的许多段落令人过目难忘，不少机敏评论堪称神来之笔。我最欣赏的是李荣荣将她的异文化体验恰如其分地写进民族志，以人类学者的本真自我来寻求对于异文化的同情式理解。

　　譬如，在第五章第一节，李荣荣用一种空灵的笔调刻画出克里斯汀等几个年轻人通过完全个体化的方式与上帝沟通并寻求人生意义的过程，特别是那个难忘的礼拜夜。她似乎不经意地写道："整个唱歌祈祷的过程持续了近三个小时，这时我才意识到我不应该坐椅子而应该找沙发坐，这样才能像别人那样感受与上帝交流之后的放松"。当事后被问到是否感到很酷时，李荣荣的反应是："我愕然，原来信仰还可以用'酷'来形容！"最后，她恍然大悟："原来，在这样一个没有固定主题的随意的'礼拜夜'，个人体验才是关键。"。

　　读到此处，我也愕然，情不自禁在该页书稿的边白写道："是啊，民族志也照样能写得很酷！"

　　李荣荣的海外民族志研究具有很强的中国本土问题意识，始终紧扣群己边界这个对于中国读者而言分外重要的主题。同时，她又深谙人类学研究方法的真谛，在调查，研究，写作中都能做到大处着眼小处着

1

手，以具体生动的个体生活和社会事件实例打通宏观问题与微观描述的隔膜。在我从事人类学工作近二十年的经历中，像李荣荣这样乍一出道便敢于挑战宏大复杂的经典课题，将个体与社会的关系条分缕析却又不失睿智风趣的例子还是初次碰到。

现代人类学始于马林诺斯基开创的田野调查并以此作为整个学科安身立命之本。与其他学科的实地调查方法不同，人类学的田野调查是个人心换人心的道德实践过程。例如，人类学家与新闻记者的根本区别在于前者不是为收集资料而去找人访谈；人类学家的访谈不过是了解和理解某个文化、人群，或社会的长期过程的组成部分而已。人类学家在工作中追求的是对于他人和自我的不断深化的理解。理解什么？说到底还是对于人生意义的理解，而这恰恰正是人之所以为人的根本标志。 正是在这个意义上，人类学作为一门学科才配得上"人类"这样神圣的定语。李荣荣的几个受访者都多次强调，人生的意义只能通过个体的独特的人生体验来实现，而诚挚和本真是开启人生体验的金钥匙。 无家可归者乔尔告诉李荣荣："根据别人的观念来生活不是好的，那不是本真的(authentic)，我努力做我想做的，做本真的事。"

乔尔的自述引发出李荣荣关于诚挚和本真在现代社会之重要性的分析，值得认真阅读。不过，我在这里想指出的却是诚挚和本真在人类学研究中的方法论意义。道理很简单。诚与真是建立互信的基础，而互信是人心换人心的前提。不诚不真便难以从事人类学的基本工作—田野调查。很难设想，如果乔尔认为李荣荣是个缺乏诚挚和本真的人，他还会对李荣荣敞开心扉。

在美国人的日常生活中，本真和本真性 (authentic and authenticity) 是经常使用的普通词汇。说来有意思的是，李荣荣给我的第一印象便是她言谈举止中自然流露出的本真性。大概在她抵达洛杉矶的第二或者第三天，李荣荣来到我的办公室讨论她的田野调查计划并办理有关手续。我们漫无边际地谈了许多，我也借机观察她的本真自我。几天后，我见到她的导师高丙中教授，便向丙中盛赞李荣荣的真诚和学术好奇心。我还预言仅凭这两点她的田野调查一定能做得不错，因为诚挚和本真会使她很快为当地的美国人所接受，学术好奇心则会为她展开丰富多彩的生活画卷。不过，我那时绝对没有想到李荣荣的研究会如此深入，她的民族志会写得如此出色。现在读来，当真是令人分外愉悦的惊喜。

我在美国已经生活和工作了二十四年，并且对个人主义这一课题有长达十年之久的特别关注；阅读李荣荣的作品使我对美国人，美国社会和美国式的个人主义达到新的更深刻的理解。这部著作不仅内容丰富，而且表述十分清晰；不同背景的读者自会从中得到不同的收益，无需我在这里赘述。与贝拉等人的名著《心灵的习性》相比，这本书更加有社会生活的立体感也更贴近中国读者的需要，是迄今为止从中国文化视角对实践中的美国个人主义价值观所作出的最全面，生动和深刻的研究。

阎云翔
2010年6月1日于洛杉矶

美国的社会与个人
——加州悠然城[1] 社会生活的民族志

表面清浅轻柔,
我们说我们感觉到了,
水流光亮,我们以为我们感觉到了
可在它的下面,涌动着无声的流,强劲幽深,
这才是我们感觉到的干流。

——马修·阿诺德[2]

送取相宜,一切如意。

——毛利人谚语[3]

---

[1] 悠然城是加州S县的县府所在地。按照惯例,文中没有采用真实的城市名字。之所以给该城取名"悠然城",首先是因为当地人说他们这里不像洛杉矶那样的地方,到处充斥着拥挤、嘈杂与繁忙,人们为他们宁静、悠然的生活方式而自豪。其次也是因为其社会生活表明,经济增长不是社会意识的唯一期待,后文将对此渐次展开叙述。文中出现的其他几个相关城市的名字也都做了技术处理。

[2] *The Poetical Works of Matthew Arnold*, London and New York: Oxford University Press, 1950, p.483,引自莱昂内尔·特里林著,刘佳林译,《诚与真》,2006年,第6-7页。

[3] 引自马塞尔·莫斯著,汲喆译,《礼物:古式社会中交换的形式与理由》,2005年,第165页。

目录

引言 ··· 1
导论
  一、遭遇私人土地用途的公民投票 ······················ 6
  二、美国社会的个人主义？ ···························· 10
  三、我的"田野" ······································ 20
  四、章节安排 ·· 24

第一章 走进悠然城
  第一节 基本信息 ···································· 28
  第二节 小城印象 ···································· 38

第二章 个人故事："关键剧本"的上演
  第一节 谱写"成功"的美国故事 ······················ 59
  第二节 失败的无家可归者 ···························· 69

第三章 个人的边界：日常显现及其文化再生产
  第一节 空间划分到边界显现 ·························· 90
  第二节 "边界"的其他表现 ··························· 101

第四章 家庭生活：个人的私人生活在家庭的私人生活中展开
  第一节 彰显情感的独立单位 ·························· 108
  第二节 家庭内部的独立自主 ·························· 120

第五章 教会生活：走出自我
  第一节 基于个人的信仰体验 ·························· 138
  第二节 超越个人的宗教生活 ·························· 152
  第三节 感恩与喜乐的节日 ···························· 176

第六章　社团生活：普通公民的日常参与
第一节　多样的参与 …………………………………………… 190
第二节　在日常生活中实现"社会" …………………………… 207

第七章　地方自治：民主的微观表现
第一节　参与城市治理 ………………………………………… 212
第二节　城市"大选" …………………………………………… 219

第八章　公民投票："这不只是私人财产权的问题"
第一节　复杂的投票过程 ……………………………………… 236
第二节　"群己权界"与"地方" ……………………………… 264

结　语　在社会生活中实现"个人"
一、"个人"蕴含着作为背景的"社会" …………………… 279
二、中国社会的个人观念 ……………………………………… 281
三、"送取相宜，一切如意"：在社会生活中实现个人
　　　与社会的共同建构 ………………………………………… 286

参考文献 …………………………………………………………… 290
致谢 ………………………………………………………………… 300

引　言

2006年初夏，我在美国加州中海岸一所小城悠然城的田野调查开始了。最初那段日子，我觉得美国人的有些饮食习惯颇让人费解。他们追求健康，挑选食物注重看营养成分表[1]；超市里出售的肉要精确地注明脂肪含量，脂肪含量越低则价钱越高。可是，既然那么注重饮食健康，为什么果肉含脂量高达30%的牛油果却是人们的最爱？为什么避免高盐却要往白米饭上倒不少酱油？后来得知牛油果所含脂肪以含胆固醇极少的不饱和脂肪酸为主，酱油可以选择低盐的。看起来，吃什么不吃什么是有科学依据的，可过了几天之后又发现似乎不全然是这么回事。美国人蔬菜吃的很少，买纤维素和维生素补充；可乐喜欢不含糖的，饭后甜点却是必备。要说纤维素和维生素在身体内产生的作用和新鲜蔬菜一样的话，那甜点又怎么解释呢？毕竟没有人用代糖制作甜点呀。

美国人也同样对中国人的饮食习惯感到不解。在悠然城生活了一段时间之后，我认识了中国朋友晓江[2]。有一次她邀请我的房东安妮和另外几个朋友迈克、梅丽安、玛莎及我去她家吃火锅——非常具有中国味道的晚餐。往锅里放菜时，晓江兴高采烈地说这种蔬菜对胃好，那种蔬菜对肺好。一旁的安妮、梅丽安和玛莎将信将疑，迈克则开玩笑

---

[1] 房东安妮的父亲是农场经理，她从小就生活在农场里。安妮曾说，在她幼年时（二十世纪三十年代）人们并不像现在这样注重看成分表。那时家里自己种植蔬菜水果，牛奶也是自己挤的，没有这么多的制成品。

[2] 悠然城是一个以白人为主要人口的城市，亚裔不多，华人就更少了。幸运的是，我遇到晓江一家。他们既给了我不少生活上的帮助，也为我理解美国社会提供了一个文化间的视角。当然，作为民族志工作者，我既要借鉴当地华人视角，也必须注意不让他们的经验取代我的经验。

地说"不要相信他们说的每一件事。"晚饭后，晓江又找出从旧金山中国城带回来的胖大海送给大家，说喉咙不舒服的时候用来泡水喝。美国朋友开心地收下礼物，但可以看出他们并不相信胖大海的疗效。我们觉得他们的习惯未必合理，他们也觉得我们的习惯古怪。如同探索频道（Discovery）的 Atlas 系列中的《中国》一集所说，中国人的饮食是"任何材料都可以烹调出一道菜来"（have everything to something）；而中医可以用"一种神奇的东西包医百病"（have something to everything）。

不仅吃什么或不吃什么令我费解，怎么吃也是个问题。一天我准备弄方便面吃，没想到煮方便面也不简单。安妮首先看了袋子上的说明，接着找出刻有各种刻度的一个玻璃量杯，之后才把方便面放在可加热的容器里，又严格按照说明倒了定量的水在方便面中，最后又放入微波炉加热。要早知道这么麻烦我就不吃了。接下来的日子里，同她一起烘焙甜点再次让我觉得饮食的制作是如此繁琐。安妮的厨房里有各种烹饪手册，还有一些从妇女杂志上剪下来的甜点制作指南。每次做甜点，她都是一步一步地遵照说明来做，于是 1/4 杯、1/2 杯、1 杯、1/2 茶匙、1 茶匙等各种烹饪量度工具摆满了操作台，厨房弄得像实验室一样。看着这么多一会儿要洗的东西，我不由得庆幸还好有洗碗机。安妮不但使用量器，而且在使用过程中还非常严格。舀了一匙配料，还要用专门的抹刀抹平，哪怕多一点点或少一点点都不可以。安妮已经做了五、六十年家庭主妇了，还需要如此谨慎吗？或者口味稍微不同又有何妨呢？我忍不住说这么多年了你都有经验啦，差不多就行，还要量杯做什么。她毫不犹豫地说："不，我应该用量杯。"感恩节的时候，我到教堂的厨房帮忙制作南瓜派，又忍不住问了相同的问题，这次是不同的人回答，不过答案还是一样："应该用量杯，因为我不相信自己。"

晓江移民来美国多年，她曾经告诉过我她的美国朋友是如何教她制作甜点的："她们称量配料非常认真，与说明书几乎不差分毫。例如需要在一个大容器里混合各种配料，用完某个匙或杯子量度某种原料之后，一定会很认真地洗那些匙或杯子，接着再换上另外一种原料重复相同的步骤，如此反复。可是这个过程其实不需要怎么认真洗用过的量器，因为所有材料最终是要放入同一个容器里来混合的。可是她们一定会很认真地冲洗，洗好了才接着用。好玩的还在后头，等所有工作做完，真正该好好洗的时候反而很马虎，一个水池是有洗洁精的水，一个水池是清水，先在第一个水池里洗，然后放到第二个水池随便漂洗一下就好了。"看样子，晓江和我担心的是洗洁精没有冲洗干净，影响健康；美国朋友担心的是，每一份材料各不相同、界线明确，没有洗干净的量度器上难免残留其他原料，影响原本设定好的精确搭配。

有时，我就想日常生活里中国人的烹饪重经验，诸如《庖丁解牛》《卖油翁》这样的故事我们从小就熟知，"无他，但手熟尔"。美国人不这样，严格按照说明来，每一个步骤都已被事先规定。食物好吃与否，多在配方如何，几乎与烹饪者无关。其实，在安妮的母亲那一代，各种厨房小器具也很少用，只是现在越来越多的器具出现。想起在超市见到的厨房用具，很多东西在我看来其实并不需要，没必要一种食物就一定要有一种工具来对付。不过商业社会就是如此推动你去消费，形成习惯之后又会影响你日常生活中别的行动与态度。有时，我也在想，社会生活的很多范畴都可以用来界定个人，例如，亲属、民族、宗教、社区、地方等等，这样的一种界定是把人定位于他/她之外的一个更广大的共同体中。那么，日常生活的细节是不是也在界定人，并且是一种最难以意识到的界定？例如烹饪时严格遵守配方，每种要素各就其位，容不得其边界的任意混淆，这样的习惯是否既受到烹饪者的认知和思维方式的影响，同时又反过来影响着烹饪者的认知和思维方式呢？进一步讲，烹饪过程中每种要素各就其位的认知和思维方式与烹饪之外的社会生活有联系吗？或者说我们能够发现某种共通的东西吗？

民族志者探究异文化有两个不容忽视的角度，一是如前文所述的日常生活的细节；另一个则是浓缩了各种信念、符号和价值的事件[1]。不过，田野调查总是充满各种各样的偶然性，日常生活可以在一年的田野调查过程中相对从容地参与观察，事件的发生却是可遇而不可求。幸运的是，调查期间我正好遇上了一次大事件：悠然城有史以来耗资

---

[1] 这两个视角之间并非泾渭分明。

最多（近百万美元）的关于某私人土地用途的投票活动。十多年来，土地主人一直希望将其耕地进行商业发展，先后多次与政府各部门协商并最终获得了批准。然而，对此持反对意见的市民却联合起来以公民复决（referendum）[1]的形式否决了市议会的决定，最后导致农场主人诉诸公民立法提案程序（initiative）[2]，在全县范围内投票表决。市民们并未拥有这块私人土地的所有权，为何能够参与对土地用途的决议？初到美国的我又遇到了疑惑。带着这些疑惑，我的田野调查开始渐次展开。

---

[1] 公民复决主要是指对议会所通过的宪法案或法律案进行公民投票表决，然后根据表决结果决定是否可行。公民复决包括制宪复决和立法复决，此外还包括对其他事项，如一般自治问题进行公民复决。
[2] 即公民经过一定人数的签署可以提出法案的权利。公民复决的宪法案或法律案是由议会提出或通过的，而公民立法提案程序的议案是由公民草拟提出的。

导 论

一、遭遇私人土地用途的公民投票

在101高速公路西边与悠然城主干道东边，有一块占地132英亩（0.53平方公里）的耕地，那是农场主罗伊先生的私人财产。与耕地隔街相望的是该城的开放空间小镜湖，再往西就是悠然山和积云山。罗伊先生一家住在悠然城已经一百二十五年了，几乎快和满一百五十周岁的小城同龄了，他们拥有这块土地也有八十七年了。最近几年，罗伊没有再种植任何作物，任由耕地荒芜。他解释说，耕地两旁都是购物中心，已经不再适合耕种。因此他近年来一直在谋求发展这块土地，希望将其建成一个大规模的商业中心。

在与悠然城政府各部门协商了多年，并提交了环境评估后，罗伊的发展计划于2004年获得市议会的批准。当时，许多全美流行的大型连锁商场都表示了将在此设店的意愿。然而，计划的通过在悠然城掀起了波澜："高速公路沿线那些盒子般的购物商场和城市几乎是一个模子里出来的，难道悠然城要舍弃自身的独特，甚至变得像洛杉矶那样吗？"市民纷纷提出反对意见。部分反对者还打出了"保护悠然城"的口号，并收集了足够的签名，要求公民复决，意在推翻该计划。2005年复决的当天，当地日报《论坛报》号召大家前去投票："如果你不投票，你就别抱怨"。据统计，当天约有13450人[1]投票，投票结果是反对票占多数，发展计划遂被搁置。不过，受到挫折的土地主人没有放弃，他提出这块土地属于县境内而非市境内，决定"换个政府找出路"。接着，他开始收集签名，意在发起一场新的投票。从法律的角度说，这被称为公民立法提案程序。

2006年春天，罗伊收集到18000人的有效签名，并提交到县政府。根据法律，全县选民将于11月7日再次对该计划进行投票表决。农场主人想了新法子，反对的市民也没有停下来，其中的积极分

---

[1] 约占全市总人口的30%左右。

子成立了"地方控制联盟"来组织活动。双方展开了一场持续数月的宣传活动，普通市民随之参与进来，在赞成或反对之间进行选择。直至11月投票结束，活动才算告一段落。这次投票的结果是，全县范围内49933人赞成，占投票人数的64.81%；27117人反对，占投票人数35.19%。悠然城内是6303人赞成，占投票人数50.79%；6109人反对，占投票人数49.21%。农场主罗伊先生赢得了多数选民的支持。

2006年6月，我在悠然城住下来没多久，就从一次偶然的聊天中听说了罗伊农场的相关消息，随后我去县图书馆查找了过去几年的当地旧报纸，大概了解了事情的来龙去脉。接下来的几个月里，与罗伊农场相关的投票活动就成了我参与观察的重点内容之一。我感到不解的是，私人财产的神圣性难道不是不言自明的吗？为什么一块私人土地的命运会受到公众意见的影响？

随着田野调查的展开，我渐渐有了自己的答案。这是一个以私人财产为起点，以探讨公共利益为旨趣的社会事件。物质财产体现着个人的抽象权利，财产所有者有权使用、安排、支配和处置自己的财产。与之同时，私人财产权的维护仍应与市民的"共同的善"相联系。在罗伊农场投票案中，虽然土地是私人财产，但当土地变更用途影响到周围其他人时，市民便有权参与对土地用途的决议。可见，投票的关键词之一在于"群己权界"，即个人的权利与群体的权力必须有界限，个人的事情个人决定，集体的事情大家决定。市民投票的目的就在于斟酌具体情境中的群己边界，以达致个人不能侵犯公众的权利，而公众也不能抹杀个人的存在。

此外，我们也看到，人们选择了投票的方式来处理问题。投票本身意味着主体的自我表达，它是建立政治社会的一个基本方式，因为同意要通过投票来体现。因此，投票表明了享有权利的主体所采取的一种契约行为，每个投票的个人都将自愿接受多数人作出的决定。投票所遵循的是一人一票的原则，不受族群或宗教等归属性身份的影响，每一票的分量都是一样的，由此体现出不可让渡的平等权。当然，在美国历史上，一人一票的原则并非不言自明，法律面前的平等和参与政治的平等曾经只适用于部分人。围绕着选举权究竟是政治制度中分配给每个人的固有权利，还是政治制度赋予具备适当品质的人的一种特权，曾经存在着很大的分歧。财产一度与选举权勾连，少数族裔、黑人和女性获得选举权更是经历了漫长且复杂的辩论与斗争。幸运的是，到了今天，一人一票的原则简单明了，它不允许例外，也未赐予任何人特权，平等个人的概念从中脱颖而出。

对"群己权界"和"一人一票"思考使我在调查初期模糊的问题意识逐步明晰了起来。美国是一个强调个人权利的国家，建国初期的《独立宣言》与《合众国宪法》就是对自由主义政治哲学的实践，作为宪法修正案的《权利法案》保障了公民个人在言论、新闻、宗教、集会等方面的自由与权利。尽管自由主义的内涵在美国历史上一再变化，但其基本要素即对个人自由与权利的保障并未改变，而围绕着谁有权享有自由的辩论和斗争亦推动了自由界限在美国历史上的扩展。十九世纪法国政治思想家托克维尔曾把个人主义视为美国的国民性；当代美国社会学家贝拉等人也将个人主义视作美国人思考生活的第一语言；美籍华裔人类学家许烺光亦指出个人主义是美国的核心价值观[1]。相当多的研究将个人主义和美国联系在一起。田野调查中参与观察到的投票事件，以及已有的关于美国社会与文化的叙述和解释，促使我提出了自己感兴趣的问题：一个标榜个人主义的社会如何可能？具体而言，我想知道的是，抽象的个人主义如何体现在普通美国人的日常经验与社会生活中？美国社会如何做到在主张个人自由与权利的同时维系社会团结？我们在什么意义上说美国是一个标榜个人主义的社会？[2]

这里需要向读者说明几点，第一，我们说个人主义是美国社会的主流价值，并不代表它是唯一的价值体系。在个人主义之外，新教传统、共和主义等也都是美国文化的主线。此外，即使是在个人主义内部，也存在内涵不一的变体，它们相互影响、彼此制约。总之，复杂社会存在多种价值观，并且其间的张力也时常是维系社会活力的原因之一。各种

---

[1] 后文会继续交代有关将个人主义与美国联系起来的研究。
[2] 这本民族志尝试着在普通美国人的日常生活中理解个人与社会的现代关系，寻求以个人为基础构建现代社会的启示，不过这并非等同于发现一条具体路径然后亦步亦趋地仿效。

价值观如何与社会经验相交织、不同价值观如何互动等都值得我们去探讨。第二，民族志以个人主义为线索来认识美国社会与文化[1]，立足的依然是具体经验，关注的是社会纽带中的个人。第三，个人主义是一套谱系错综复杂的现代意识形态，这本民族志既无意给出一副全面图景，也不是要通过民族志叙事来为个人主义下一个定义，更不是要把对它的理解本质化。但为了有针对性地提出民族志的问题，又必须先在概念层面上对个人主义做一个简单界定：个人主义是随着现代个人观念的兴起而出现的，视个人为社会基础、强调个人独立与自主的一种现代价值观念。

个人主义作为一种现代价值观念，是对人与人、人与社会的关系的一种预期，或者说是对社会生活应该如何的一种理解与解释。然而，个人主义的表述无法穷尽复杂的社会生活，亦无法穷尽对于社会成员而言"个人"究竟是什么。在我们用观念或价值进行表述的背后还有更加强劲幽深的日常生活与社会实在。并且，作为社会历史的产物，"个人"观念和个人主义对人们的思想、情感、反思和期待的渗透必然是一种枝蔓丛生的日常过程，其道德内涵只有在具体的社会生活中表达出来才有意义。因此，我们既要透过日常生活来认识观念，也要经由对日常生活的参与观察来认识被观念或多或少地遮蔽或过滤了的社会实在。

在进行民族志的叙述之前，我们不妨先简单回顾一下有关美国社会个人主义的相关讨论，从而能更有针对性地提出问题，进一步的讨论将在结语部分中出现。

---

[1] 虽以"个人主义"为线索，但不代表采取"方法论的个人主义"。"方法论的个人主义"主张社会现象的解释不仅必须研究个人，还应该还原到个人并以个人来阐述；与此相对的"方法论的整体主义"则认为社会事实独立于个人，社会整体不能仅由个体因素来认识。有关"方法论的个人主义"与"方法论的整体主义"的辩论也被表述为能动性与结构之争。上个世纪七十年代晚期以来，实践理论的兴起打破了结构主义决定论与主观存在主义的二元对立，作为沟通主观能动性和客观社会现实之中介的"实践"成为认识人与社会的关系之要义。社会生活最深刻的机制遂被解释为"历史创造人，人创造历史"（Ortner, 2003: 277）。

二、美国社会的个人主义？

（一）个人主义与"例外的"美国

我们知道，人向来是以单独的一个个人的自然方式而存在，但以"个人"的形式在社会意识中表现出来却是在文明的进程中伴随着社会的转变而出现的。进入现代社会之前，人类被认为是位于一种具有等级制的神圣宇宙秩序之中，并且这种秩序也反映在社会生活的等级制之中。人是谁及其存在意义由锁定他/她的一个不容变更的位置与角色情境所界定。一般认为，文艺复兴、宗教改革及启蒙运动以降，在宗教、政治、经济、家庭、艺术等领域内，对个人的理解发生了变化：一方面，人从宇宙秩序中分解出来；另一方面，每个人都获得了本体论意义上平等的地位。人开始成为在伦理、情感、社会、政治等方面具有自由与平等价值的道德存在，并且受到法律与制度的保护。就社会结构而言，日益发展的劳动分工加剧了社会组织结构的复杂性。随之而来的是人与人之间的相互关系或联结日益倾向于不可见及抽象，这也为个人主义的出现提供了土壤。总之，价值观念的嬗变与社会的结构性转变相交织，共同使得强调个人平等、自由与自治的现代个人主义脱颖而出。因此，虽然"个人主义"这个词语直至十九世纪才出现，但在此之前很久，它所意味的不少东西就已经开始体现在不断出现的关于"个人"的感受中[1]。

"个人主义"这个术语最早的用法是法语形式的"individualisme"，来自欧洲人对法国大革命及其根源启蒙运动思想的普遍反应，1840年通过亨利·里夫（Henry Reeve）翻译托克维尔的著作而进入英语语言（卢克斯，2001：2，30；Shain，1994：91-92）。史蒂文·卢克斯指出，"个

---

[1] 个人主义在社会意识中的萌发具体始于何时很难说清楚。可以知道的是，这是一个较早之前就已出现动向，随后不断发展演变的过程，并且其间出现了多条线索，很难说是简单的一脉相承。例如，以赛亚·伯林探讨了希腊时期个人主义的兴起（伯林，2002：325-365）；查尔斯·泰勒与路易·迪蒙都指出了圣奥古斯丁之于现代个人观念出现的关键性（泰勒，2001：188-211；迪蒙，2003：38）；艾伦·麦克法兰主要从经济的角度进行讨论，他把英格兰的"占有性的个人主义"追溯至十三世纪甚至更早以前（麦克法兰，2008）。

人主义"一词的用法历来就非常缺乏精确性，在不同情景中表达不同含义。例如，在法国，它曾带有贬义色彩，意味着强调个人就会有害社会的更高利益；在德国，它曾与浪漫主义的"个性"概念密切相关，指示着个人的独特性、创造性和自我实现；在英国，它被用来指英国自由主义不同流派的共同特征，十九世纪后半期则主要被用来与"社会主义"、"共产主义"、"集体主义"相对照；在美国，它成了一种具有巨大意识形态意义的象征性口号，表达了包含在天赋权利学说、自由企业的信念和美国之梦中的不同时代的所有理想，在美国人的民族认同中扮演着重要角色（卢克斯，2001：1-37）。

个人主义是如何与美国联系起来的呢？十八世纪末十九世纪初，美国率先宣告了民主政治的成功。彼时，大西洋还在顽强地区分着今天被我们视为一体的西方世界。由于在平等的名义下进行的法国大革命未能成功实现民主政治，美国便成为法国人思考如何将平等的理想付诸实现的镜子。法国人托克维尔与迈克尔·舍瓦利耶（Michel Chevalier）分别于1831至1832、1833至1835年作为使团成员出访美国，并先后将旅美见闻与思考结集出版。两人虽然职业不同（舍瓦利耶是一名工程师）、具体兴趣点不同，但对美国社会的观察却得出了不少相似结论，其中之一就是两人都将美国国民性中的某些方面称之为个人主义[1]。不过，在舍瓦利耶那儿，个人主义的面貌并不清晰，更多地被用于描绘一种与中央集权相对立的地方自治精神（Shain, 1994:91-94）。

比起舍瓦利耶的叙述，个人主义在托克维尔那里相当复杂与深刻：它出现在每个人都具有平等与独立地位的民主社会，本身是进步时代的体现，但又可能导致退步，即一种温情脉脉的奴役状态。退步的根源正在于个人主义潜藏着蜕化为利己主义的危险。托克维尔解释说，所谓个人主义是民主主义的产物，随着身份平等的扩大而发展；所谓利己主义则是对自己的一种偏激的和过分的爱，它使人关心自己和爱自己胜于一切。最初，个人主义并不等同于利己主义；但是，如果公民完全沉醉于

---

[1] Chevalier, Michael, *Society, Manners and Politics in the United States,* Doubleday & Company, Inc, 1961. 舍瓦利耶的作品最初于1836年在巴黎出版，1837年修订再版，1838年第三版是完整版；根据法文版第三版，首部英文版于1839年出版。

自我的平等与独立，对社会的整体性越来越疏远，对公共事务的情感越来越淡漠，个人义务完全被个人权利所遮蔽，那么个人主义也就蜕化为利己主义了。而在利己主义主宰社会精神的状态下，每个人变得前无古人后无来者，遇事只想自己，最后完全陷入内心的孤寂。此时，人与人相互隔离，各自追逐着小小的庸俗享乐，专制政府的奴役亦不再为人所察觉或意识（托克维尔，2004：625-627，869-870）[1]。

托克维尔并没有因个人主义的内在弱点就对之进行简单处理，他所做的是把个人主义镶嵌在配套的制度安排之中来理解，并刻画了个人主义在美国的均衡状态，即具体体现为地方性政治参与的政治自由对个人主义无限蔓延的遏制（托克维尔，2004：630-631）。于是，我们看到，平等与独立的精神使得人人皆能参与，而参与又促使个人走出狭小的自我，在人与人的联系中进一步实现并巩固平等与独立。

十九世纪上半叶的法国学者托克维尔可说是美国"例外论"[2]的开山鼻祖。经过托克维尔的叙述，"个人主义"成为了美国与众不同的诸多因素之一。当代美国学者李普赛特也在明确主张美国"例外论"，认为个人主义是美国"例外"的重要表征之一。自美国革命开始，美国人就强调个人主义，尤其是个体思想与行动的自由的重要性。对个人主义

---

[1] 贡斯当1819年的讲演《古代人的自由和现代人的自由之比较》也从另一个角度提及了这一问题。贡斯当提出，古代人的自由是积极而持续地参与政治和公共事务的自由，但自由并未涉及私人领域内的个人意志。现代人的自由则是对生命、财产、言论、信仰等关乎自己的事务享有独立自主权。个人独立是现代人的第一需要，个人自由高于古代人的那种参与性的政治自由。古代自由的危险在于，由于人们仅仅考虑维护他们在社会权力中的份额，他们可能会轻视个人权利与享受的价值。现代自由的危险在于，由于我们沉湎于享受个人的独立以及追求各自的利益，我们可能过分容易地放弃分享政治的权利。因此，现代社会必须把两种自由结合起来。一方面，制度必须尊重公民的个人权利，保障其独立、自治；另一方面，制度又必须尊重公民影响公共事务的神圣权利，号召公民以投票的方式参与行使权力，赋予他们表达意见的权利，并由此实行控制与监督。由此，公民将既有欲望又有权利来完成其公民职责（贡斯当，2005：31-51）。

[2] 来自欧洲的贵族托克维尔首先指出美国与世界上其他国家存在着性质上的差异。"例外论"脉络下的学者还有二十世纪初的德国学者桑巴特（桑巴特，《为什么美国没有社会主义》）、当代美国学者李普赛特(Lipset, *American Exceptionalism*)等。

持肯定态度的李普赛特还指出，作为"美国信念"（American Creed）[1]之一的个人主义有利于增强自愿社团以及公民社会内部的道德联结（Lipset,1963,1996）。

我们也可以看一下人类学家的观点。文化比较是华裔美国人类学家许烺光的研究重心之一，他曾指出个人主义是美国的核心价值观念，并从心理层面对个人主义的积极与消极影响作了深刻分析（Hsu,1961a）。在许氏的另外一部著作中，中国人与美国人的生活方式被描绘为一组相对系列：美式生活方式强调个人，以个人为中心；中式生活方式则以个人在其同伴中的恰当地位及行为情境为中心（许烺光，1989）[2]。

（二）个人主义是积极的还是消极的？

个人主义作为具有平等人格的个人存在的一种表现形式，在美国民主的进程中发挥着积极作用。历史学家罗伯特·威布（Robert H. Wiebe）回顾了美国民主的文化史，指出个人主义一直是美国民主的附加部分，它能够以"民主的个人主义"的面貌出现。威布认为，在美国，个人主义总是意味着大量的选择并意味着神圣不可侵犯的权利，而一个具有活力的民主必须包含这两个方面。因此，个人主义与民主不是非此即彼而是两者兼顾的关系，民主固有的内涵之中没有任何东西将多数人的统治与个人权利置于对立状态。当前美国民主所面临的问题并不在于个人主义[3]，而在于集权化的等级关系结构，这是一种抵制民众参与而

---

[1] 李普赛特认为美国信念包括自由、平等、个人主义、多元主义和自由放任（Lipset,1996:19）。塞缪尔·亨廷顿认为美国信念是十七世纪和十八世纪美利坚早期定居者的盎格鲁-新教文化的产物，其重要因素包括：英语；基督教；宗教义务；英式法治理念，统治者责任理念和个人权利理念；对天主教持异议的新教价值观，包括个人主义，工作道德，以及相信人有能力、有义务去创建尘世天堂，即"山巅之城"（亨廷顿，2005：前言，第2页）。不过，也有历史学家对笃信所有人都拥有基本尊严，拥有不可剥夺的民主、自由和平等机会之权利的"美国信念"的普遍性提出了质疑；并揭示出这种普遍性原则实际上是构建在差别的基础上以及将相当数量的美国人排斥在这些原则的惠顾之外的基础上（方纳，2003：序，16）。

[2] 许烺光也指出，理想型并不完全等同于社会现实，但一经比较，美国人的特点就鲜明体现出来了。这也提醒我们注意：对文化身份的认识离不开作为背景的社会生活本身。

[3] 威布在文中指出，个人主义与民主的关系在整个二十世纪一直是有争议的，但是直到二十世纪中期之后为止，几乎没有人对个人居于中心位置提出质疑（威布，2007：282）。

且是与个人主义民主处于紧张状态的关系结构（威布，2007：34，94，211-228，298-300）。可以看出，个人主义在日常生活中的具体表现并不是威布分析的对象，他更关注的是政治层面的个人主义：它一方面呼唤并实践平等的政治权利，另一方面在彰显个人权利的同时也强调个人责任。

近几十年来，不论是在公众领域还是在学术领域，不少美国人都在为社会制度日渐衰弱、个人与社会责任被腐蚀而感到担忧。投票参与率的下降、狭窄利益小群体的增多、金钱支配公共政策的制定等现象引起了人们的关注。沿袭托克维尔的观点，贝拉与他的合作者们指出个人主义贯穿了美国历史进程，是美国人思考生活的第一语言。在贝拉这里，个人主义在美国的表现得到了更进一步的辨析："宗教的个人主义"、"公民的个人主义"、"功利型个人主义"和"表现型个人主义"被区分出来，它们各自皆有复杂的背景和发展线索，并一直延续至今。贝拉等学者指出，上述四种个人主义分别可以追溯至：①清教徒所追求的具有道德一体性的社会共同体；②革命及建国时期所强调的公民参与的共和主义传统；③十八世纪末出现的认为社会福利来自于每个人都追求自身利益的功利主义；④十九世纪中叶出现的反对功利主义、强调创造与表现自我的表现主义。贝拉等人接着指出，就其社会意义来看，"宗教的个人主义"在个人成功和创立道德社区之间建立了密切的联系；"公民的个人主义"对政治平等做出了承诺。这两种个人主义使得对自我依赖和个人独立的高度关注大为缓和。"功利型个人主义"为个人追求自己的需要和欲求提供了一种理性，但却极少考虑到社会的共同利益；"表现型个人主义"之目的只是自我的培养和表现。无论如何，其间相互牵涉、抵牾的各类个人主义又受限于各种机构建制和道德习俗，并非仅以一种纯粹的、简单的面貌出现。于是，就整体而言，在美国社会存在着《圣经》传统、共和主义和个人主义三条文化主线。这三者的力量虽然经历了此消彼长，但从未有哪一方退出社会舞台（Bellah et, 1996[1985]）。

作为社群主义者，贝拉及其合作者的一个工作是要把个人与某种更大的社会的或传统的实在联系起来。可是，个人主义深刻的矛盾性就在于它既具有不容忽视的道德意义，又伴随着反社会的非道德意义。从而，贝拉等人的研究目的不是要完全摒弃个人主义，而是对它进行批判分析，或者说寻找一种道德语言来超越激进的个人主义。

在《心灵的习性》这部经典著作之后，有关个人与社群关系的讨论就一直不曾停歇。例如普特南指出，在当代美国社会，个人之间的联系，包括社会网络以及由此产生的互惠和信任等日趋减少，人们越来越局限在个人性的行为中，社会资本[1]衰退，公民参与下降，最终就是"独自打保龄"。因此，唯有重建公民社会里的社会资本，才能创造对于繁荣与民主的社会而言必不可少的社会团结（Putnam, 2000,2004）。与贝拉等人基于访谈材料的研究方法不同，普特南更多地依赖统计数据。不过，虽说路径各异，我们也再次看到了个人主义无限蔓延而导致的对公民社会的威胁。总之，贝拉、帕特南等研究者在把个人主义作为知识对象来探讨这一点上存在着一定的相似性，即把个人主义的消极面置于前台，并将其作为批判的靶子，从而寻找或呼吁一种与之相制衡的力量。不难发现，他们所批评的与其说是作为一种价值的个人主义本身，毋宁说是个人主义的无限膨胀。

（三）个人主义是美国文化的基石吗？

在一定意义上，对过去的不同解释意味着现在与未来的不同可能性。Shain 对革命时期美国社会与政治思想的研究正是怀有这样一种阐释学抱负（Shain, 1994）。在引述和分析了大量史料之后，Shain 否定了个人主义是美国文化固有特征或基石的说法。Shain 指出，革命时期乃至建国初期的美国社会崇尚地方自治主义（local communalism），而非法国来访者托克维尔和舍瓦利耶所说的那样奉个人主义为圭臬。托克维尔和舍瓦利耶的法国头脑其实无法理解没有中央集权、没有等级制度

---

[1] 普特南关于社会资本的界定以及美国社会资本呈下降趋势的观点受到了挑战。例如林南指出社会资本是上升还是下降主要取决于如何定义社会资本。普特南以社团参与率来测量社会资本，以投票、参加集会和政治会议、给国会写信的形式测量政治参与，故得出社会资本下降的结论。林南则认为，社会资本应该通过嵌入在社会网络中的资源来测量，社会资本是为了实现某些社区或社会层次上的目标而被投资和动员。如果基于这样的界定，就无法得出美国社会社会资本下降的结论。不仅如此，根据这一定义甚至还能得出相反结论，即社会资本正在以电子网络空间的形式在不断上升。参见林南著《社会资本——关于社会结构与行动的理论》，张磊译，世纪出版集团，2005年，第209-239页。

的美国社会,因此,地方自治在他们那儿成了个人主义的体现(Shain, 1994:90-95)。

Shain 同时指出,不能因为十八世纪的美国人不是个人主义者,就简单地认为他们是思想与实践上的共和主义者。对于多数美国人来说,对生活成就的理解并不必然与政治生活联系在一起,信仰、家庭、社区以及投身农业才是人们的关注点。真正影响与塑造美国人的既不是共和主义也不是个人主义,而是基督新教,它所强调的是原罪思想以及随之产生的认为个人与政治是有限的这样一种观念。因此,美国的社会与政治思想的基础乃是的基督新教。对于多数深受新教精神影响的美国人来说,自我并不是终极的伦理范畴,也不是道德价值的中心,自我之上还有对公共的善(地方层面)的追求与表达。如果要用个人主义描述当时多数人对个人的理解,也应该是"积极的"而非"消极的"个人主义。而当代的个人主义因其重程序而轻实质,乃是"消极的"个人主义[1]。

总之,十八世纪九十年代在美国社会显露端倪的个人主义最初并不是人们有意追求的目标,也不是稳定地发展而来的,而是在人口、经济、宗教等多方力量发生了变迁之后,各种因素相互纠结之后的一个无意为之的结果。当然,革命时期的美国不以个人主义为圭臬,并不代表不具备以个人主义来表达个人的土壤。Shain 在其研究中也指出,影响美国社会与政治思想的共和主义、新教与早期现代理性主义都在一定程度上以不同的方式促进着个人自由,但同时也限制着个人自由的无限蔓延(Shain, 1994:121-128)。

与 Shain 持类似看法的学者如 Grabb 等人也指出,革命时期的美国人更多地接近于地方社群主义者,而不是像李普赛特等学者所称的那样是自由主义的个人主义者。Grabb 等人批评李普赛特没有区分精英层面与民众层面的价值差异,也没有意识到美国革命时期的社群主义思想,以及共和主义与自由的个人主义(liberal individualism)之间的张力。他们指出,如果要了解革命时期的自由主义的个人主义,那么,着眼点既

---

[1] Shain在此借用以赛亚·柏林的"积极自由"与"消极自由"中的消极与积极的概念(Shain,1994:117-121)。"消极自由"是个人享有一个免受他人干预的自由空间,而"积极自由"则是个人有权参与其生活将会受到控制的过程的自由。

不在于宗教，也不在于社区生活，而是在于经济领域。彼时美国多数人口依赖农业，环境鼓励一种独立或自我依赖的观念，最终有助于促成个人主义的人生观。但这并不代表个人主义就能压过社区与家庭价值。比起美国革命，西部开发、十九世纪大量欧洲移民的进入及其后加入西部扩张、内战等才是美国个人主义兴起更重要的因素（Grabb et, 1999）。

（四）在社会生活中认识个人主义

个人主义伴随着西方的历史进程经历了漫长演变，其间既有观念向日常经验的渗透，也有配套制度的不断完善。就其在美国社会的表现而言，虽然个人主义被界定为美国的国民性，但它在美国的历史却是一个充满了辩论与争议的故事。可以说，个人主义在美国最初就不是一个具有明确定义的概念，随后"积极的个人主义"、"消极的个人主义"、"民主的个人主义"、"宗教的个人主义"、"公民的个人主义"、"功利型个人主义"、和"表现型个人主义"等不同概念被用于描述不同时期或具有不同内涵的个人主义，而每一种形式也都影响着、制约着另一种形式。这既反映出个人主义所表述的社会经验的复杂性，也反映出每个时代都在按照自己的口味或需要来修订对它的态度。例如罗伯特·伍斯诺曾指出，美国人对个人主义的态度不是一成不变的。二十世纪五十年代时，社会观察家们担忧的是个人被集体取代，到了二十世纪八、九十年代，社会观察家们则开始担忧失去控制的个人主义会使民主受挫（Wuthnow, 2005）。总之，个人主义不是一个可以超越时间的抽象概念，对它的解释自然也不可能脱离社会制度与历史语境。

无论如何，个人主义已同"例外的"美国顽固地联系在了一起，成了美国社会与文化的代名词。的确，个人主义为我们提供了一条关键线索，但它不能取代丰富的日常经验与实际的社会运作。因而，我们需要警惕转喻式的错误表征极有可能简化社会生活的丰富性并带来本质化的倾向（Appadurai, 1988）[1]。当然，避免个人主义的本质化处理并不意味着将其全面消解。这本民族志无意置身于后现代的解构氛围中，而是

---

[1] 此外，Abu-Lughod(1991)曾提出通过书写"细致性的民族志"(ethnographies of particular)来避免他者化的修辞手段导致的简化与本质化，这对于我们认识美国人社会生活中的个人主义也有所启发。

要回到社会生活中去观察和理解个人与社会的一种可能的现代关系。

此外，人类学围绕"个人"的研究与反思也为反本质化认识提供了有益启示。莫斯较早以比较的及历史的视角关注了"个人"研究。他指出，在任何社会，人类都对自己的身体以及自己作为精神和物质意义上的单个实体有所意识，这一层面的个人普遍存在于所有社会。但是，与角色分离的、抽象的、普遍的人的概念则是在西方社会历史演变进程中出现并且为西方所特有的（Mauss, 1985:1-25）。莫斯之后，很多研究都从两个层面的"个人"出发，在西方个人与非西方个人之间画出一条界线[1]。大致说来，这些研究突出了个人概念或自我建构与社会文化的相关性，尽管各有解释，但不难从中发现一组对立的理想型，即西方个人是有边界的、与角色分离的、以自我为中心的；非西方社会的个人则是无边界的、与角色相连的、以社会为中心的。近年来，针对上述研究中的本质化及均质化色彩的反思声音不断出现。例如有研究指出，上述对立类型往往混淆了关于人或自我的特定文化概念与在社会互动中遇到的"实际的自我"，不可避免地犯了逻辑错误。实际上，以个人为中心或以社会为中心的导向在所有社会中都有可能以不同方式存在（Spiro, 1993; Kusserow, 1999a, 1999b）。也有批评者指出，要认识有关个人的观念是如何运用到社会关系里就需要对具体的社会实践进行长期的观察（Quroussoff, 1994）。

参与观察的意义在于通过"在场"去感知与把握作为整体的社会。通常，我们会将整体观理解为对研究对象的政治、经济、法律、生态、语言等各个方面的整体把握。不过，这里所强调的整体观更多关注对社会生活的表述层面与实践层面、构想层面与运作层面、意识形态层面与日常经验层面之间的关系的厘清与整合。这种整体观的启示主要来自路易·迪蒙（Louis Dumont）。

迪蒙曾区分出两个层面的个人以及相应的两种意识形态[2]，不过，

---

[1] 例如迪蒙，2003; Geeertz, 1984:125-126；格尔茨,1999：415-442；Rosaldo, 1984：137-157; La Fontaine, 1985:123-140; Shweder and Bourne,1984:158-199 等。

[2] 即①存在于所有社会的作为人类样本的个人，他们是言谈、思想和愿望的经验性的能动者(empirical agent)；②只存在于西方社会与观念中的个人，他们是独立的、自律的、非社会的伦理生物或规范性的主体(normative subject)。社会人类学

区分只是研究的起点,其旨趣在于摆脱个人主义的表象去发现作为整体的社会。迪蒙认为,尽管关于个人的概念不一样,也就是意识形态存在差异,但是进行整体性关照时,社会现实的对比并不像概念的对比那样截然不同。进一步深入下去,则社会之不同在于每个社会所认可的经验和思想层次的相对重要性。假定两个被比较的社会在其思想体系中都有因素 A 和因素 B,那么不同就在于一个社会中 A 从属于 B,另一个社会中 B 则从属于 A。因此,社会比较的关键就在于发现"文化内部的等级"(迪蒙,2003:6)。换言之,在一个社会中公开言说的观念在另一个社会则是暗含隐藏的观念,但是,每个社会都既有言说的观念也有栖居的观念,只不过前者把后者涵括在内。因此,迪蒙的整体性关照可以理解为:意识形态与非意识形态的结合;把对反涵括在内。从而,整体观的关照可以弥补意识形态所不能完全、完整地揭示的社会生活。

延续迪蒙的见解,可以假定,随着启蒙理性的兴起而形成的个人主义的意识形态一方面强调了个人自主自立的维度,另一方面则把个人嵌入社会关系之中的事实置于次要或忽略地位。因而,在美国社会内部对其主流价值观念个人主义的深入认识就需要超越其表象,把暗含栖居的"社会"呈现出来。假定是否成立?我们将以民族志来检验。

总之,抽象概念的修辞功能可能遮蔽社会生活的具体经验。从而,对个人主义的深刻理解就不能停留在概念层面。当我们以个人主义为线索理解普通美国人的日常经验与社会生活时,就有几个层面的整体性需要关注:第一,关注与个人主义相配套的各种社会条件与制度安排,在具体语境中理解个人主义的意义;第二,将个人主义的意识形态表述与日常经验相互对照,在日常经验中考察意识形态已明言以及未明言的部分;第三,辨识表述层面与实践层面、构想层面与运作层

的比较研究就是以第二种意义的个人为起点。一经区分,存在于人类社会的两套不同的意识形态随即出现。一套是属于传统社会的整体主义意识形态,其重点放在集体人,社会依照自身的目标(而不是为了个人的幸福)而组成。它重视社会总体性的价值,忽视个人或使之处于从属地位。另外一套是属于现代西方社会的个人主义意识形态,其重点放在个人,人是不可化约的基本的单位、万物的尺度。它重视个人价值(第二种意义的个人),忽视社会总体或使之处于从属地位。Louis Dumont 也译为杜蒙,在谷方译《论个人主义——对现代意识形态的人类学观点》一书中译为迪蒙,本书在引用这本文献时沿用译者译法。

面、意识形态层面与日常经验层面的关联与距离，尽量避免简化社会生活的丰富性。

三、我的"田野"

2006年5月到2007年5月，我在加州悠然城进行了一年的田野调查。期间除了到加州北部的旧金山和奥克兰、中部的洛杉矶以及南部的圣地亚哥等地短期旅行之外，大部分时间我都呆在悠然城，不时也和当地朋友到附近的几个小城游玩、访友或是参加一些社区活动。

按照我的计划，抵美的头几天我住在洛杉矶，等待办完相关手续之后再去田野调查点。洛杉矶是美国人口第二多的城市，据说1965年之后，海外移民最集中的五大目的地之首便是洛杉矶。该城约有450万人是移民，占总人口的33%[1]。美国当地时间5月26日下午5点30分左右[2]，从洛杉矶机场出来，我乘车直奔旅馆。出乎意料的是高速公路沿途的景致竟与北京相差不大，唯有途中见到的墨西哥大市场的大型广告牌让我觉得有点新鲜。加州曾经是墨西哥的领土，后来在美墨战争中被美国夺得。因此，不论是在历史渊源上还是在地缘上，加州都与墨西哥有很深的关系。加州也是华人比较集中的州，早期华人到美国基本上都以旧金山为根据地。抵美当天我落脚的旅店名叫 Ambassador Inn，中文名是国宾大酒店，其实，规模与设施都名不副实。旅店位于 Alhambra 市，属于洛杉矶县所辖市之一。很多华人聚集于此，街道两旁的商店都有中文名字。

---

[1] Roger Waldinger and Mehdi Bozorgmehr, eds., *Ethnic Los Angeles*, (New York: Russell Sage, 1996), 引自安东尼·奥洛姆、陈向明著，曾茂娟，任远译，《城市的世界》，第93页。

[2] 美国本土有四个时区，加州属于太平洋时区。在1883年11月18日标准时区变革之前，美国人使用的地方性时间有49种之多。有学者指出，1883年的标准时区的创立主要是一个非政府激励的变革，直到1918年联邦政府才开始对国内时间立法。事实上直到1967年联邦法令最终取得对所有国内时间法令的控制权为止，社会团体依从地方性时间的选择权一直延续着（史密斯，2006）。

早期的人类学者常常着迷于殖民地的异国情调，但最初在洛杉矶短暂的逗留带给我的却是陌生当中掺杂了些许"熟悉"的难以言说的感觉。我想这既是因为洛杉矶多样的族群以及那随处可见的亚裔面孔，也因在踏上新大陆的土地之前，好莱坞以及国内影视作品对美国社会的"再现/表征"就已或多或少地成为了我想象美国的素材。不过，虽然我可以视观看影视"再现/表征"为一种文化间的旅行，但没有亲自在场的经历便无法体会它们与日常生活之间的距离。

几天以后，我在洛杉矶加州大学办完了相关手续，朋友迈克开车来接我去田野点——悠然城。迈克是是一位退休的化学教授，他是我导师高丙中教授的朋友。2004年，迈克曾到北京旅游，我因陪同他游览长城而认识了他。迈克他非常乐意帮助中国学生到美国做人类学的实地研究，因着他的帮助，我才在悠然城找到了免费住所：迈克的朋友安妮分文不收地为我这个来自中国的穷学生提供住所。

初到悠然城时，参与教会活动和当志愿者是我进入当地社区的两个主要方式。教会我选择了房东安妮多年来一直参加的一所非教派教会——主恩教会[1]。该教会在悠然城较受欢迎，登记的人数约有1500人，涵盖老中青各年龄段的教友。在教会内进行参与观察的主要内容包括每周日上午聆听牧师布道及参加不同年龄段的主日学校；周二、四上午到教会图书室帮忙整理书籍；参加教会组织的2006年秋季到2007年春季的女性圣经学习班；参加诸如女士沙拉聚餐、为无家可归者提供早餐等不定期活动。教会既是我了解人们的信仰体验与宗教生活的场所，也是我建立在悠然城的社会网络的重要中介。当志愿者主要是指每月第三周的周四跟随朋友伊莎贝拉去"大家的食堂"为无家可归者提供午饭。

就访谈来讲，我尽量注意选取不同性别、年龄、职业、阶层、信仰的访谈对象，读者在后文将会看到追求"本真"的无家可归者、奉行独立的精神科医生、投身社会活动的"嬉皮士"等人物的故事。有时，在得到同意的前提下，我会使用录音笔。多数时候，我并不愿意使用录音笔，以至于我一回到安妮家第一件事就是记笔记，而在回家的路上则要把刚才的场景在大脑里过几遍。在进行访谈之前，我与多数接受访谈的报导人已有各种方式的交往；也有部分访谈对象是当地朋友帮忙介绍

---

[1] 除此之外，我也去过别的教会，但都不算定期参加。

的，访谈之前并不认识。访谈基本上是半结构性的，我会大致准备几个主要话题，但在实际的访谈过程中不可能僵硬地把谈话控制在话题范围之内，谈话也会随着访谈对象的思路而铺展出去——访谈说到底是一种交流与沟通。我也曾就人们如何过圣诞节准备了一份简单的调查问卷，并通过电子邮件的方式请当地朋友填写。问卷所得信息作为一种背景知识丰富了我的认识，但并未在本民族志中直接出现。最后，就整本民族志的内容而言，更多倚重的仍是日常生活中的参与观察。

在实际研究过程中，参与观察充满了张力。基督教信仰是我这次田野调查的重点关注对象之一。从研究者的角度来看，基督教信仰可以分为可观察的宗教行为和居于信仰者内心的宗教体验两部分。如何获得关于后者的认识是人类学研究宗教需要考虑的一个问题，而这个问题也可表述为研究者如何在保持一定距离的同时获得内部视角。我个人的一个小小体会是，研究者不妨尝试面向信仰敞开自己的心灵，同情地理解，甚至还可以把自己的相关体验纳入分析过程。当然，这并不是说研究一种宗教就得天真地接受它，而是说如果在研究之初就抱持着坚定的无神论（其实也是一种信仰），或许会有意无意地用概念遮蔽了很多体验。人类学的宗教研究往往要求研究者持方法论的不可知论，但在实际的研究经历中，研究者有可能徘徊在怀疑、不可知和相信之间。

民族志者与报导人之间建立起常规化的关系可能是一件越来越可遇而不可求的事，这一点在西方社会进行调查或许会显得尤为突出。很多时候，我不得不苦苦寻觅愿意坐下来与我交谈的当地人，甚至还要把自己也变成当地人的研究对象。在悠然城的一年，许多时候并不是我单方面的提问，我同样也在回答问题，有时回答还是我得以提问的前提。举个小例子：初到悠然城不久，我在主恩教会认识了妮塔，前后几次表达了希望能够与她进一步交谈的意愿，但一直未能得到她明确的回答。新年过后，教会从洛杉矶请来一位华人牧师讲述其移民美国前在中国的生活经历。牧师的故事吸引了不少人，激发了他们对中国的兴趣。不久，我收到了妮塔的邮件，告之她最近有空。邮件当中，妮塔表示希望我们之间是一次对话而不是单方面的访谈："你研究我，我也想研究你"。后来我准备了从中国带去的各种相片，包括了我与家人、朋友的照片等。相片拉近了妮塔和我的距离，谈话也是从它们开始的。

田野调查中，很多细节会不断提醒我反省自己获得信息的过程。普通美国人对中国社会的想象，有的基于道听途说，有的基于本人在中国的经历，但不一定是完整地参与或观察了某个事件，更何况比起社会生活个人经历总是有限的。田野调查期间，我的房东安妮曾经给我看一封她收到的朋友寄来的信件，寄信人到过中国。信件中写道，在中国如果通奸被发现就要被罚款5000元人民币。才一看完信，我就连说荒谬，这怎么可能呢？虽说中国社会私人领域与公共领域的区分不是非常明确，但依我的认识来看，当代中国社会不可能采取罚款手段来处理这样的事。不过，引发我思考的倒不是邮件内容，而是不同社会之间的相互想象及其途径。罚款这个案例可能子虚乌有，也可能是一件的确发生过的个案。但是，在美国人向自己同胞讲述中国是什么样的时候，特例或许就变成了普遍现象，交织着叙述和想象的信件内容或许还会通过收信人流传出去。美国人想象和叙述中国有各种途径，反之，中国人想象和叙述美国也有各种途径。安妮的信件提醒我的是，民族志工作者不仅要获得信息，还要明了自己获得信息的途径是什么，意识到自己的视角终究是有限的。

因为迈克和安妮都是基督徒，在田野调查的最初一两个月，我在悠然城所进入的人际网络主要是由主恩教会的教友所构成的，我所获得的相关认识不可避免地带有片面性。调查进行了一段时间后，渐渐有了许多"偶遇"，同时我也开始从报刊网络上寻求各种消息，逐步扩大了交往面。

作为民族志工作者，我大体上怀着欣赏一种文化的心态去往田野调查点。实际上，人们对海外的兴趣很大程度上是出于对自我的关怀，就此而言，我们看到的，既有"他者"，也有我们自己。

从美国回来后我便开始了民族志的写作。一天，我收到一封悠然城的朋友发来的邮件，信尾问了一句"中国的环境有没有消磨掉你在这儿时的鲜活体验？"还好，在悠然城的时候我每天都要写田野日记，或长或短，但也总算把大部分体验"写"了下来。更关键的则是，一年的田野调查已然是我生命中的一部分。不过，朋友的话也提醒我，概念工具解释但不应取代具体经验，民族志研究要做的工作之一正是揭示与呈现概念与经验之间的距离。

四、章节安排

　　这本民族志的叙述结合了日常生活的具体细节与美国政治的微观层面。以细节来呈现个人主义的价值与内在张力是本书的一个努力方向。在叙述逻辑上,第一章是背景交代,它对小城面貌的初步叙述与第七章市民参与城市自治、第八章市民投票决定私人农场能否进行商业发展的叙述遥相呼应。第二章至第八章呈现一种递进关系,即从具体的人物故事开始,接着进入日常生活中有关"个人"观念的文化再生产的细节,随后逐步展开对超出个人范围的社会参与形式的叙述,分别涉及家庭、邻里、教会、志愿者社团、地方社区等个人与国家之间、个人与抽象社会之间的中介性社会结构。第八章呼应开篇,通过投票事件的分析来呈现一个个人参与社会的相对完整的过程。在导论部分就已出现的来自于投票事件的线索自始至终皆与民族志对空间划分、人际交往、家庭生活、婚姻观念、居住模式、宗教信仰、公民参与、地方自治等内容的分析相呼应。如此叙述的目的既在于从文化人类学的角度考察个人观念落实于日常生活的过程,也在于辨识促使个人成为社会秩序的承担者与体现者的社会条件与制度安排。

　　具体安排如下:

　　第一章:交代悠然城的历史、经济、人口、市政组织等背景信息;从自然景观、私人住宅以及公共空间等角度描绘小城概貌,并寻找居民解释、界定与想象小城的线索。本章初步表明悠然城是市民生活世界的一部分,无数日常但又复杂的机制致力于生产小城的历史身份与地方认同。

　　第二章:以美国社会的"关键剧本"为线索,讲述成功者与失败者的人生故事,探讨一个强调"每个人都有机会"的社会对个人的期待以及个人对此的回应。读者在这一章亦可具体感受到"个人"价值的复杂与张力。

　　第三章:阐述社会生活中的空间划分以及相关的人际交往准则,关注从日常细节来探究"个人"的显现与再生产。

第四章：聚焦于家庭体现出的两个重要主题：家庭是独立的私人领域，情感与亲密关系是其中的关键词；作为私人领域的家庭内部留有个人的私人空间。

第五章：分别以个人、教会、宗教节日为视角叙述基督徒接近上帝与承仰上帝的体验与实践，重在揭示基督教信仰与实践所体现出的心灵自主与超越自我之间的内在张力。

第六章：呈现享有结社权的普通人如何参与社会及组织社团活动，讨论"正确理解的个人利益"以及社会生活中的"送与取"。

第七章：呈现美国民主在社区层面的具体表现。对地方的认同可以促进市民参与包括地方自治在内的各种社区事务，自治亦能促成市民作为地方主体而存在。

第八章：以对投票起因及过程的叙述呈现普通美国人对私人财产和公共利益的理解。"群己权界"和作为情感结构的"地方"是促成投票的要素，同时又在投票过程中实现了再生产。对"群己权界"的强调在保障私人财产权的同时也隐含了对共同利益的追求。作为情感结构的"地方"在个人与城市之间搭建了内在关联的桥梁。

本书最后部分是结语，总结民族志的经验叙述，尝试引入对中国社会的相关思考，力求揭示和分析个人主义的价值与局限，并讨论个人与社会的共同建构。

第一章 走进悠然城

第一节 基本信息

一、"第一个新国家"

十七世纪，清教徒为了躲避宗教迫害而漂洋过海来到了新大陆。随着来自大西洋彼岸的移民源源不断地涌入，一个脱胎于欧洲旧社会的新社会渐渐成型。[1] 移民们虽然没有否认宗主国的权威、君主政体虽然仍旧被写在各州的法律上，但人民参与公务、自由投票决定赋税、为行政官员规定责任、陪审团参加审判、个人享有自由等这些在旧大陆几乎还不被理解和接受的原则已经在殖民地得到承认。不过，历史学家也指出，君主制与等级制退出历史舞台并不是一朝一夕的事，独立革命前夕的殖民地还不是后来出现的民主社会。当时，国家与社会的界线尚未划分清楚。公职仍然多由绅士担任，这是因为社会权威与政治权威不分。总之，彼时的殖民地是一个充满了矛盾的社会，一个处于君主制发展趋势和共和制发展趋势之间的形势紧张的社会。值得庆幸的是，中上层人士在经济、宗教或政治领域所发挥的影响与在其母国英国相比实在是望尘莫及。同时，殖民地又缺乏等级制的最下层，"我们是自己很小但也是足够家产的主人"，多数农民在这儿拥有自己的土地。因此，殖民地社会的等级制和庇护制相当脆弱，这为后来的民主社会的孕育了空间。1776 年 7 月 4 日，《独立宣言》[2] 的发表标志着美国革命在世界上率先

---

[1] 当然，新大陆与欧洲社会的关联依然可见，例如十七、十八世纪的定居者所建立的政治和法律体制就体现了英格兰十六世纪末和十七世纪初的"都铎宪制"的制度和惯例（亨廷顿，2005：52）。

[2] 内容为："我们认为下面这些真理是不言而喻的：人人生而平等，造物者赋予他们若干不可剥夺的权利，其中包括生命权、自由权和追求幸福的权利。为了保障这些权利，人类才在他们之间建立政府，而政府之正当权力，是经被治理者的同意而产生的。当任何形式的政府对这些目标具破坏作用时，人民便有权

冲破了垂直关系的樊篱。从此，国民取代臣民，共和取代君主，一个属于普通人的社会得以确立。相较之下，旧大陆的贵族制度仍然在规定着从农夫到国王的连接所有社会成员的等级秩序。正是在这样一种新旧对比鲜明的意义上，后世史学家认为美国革命是一场激进的革命（伍德，1997）。也有人指出美国是第一个成功反抗了殖民统治的主要殖民地，因此是现代世界的"第一个新国家"（Lipset，1963）。

革命的洪流一旦爆发，势必漫及四野，持续改变社会。最初，建国之父秉持古典共和的理想，然而古典共和的成败取决于公民的美德，但社会早已远离小国寡民的时代，美德本身往往承担不起组织社会的重负。研究美国革命史的学者伍德指出，新大陆的民众对充满精英美德的古典共和制度兴致索然，他们向往的是一个肯定日常生活的普通人的社会。彼时的社会已然形成这样的观念：社会是由商人、农民、种植园主、技工和绅士等组成的人人平等的混合体，每个利益集团自己代表自己。强调公民参与政治的古典共和美德渐渐被强调公民参与社会的现代美德所取代（伍德，1997）。不过，革命虽然激进，却不意味着即刻赋予所有人平等的权利。恰如史学家所指出的那样，美国人的自由、民主与平等观念并非天生的，而是在不断参与斗争的过程中学会的（方纳，2003；威布，2007；波尔，2007）。

利改变或废除它，以建立一个新的政府；其赖以奠基的原则，其组织权力的方式，务使人民认为唯有这样才最可能获得他们的安全和幸福。为了慎重起见，成立多年的政府，是不应当由于轻微和短暂的原因而予以变更的。过去的一切经验也都说明，任何苦难，只要是尚能忍受，人类都宁愿容忍，而无意为了本身的权益便废除他们久已习惯了的政府。但是，当追逐同一目标的一连串滥用职权和强取豪夺发生，证明政府企图把人民置于专制统治之下时，那么人民就有权利，也有义务推翻这个政府，并为他们未来的安全建立新的保障——这就是这些殖民地过去逆来顺受的情况，也是它们现在不得不改变以前政府制度的原因。……因此，我们，在大陆会议下集会的美利坚合众国代表，以各殖民地善良人民的名义，非经他们授权，向全世界最崇高的正义呼吁，说明我们的严正意向，同时郑重宣布：这些联合一致的殖民地从此是自由和独立的国家，并且按其权利也必须是自由和独立的国家，它们取消一切对英国王室效忠的义务，它们和大不列颠国家之间的一切政治关系从此全部断绝，而且必须断绝；作为自由独立的国家，它们完全有权宣战、缔和、结盟、通商和采取独立国家有权采取的一切行动。为了支持这篇宣言，我们坚决信赖上帝的庇佑，以我们的生命、我们的财产和我们神圣的名誉，彼此宣誓。"

独立日清晨,安妮把国旗插在自家的围墙上,墙上有一个专门的底座用于插国旗。

独立日当天在海边烧烤的美国人

二、传教点上建起的城市

悠然城位于加州中海岸的 S 县，为县府所在地。城市所辖面积不大，占地仅 10.7 平方英里 (27.7 平方公里)。南北走向的 101 号高速公路纵贯悠然城，把它与南边的圣巴巴拉、洛杉矶，北边的圣何塞、奥克兰、旧金山等人口稠密的都市地区连接起来。城市距离太平洋海岸仅有八英里（12.87 公里），气温常年保持在 21 摄氏度至 32 摄氏度之间。

悠然城最初是在传教点的基础上发展而来的。十八世纪，西班牙开始在加州设立传教点，其目的是以低成本来建立前哨基地。那时，英国和俄罗斯已经开始对加州感兴趣，势力范围在当时几乎遍及全球的西班牙自然不甘落后。圣芳济各会的修道士们在 Father Junipero Serra 的带领下，沿着加州海岸修建了一系列的传教点，建于 1772 年的悠然城传教点就是其中之一。十八世纪九十年代，附近一带农场的兴建促进了该传教点的兴盛。最初，传教士们只是在当地 Chumash 印第安人的帮助下用树枝建盖了一个临时建筑，后来随着社区的发展才出现了永久性的建筑：工场、兵营和医务室。在西班牙统治的年代以及随后若干年，罗马天主教曾一直是这一地区唯一被允许的宗教信仰。

1810 至 1822 年间，墨西哥人开始反抗西班牙统治。这期间，传教点与外界交往不多，不得不自力更生。1822 年墨西哥赢得独立，加州遂成为墨西哥统治下的领土。不过，新政府无暇顾及这些前哨基地。当初兴建传教点的一个目标是使印第安人归顺西班牙政府，并把传教点最终转变为自治市镇。不过这个目标在加州未曾实现。无数印第安人因为疾病的传入而死去，传教点也日渐衰弱。墨西哥政府不打算在这些衰落的传教点投入时间和金钱，便颁布了一个使之世俗化的法令。由此，政府便可自由出售土地，悠然城所在的这个传教点卖出了 500 美元。不少房间被用作了监狱和法院。1848 年，美墨战争结束，加州被划归美国。大主教 Alemany 请求美国政府交回传教点的土地，随后十年间，其中多数土地逐步回归教会。从那时起，在古老的传教点上逐步出现了的悠然城的教区教会。悠然城慢慢发展了起来。

古老的天主教堂

三、经济与人口

S县在历史上曾是一个单一的农业地区。十九世纪,奶牛饲养业在这一带不断发展,产生了对海上贸易的大量需求,海上交通随之发展了起来。十九世纪七八十年代,S县东部黄金的发现吸引了大批采矿者。同期,铁路运输得到发展,以圣何塞为起点的南太平洋铁路刺激了加州海岸线很多地方的繁荣。1894年,南太平洋铁路通到悠然城,从陆路上把这个地区与加州其他地方连接了起来。1901年,加州工艺学校在悠然城设立,从此开始持续促进着这一地区的发展。一战期间,由于"战争救济署"(War Relief Administration)的补助,S县很多农场开始种植菜豆,经济随之得到了发展。战争结束后,政府不再资助菜豆种植,S县的其他种植业与奶牛饲养又得到了进一步发展。二十世纪二十年代,好莱坞开始在S县拍摄影片。1925年,悠然城出现了全美第一个汽车旅馆。二十世纪三十年代的大萧条席卷美国,联邦政府的一些资助项目,诸如"公共工程建设局"(Works Progress Administration),"平民资源保护队"(Civilian Conservation Corps)等给该县带来了一栋新的政府大楼,水利工程项目以及高速公路的修缮等。二战开始后,国家"战争部"(War Department)[1]在S县驻扎了训练营,大约10万军队人员由此来到这里,有的还是和家庭一起来的。战后很多人继续生活在这个县。赫兹古堡(Hearst Castle)于1958年作为州立公园的开放以及当地葡萄园的大量增长,促进了该地区旅游业的突飞猛进。

根据市商业协会2005年的统计数据[2],S县居民人数为258204人,其中悠然城居民人数为44225人[3]。通过下表可以看出二十世纪下半叶,悠然城人口出现了大规模增长,从1940年时的八千多人激增到2000年时的四万多人。

加州是美国西部移民比较集中的州,西班牙裔、非洲裔、亚裔和美

---

[1] 国防部(Department of Defence)前身。

[2] *2005 Community Economic Profile*, Prepared by the Research Department of the Chamber of Commerce。

[3] 加州人口最多的城市是洛杉矶城,约有四百万人;人口数最低的城市是洛杉矶县的Vemon城,不到百人。悠然城的人口数不到5万,基本上处于中间水平。参见http://www.cacities.org/resource_files/20455.city%20list.pdf

洲印第安人加起来占全州总人口的比例高达51%。不过，S县是一个以白人为主的地区。全县范围内201,300人为白人，47,100人为西班牙语裔，5,600人为黑人，其他族群有10,000人。悠然城81%的人口为白

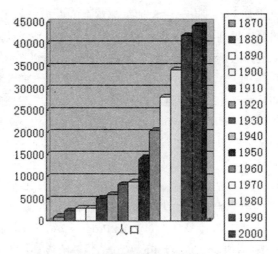

表1 悠然城历年人口增长

人，且以中产阶级或上层中产阶级为主。目前，全市有五所公立小学、一所公立中学和一所公立高中，另外在县境内有四所私立或教区学校可供学生家长选择。[1]就高等教育而言，S县设有两所两年制的社区大学，另外有一所四年制的州立大学位于悠然城。此外，加州教育部门针对低收入家庭二至四岁的儿童设有免费的学前教育班。年收入低于43,536美元的三口之家，年收入低于48,372美元的四口之家，直到年收入低于66,756美元的八口之家皆可申请。学前班每天教学三小时，内容主要是阅读、数学和游戏。在S县，参加这样的学前班的儿童大多是拉美裔。

加州大学圣巴巴拉分校（UCSB）2006年的调查数据[2]显示，当年度美国家庭年收入的中位数（nominal median family income）为59,600美元，加州为64,100美元，S县为63,800美元。悠然城家庭年收入稍

---

[1] 公立或私立学校之外，家长还可选择家庭学校的方式教育子女，详见本书第四章。
[2] "The 2007 San Luis Obispo County Economic Outlook"，该文件为UCSB所作的 *Economic Forecast Project*, Volume 15, November 2006。

高，其中位数为 66,382 美元[1]。衡量一个城市的生活费用高低的主要指标之一是房屋租售价格，根据市商业协会的调查，悠然城的房租每月从 624 美元（单人间）到 1458 美元（三居）不等；房屋的售价从十六万到一百万不等，均价约为四十六万美元[2]。此外，UCSB 的调查还显示：该县属于后工业经济或服务业经济形态，如果将政府部门、地产、保险与金融等算在内的话，全县工作职位约有 75% 属于服务性行业。另外，根据悠然城商业协会 2005 年的数据[3]，该市经济基本上有四种类型，以旅游业和教育为主，紧随其后的是政府部门和零售业，这也符合后工业经济的说法。不过，农业也占有重要地位，2007 年，S 县虽然遭受了低温和干燥天气的影响，当地农作物的产值仍达到了六亿五千四百万美元[4]。

四、市政府的组织架构

美国历史的一个特点是乡镇（town）成立于县（county）之前，县又成立于州（state）之前，而州又成立于联邦之前。因此，其政治历程就是一幅从最初的分散体系经由公共利益作为黏合剂而逐渐融合成一个统一体的画面，它所体现的是平等、分散与联合的并存。最著名的关于乡镇的叙述来自托克维尔。在其叙述中，乡镇的权利与义务是对等的。乡镇拥有权利：自己处理主要事务，在与本身利益有关的一切事务上享有主权；乡镇履行义务：在与超出乡镇范围的公共利益相关的事务上服从于州。乡镇的行政工作由选举产生的行政委员（selectmen）负责，必要时召开乡镇居民大会（town meeting）。行政委员拥有召开大会的权利，但普通居民达到一定人数（十人）就有权请求行政委员召开大会。总之，乡镇既体现出自治精神，其自治如同个人自主，唯有个人才是其切身利益的最好的和唯一的裁判者；也体现出合作精神，其合作如同个人局

---

[1] 数字来源于当地报纸 *The Tribune*，2007 年 6 月 27 日。
[2] *2005 Community Economic Profile*, Prepared by the Research Department of the Chamber of Commerce。
[3] *2005 Community Economic Profile*, Prepared by the Research Department of the Chamber of Commerce。
[4] 数字来源当地报纸 *The Tribune*，2008 年 4 月 1 日。

限，个人服从社会是因为他明白与同胞联合起来对自己有利（托克维尔，2004：66-76）。

当代美国，乡镇与城市（city）之间没有统一的区分标准，一般是由各州法律界定。有的乡镇规模相当大，例如纽约州的亨普斯特德镇（Town of Hempstead），2000年人口普查显示其人口总数为755,924人，如果它是一个城市的话，它将是美国人口数排名第十四的城市。而有的城市规模又相当小，例如密歇根州的安杰勒斯湖（Lake Angelus），2000年人口普查显示其人口总数为326人。因此，如果要说乡镇与城市的差别，也是因州和语境而异[1]。例如在加州，城市与乡镇基本上是同义词，某某城（city of）或某某镇（town of）的名称可以互换[2]。在悠然城居民的日常用语中，人们就没有严格区分town与city，在论文当中我偶尔会用镇来指称悠然城。

在悠然城安顿下来不久，我想去当地政府碰碰运气，看能不能去查找一些小城的资料。当我发现县、市政府没有守卫而任人进出时，顿时觉得新鲜不已。悠然城虽然是县府所在地，政府办公楼却只是一栋临街的普通小楼，转过弯去便是公交车站。要不是楼前有加州州旗和小城的市旗在飘扬，不大会让一个新来的中国访客觉得那儿是政府机构。小楼前的空地上有一个告示栏，近期市政府有什么活动都贴在那儿。几天之后，我从网上查到了市办事员（City Clerk）库珀女士的邮件地址，就给她写信，说明我的调查工作，希望约个时间去她那儿了解悠然城的相关信息。很快我就收到回信，并按约定时间对她进行了简短访谈。库珀女士当公务员已经很多年了，先后在加州中部几个规模与悠然城相仿的小城市工作过。说起全国性选民参与率低的事实时，她乐观地认为城镇层面相对容易让市民参与社区工作。访谈结束时她给了我《城市宪章》、《市议会法则》、《候选人指南》等资料。

1856年2月，悠然城成为一个"普通法城市"（General Low City）；1876年5月又成为一个"宪章城市"（Charter City）[3]。宪章城市与普通法城市是相对的，前者指城市依照自己制定的宪章而非州法律进行治

---

[1] http://en.wikipedia.org/wiki/City#United_States
[2] http://en.wikipedia.org/wiki/List_of_cities_in_California
[3] 至2008年，加州478个城市中有112个城市是宪章城市。

理，市民可以投票决定市政府的组织形式；后者指根据州法律组织和运作的城市[1]。相对而言，宪章城市比普通法城市有更多权利来制定"地方性家规"[2]。《城市宪章》相当于城市宪法，每一次修订都必须经过市民投票表决。现在的城市宪章主体部分来源于 1955 年的修订版，后来在 1996 年 11 月[3]和 2002 年 11 月又先后两次修订。根据宪章，悠然城市政府采取议会-市长-行政官（Council-Mayor-Administrative Officer）的形式，市议会有权制定和执行与市政事务相关的法律和规章。

对于民族志者来说，从相关的透明程序入手或许是了解城镇政治生活必经的一步[4]。下面引用《城市宪章》、《选举指南》（2006 年版）与《市议会政策与程序》（2004 年 4 月通过）中的几点相关内容，希望给读者一个关于悠然城政府组织架构的大体印象：

①城市在法律意义上是地方自治的团体（Municipal Corporation），在城市宪章以及加州法律规定的范围内可以制定和执行与市政事务相关的法律和规章。

②市长和市议会成员由全体选民选举产生，市长也属于议会成员。城市行政官（Administrative Officer）与检察官（City Attorney）由市议会任命。行政官是市政府的管理领导，负责任命城市其他职能部门的领导。

③由行政官管理的城市职能部门包括：城市办事员、社区发展、消防、警察、公园与娱乐、人力资源、财务、公共实施和公用事业等部门。

④市长任期为两年，市议员任期为四年。

⑤除非有法律支持，所有会议面向公众开放。会议时间、地点和频

---

[1] http://www.cacities.org/chartercities http://en.wikipedia.org/wiki/Charter_city

[2] 在美国，地方与国家之间的张力一直持续。地方是道德传统可以落实或依托的具体场所，并且，免受国家权力的干预也是自由的体现之一。然而，国家的干预在特定时候又是必须的，例如民权运动的胜利最终借助了联邦力量：新联邦法禁止在使用公共设施、就业和选举时的一切种族歧视行为，民权运动成功地推翻了次等公民地位的法律基础。联邦政府的民权保障要求地方社区遵行之后，黑人才获得了自由。

[3] 偶数年的 11 月是城市进行各项选举与投票的月份。

[4] 当然，我们不仅要看章程，更要看其实践。以下章节会进一步展开相关叙述。

率以公众利益和方便程度为首要考虑。每月第一个和第三个周二晚上七点为议会例会时间,地点为市政府。

⑥例会之外,如市长或三位议会成员请求,可召开特殊会议。

⑦议会要通过任何一项决议、条例和提议必须得到至少三位议员的肯定票。

⑧市长是会议的主席,但没有否决权。会议以公众评论为开端,市民可以提出日程表上没有的议题。一般情况下,议会不在本次会议讨论新提出的议题,但可能在以后的日程中安排。

⑨城市设立各种顾问委员会(Advisory Body Committees and Commissions)向市议员提供专业意见并协助其开展工作。顾问委员会成员由社区志愿者组成,每一个顾问委员会都有两名市议会成员作为联络分委员。顾问委员会包括建筑审查委员会、文化遗产委员会、公园与娱乐委员会、规划委员会等一共十六个。

⑩城市设置"社区服务小组"(Neighborhood Service Team)。成员由城市各职能部门代表与社区居民共同组成,职责在于发布新消息、收集信息、听取公众意见、分析社区事务、就相关项目提出建议,从而使市议会能做出更好的决策。

总之,政府为民众所用,社区事务人人可以过问。通常而言,政府运作顺畅,市民无须操心小城事务的管理与组织。遇上自己感兴趣或关乎自家利益的事务时,人们才会去市政府询问公职人员或参与城市会议。不过,这并不表示市民处于一个被动接受的位置,或对城市事务漠不关心,我们将在后文的叙述中看到这一点。

第二节　小城印象

我是坐着朋友迈克的车从洛杉矶去到悠然城的。记得车子沿着101高速公路一路向北飞驰。两百英里的行程感受不到农村与城市的区别。车行至某处可能会有一片地带居所密集,这儿可能是个小城市;然后又是群山和公路旁的葡萄地、草莓地；接着又会有另一个小城出现。一路上既没有在外观上与城市形成巨大反差的乡村，也没有喧嚣繁忙、高楼林立的城市。蔚蓝的天空下山峦起伏，不时抬头可以看到苍鹰飞翔。群山逶迤，因有树或无树而显苍翠或枯黄。五月正是旱季，野草缺少水分纷纷变黄。不时可以看到山坡上有三两只深棕色的牛儿在低头吃草，天空飘着几朵羊脂玉般的白云，细腻、白润，在山坡上留下一片片的阴影。车子就这样在沿着海岸线蜿蜒前行的高速公路上疾驰，窗外的风呼呼地灌进来。偶尔有几辆哈雷摩托轰隆隆地疾驰而过，常常是车未到声已闻，更多的是 SUV，很多美国人特别钟情这种相当耗油的车。出发大概一个多小时后，进入了圣巴巴拉县境内，此时公路离海岸很近了。车子的东面是蜿蜒起伏的群山，西面则是一望无际的太平洋，远眺已是海天一色。不太远处，冲浪人黑色的身影随着海浪忽上忽下，海边或许还有只狗在等着主人。出了圣巴巴拉地界，公路两旁的农业用地多了起来，这一带是草莓、西兰花和酿酒葡萄的主要产地，可见大片大片的葡萄园断断续续绵延上百英里。出发三个多小时后，我们来到了悠然城，一座美丽宁静的海边小城。

悠然城不大，四周群山环绕。101公路西侧的悠然山把城市隔为城南与城北。从小城南端到北端有三条公路可走，其中悠然山西侧的农场路是最令人惬意的。路东是山势较缓的悠然山[1]，树木翳然；路西是坡势下冲的积云山，峰顶山石嶙峋。旱季的时候，两座山半山腰以下的山坡上全长满了枯黄的野麦子，等雨季一来，很快就是漫山遍野的绿色。青山妩媚，人行其间，相看两不厌。

商业区、市政府、图书馆、博物馆、州立大学等公共设施位于城北，居民住宅则遍布城南城北。与美国绝大多数小城市一样，这里的居民住宅区密度不高，以单门独户的房屋为主。一般说来，山坡上的那些大房子多是中产阶级上层家庭居住；其他单门独户的房屋是中产阶级的住宅；公寓以年轻人居多。此外，美国还有一种住宅形式称为"流动房"（mobile home）。这是一种预先制造好，然后运送到居住点的房屋，

---

[1] 听迈克说，悠然山属于私人财产，其主人在山脚下经营着著名的悠然旅馆。虽然悠然山属于私人财产，市民在那儿进行户外活动并没有遇到任何限制。迈克说，山的主人要和市民保持友好关系。

太平洋西海岸边冲浪者的身影

暮色下的海岸

屋下有底座,房屋距地面大概80到100公分。屋子面积不大,套内约70至90平米。屋内布局紧凑,厨房卫生间一应俱全。屋前有停车场地和一小块空地,可以种点花草或是放个篮球架。通常,屋主从发展商那儿买下房子,但多数人并不拥有屋下那块地的所有权,地皮属于发展商,屋主每月需要支付地租。我在当地认识的几位朋友就居住在"流动房"里,其中一位老太太今年初刚把房子卖了,搬到老年公寓居住,房子卖了大概不到三十万美元。

今天的悠然城已经见不到地理意义上的族裔社区,历史上却不这样。十九世纪末二十世纪初,中国移民、日本移民纷纷来到此地,那时的人们聚族而居。十九世纪八、九十年代,该市的中国城是旧金山之外规模最大的中国城之一。据载,二十世纪初时,当地华人约在1500至2000人之间。至今依然坐落于椰树街的一座不起眼的两层小楼是当年中国城的金融和商业中心,在城里生活久了的人大抵都知道这座小楼的历史。2008年8月15日,当地报纸还刊登了小楼主人去世的消息。那位百岁老人出生在小楼,生前是小楼创建者的最后一个在世的儿子。在老人晚年的回忆录中还记起儿时自家商店曾经出售大米、米酒、鸦片等货物。不过,在十九世纪末至二十世纪中期的社会背景下,华人社区不可能持续繁荣,甚至还会逐渐衰退。简单回顾当时的法律规定就可了解这一点:1848年随着黄金发现涌入加州的华人劳工不能获得公民权,也不能在法庭上作证;1882年与1892年颁布的排华法案先后禁止华人移民,并宣布华人不能获得公民权。1889年,最高法院裁定排华合乎宪法,据斯蒂芬·菲尔德法官的说法,其理由就在于华人属于另一人种,"他们不可能被同化",与当地居民"格格不入,单独群居,固守其本国风俗习惯"[1]。1904年,华人遭到彻底的排斥,被禁止移民美国,该规定直至1943年才被废除[2]。1913年,加州"外侨土地法"(Alien Land Law)规定,禁止出售农业耕地给不能获得公民权的外国人。总之,一度兴盛的中国城渐渐销声匿迹,直至二十一世纪初,中国城再度成为悠然城市中

---

[1]　转引自亨廷顿2005:48。
[2]　1943年,国会立法终止了实行数十年之久的排华法,规定了允许中国人移民美国的国籍定额,因为当时的中国已经变成了美国在太平洋战争中的盟友,然而每年只有105个移民名额(方纳,2003:338)。

悠然山脚下的小镜湖

群山环绕的住宅

市区的中式花园

心商业发展的一个关键词,这一次,资本要用历史来为其运转作注脚[1]。今天,火车站门前矗立着的华人筑路劳工雕塑、市区里小巧的中式花园、市博物馆的华人历史展出等等,似乎都在告诉人们,悠然城历史上曾有华裔浓重的一笔。

在该悠然城主干道与101高速公路的交叉口那儿曾经有一所日本佛教寺庙,后来在兴建高速公路时那座寺庙被拆除了。城里曾经有条街道的名字是按照住在S县海湾城的一位受人尊重的日裔命名的,1941年11月7日珍珠港事件爆发后,该男子随即被捕,街道名字也被更改。1942年,弗兰克林·罗斯福总统签署9066号行政命令(Executive Order 9066),随后,日本人包括具有日本血统的美国公民被投入拘留营。[2] 悠然城的一位历史学家估计,后来大概只有10%的人又返回这个地区。一位日裔美国人说,通常是在这里有房子的人回来了,没有房子的就四处定居了。现在还健在的经历过那段时期的人们当时年纪都不大,只记得战争打响后生活彻底改变:加州海岸沿线实行了灯火管制,男孩们都去了军队,生活物品变得紧缺,周围的日本同学也不见了。

日裔居住的那个街区在二战期间及战后成了一个黑人街区,居住密度比以前日本人居住时要高得多。那儿也是当时移居此地的黑人唯一能生活的地方。一位悠然城的市民回忆道:"当我搬来这里时,人们称之为"黑佬城"(Nigger Town),那是所有黑人居住的地方。"

如今,居住地的选择已由以族裔群体为中心转向以个人为中心,而个人选择多取决于经济状况以及个人爱好。可以举几个小例子简单说明。精神科医生艾琳曾说她选择现在的住所是因为喜欢周围安静整洁的环境,虽然她也很喜欢山坡上那些大房子,但作为单身母亲难以负担。艾琳的一位好朋友住在山谷路西侧的半山腰上,那里的房子密度低、面积大,视野好,向落地窗外望去就是不远处的悠然山与积云山,不过没有上百万美元可买不下来。多拉和她丈夫都是台湾籍华裔,早在上个世纪七十年代就来到美国。多拉本人是一位高级护士,丈夫是一位总工程师,

---

[1] 本书第八章将详细叙述。
[2] 罗斯福政府下令将所有居住在西海岸的日裔和有日本血统的人强行迁移。1942年春夏期间,将近12万日裔被迫离开家园,迁移到集中营去,他们中三分之一以上的人是美国公民(方纳,2003:339)。

家庭收入不菲，他们家所在的小区紧挨着城市南侧的一个高尔夫球场，从小区的大门开车进去要经过一段弯弯曲曲、树木掩映的小路才到屋前。

在美国，私人改建原有住宅并不是一件容易的事儿，必须经过城市和社区规划委员会的同意，即使是在自家后院再盖一间小屋也是如此。如若违反了城市或社区的规划，业主很有可能被处于重罚。迈克一直打算在自家院子里再盖一座小屋，从2005年开始计划一直到2007年我的田野调查快结束时，他那座占地五六十平米左右的小屋才算完工，而实际上，整个建筑工期不过两三个月。进度如此之慢的原因之一就是严格的规定和繁琐的程序。这期间，迈克填写了无数项目繁多的申请表格，内容包括预期开工的时间和完工时间、小屋的面积、样式和外观、小屋距离道路有多远、使用何种建筑材料、自己修建还是商业公司修建等等。另外，迈克还要考虑究竟建多大面积的房屋最合适，因为从费用角度来考虑，这不仅涉及到工程费用的问题，还涉及到他要缴纳的相应税款的问题。

近些年来，悠然城的贫富差距在逐渐拉大。据说，富有的退休人员和年轻家庭不断迁来悠然城，他们与本地零售业、服务业等行业的雇员之间拉开了明显的经济差异。面对贫富差距，有居民说："悠然城和默瑞城[1]之间应该修建轻轨，并在默瑞城那里建廉价房（affordable housing）。这样的话，那些想在悠然城工作的人就可以有一个方便、便宜和舒服的通勤方式。悠然城得到廉价劳动力并保持'优美'，工人们也有负担得起的住房，这将是双赢的局面。"也有居民对于富人搬家来此的反应是："这些有钱人来这儿的第一件事就是停止建设更多住房。"总之，这些声音的背后隐藏着居民对于城市面貌的想象与期待。

议论纷纷之中也出现了一种忧虑的声音：贫富差距的拉大以及廉价房的缺乏可能会把本地的人力资源向外推，长此以往，难免激化社会矛盾并且导致城市经济衰退。城市自然不可能限制有钱人搬家来此，目前

---

[1] 在悠然城以南十多英里外有个小城叫默瑞城，那儿的墨西哥裔移民相对集中。白人中产阶级是美国社会的主流群体，我的田野调查主要就是在悠然城这个以白人中产阶级为主要人口的城市完成的。不过，我们依然可以看到悠然城嵌入在更复杂的社会结构之中，即使这个城市的主要人口是白人中产阶级，我们还是可以看到或听到有关美国社会分层的各种现象或声音。更何况中产阶级本身是个弹性较大的概念，内部的经济差异也很大。

看来，比较可行的解决之道就是提供更多的廉价房和工作机会。在悠然城，廉价房项目的主要形式是由发展商、市政府和州政府共同合作，发展商建盖房屋并提供一定优惠，城市和加州则为合格的申请者（家庭年收入符合规定并且是第一次购房者）提供低息首付。例如，一套两间卧室、两个卫生间、带两车位车库的廉价房的售价大概在三十六万美元，申请者可以获得六万五千美元的低息资助。接受资助者需要在三十年内还清贷款或者在出售住房时还清，但无需按月支付。2006年，在关于当地农场主人罗伊能否将其耕地进行商业发展的议案A的投票过程中，就有人指出，如果发展商想在那块土地上建设住房，就应该是低收入者能够负担的廉价房。由于罗伊的规划项目并非如此，这也成为了部分反对者反对该项目的理由之一。

悠然城是一个有个性的城市，别的城市有很多"得来速"（drive-thru）[1]，人们不用下车就可从快餐店的窗口购买食物。可悠然城自1982年开始就偏偏规定不得开设"得来速"窗口。有人说这是为了环保；有人说是为了健康，下车来走动走动，省得长那么胖；有人说是为了让人们下车欣赏小城美景；还有人说就是为了突出小城有个性。不管怎么说，这一规定一直坚持了很多年，估计还会继续坚持下去。

小城周边的开放空间一直深受市民喜爱，尤其是悠然山脚下的大片绿地，人们喜欢在那儿遛狗、慢跑、骑自行车，因此也算得上是教堂、农夫市场之外社区居民相遇的一个重要场所。历史上的悠然城是个农业社区，开放空间所透露出的田园气氛自然也会唤起不少人的怀旧思绪。据说，自1996年以来为了这上千英亩的绿地维护，镇里已经先后拨款六百五十万美元。在悠然山的东侧，隔着小城的主干道，便是议案A涉及到的那块占地132英亩（0.53平方公里）的私人农耕用地。据说早在二十世纪初期，罗伊家族就已拥有并耕作这块土地。二十世纪二十年代时，老罗伊（罗伊的祖父）在这块地上钻了一口井，从那以后直至二战结束，这口井一直是悠然城的主要水源。近些年来，由于土地主人想要对其进行商业发展，这块曾经在悠然城发挥过重要作用的土地再度成为人们的关注点。

市中心的商业区占地不大，由几条纵横交错的街道组成。道路两旁

---

[1] 也译为"汽车穿梭餐厅"，总之，强调的都是一个字"快"。

大多是二、三层的小楼。屋子虽老，维护得却很好，丝毫没有陈旧感，更谈不上破败。政府规定市中心建筑物高度不能超过五十英尺，几栋近些年新增的建筑也不过五层楼高。2007年春节过后，城里的商会组织了一次到北京和上海的商务考察团。艾米从中国回去之后给家人展示她拍摄的照片，六岁的儿子指着照片上的摩天大楼好奇地问，"那是未来吗？"

在蒙特瑞街与橄榄街交叉口那儿有一栋深灰色的两层建筑，屋顶和窗框是墨绿色的。著名的连锁书店 Barnes & Noble 就在这儿。书店的一楼出售旅游风光、美食烹饪等方面的书籍和特价书，二楼则有文学、经济、历史、宗教、哲学等各类图书。星巴克在书店二楼设置了一个分店。浓郁的咖啡香气和耳边回荡着的维瓦尔第的"四季"总让人在这儿逗留的时间比原本计划的长得多。抬头向窗外望去，便可看到街对面砖红色的屋顶背后显露出来的悠然山的山尖。复活节前后，还可以看到山顶上白色的十字架，那是城里一所教堂放置的。几乎每年复活节的清晨，都会有信徒花上一个半到两小时爬上山顶举行礼拜仪式。

走出书店，隔着石板铺的小路，对面又是一家星巴克。书店左侧，下两级台阶，是果汁店 Jamba Juice。阳光和煦的午后，咖啡店和果汁店总是坐满了人，分不清谁是游客谁是本地居民。Jamba Juice 是一个在当地初创且遍布全国的出售鲜榨果蔬汁的连锁店。因其味道鲜美、品种丰富、营养健康而颇受美国人的欢迎。不少美国人习惯补充膳食纤维，不过不是多吃蔬菜，而是服用纤维素营养片。在 Jamba Juice 出售的果汁中，顾客可以选择添加纤维素：榨汁机旁有一个特殊的长方形盘子，里面培育着一种绿色的"草"，如果顾客选择添加纤维素，店员就会拔下一小撮"草"放入榨汁机。遗憾的是我忘记问那是什么"草"了。

沿着星巴克门前的石板路小巷走到尽头，大概一百多米的样子，向右拐，走几步就会看到一家出售书籍或旅游纪念品的小商店，一进门就可看到货架上的本地明信片。历史悠久的天主教教堂、穿过市中心的小溪、历史博物馆、十九世纪的砖房（adobe）、悠然山、积云山、小城的开放空间和农夫市场等一直是明信片的经典内容。市中心很多商店的进门处都有一个售明信片的架子。小城自我意象的再生产就是如此，不经意，但却绵密。

当地有一份发行网络覆盖 S 县的《论坛报》，该报设有网络版供人

第一章 走进悠然城

市中心的商店

市中心的商店

S县公共图书馆

免费阅览。除了全文刊登印刷版的报纸内容外，网络版最喜欢做的一件事就是民意调查，调查内容以地方话题为主。例如，作为历史遗迹的天主教堂门前有一棵大树的生长破坏了教堂的墙基，教堂打算挪走这棵树，偏偏这又是一棵标志性的古树。《论坛报》就在网上弄了个民意测验："你是否同意市里允许教会移栽树木的决定"？又如，S县阿卡特城一所中学打算允许学生在校自习期间参加教会活动，这一决定引来了沸沸扬扬的讨论，《论坛报》在报道这一事件的时也弄了一个网络版的民意调查。又比如罗伊农场的商业发展计划，该网站也进行了多次民意调查。这样的民意调查不一定能产生什么直接后果，但至少可以让个人大致了解其他人或多数人的观点，更关键的则是"民意"已经深入人心。

  城里有 Alberstons、Longs、Food 4 Less、Ralph、Costco 等大型连锁超市，人们的日常用品大多从这些地方购买。要想到沃尔玛购买价钱更便宜的商品，那就得开车到十多英里外的其他市镇，当地人似乎不怎么欢迎沃尔玛来这里落户。农场主罗伊先生提出的发展计划中就明确指出其进驻的意向商场中不包括沃尔玛。

  大超市里的消费者总是步履匆匆，难得遇上邻居；若想碰到熟人聊两句，就得到人们闲庭漫步的农夫市场（Farmers' Market）。在悠然城，每周四傍晚和周六早晨的农夫市场是个热闹的地方。自1983年悠然城市中心协会和商人社团开始组织农夫市场以来，该市场就一直延续了下来，至今已有二十五年历史。由于人们喜爱农夫市场，农场主罗伊还把开设每周七天都营业的农夫市场作为其商业发展计划的一个卖点。作为一种面对面的传统商贸模式，农夫市场在美国其实已有数百年历史，不过进入二十世纪尤其是二战以后，其重要性日渐衰退。现代社会，农产品消费者与生产者的距离日益增大。有人统计，美国国内的食品平均要经过一千三百英里的运输、倒手六次之后才到达消费者手中。过去二、三十年来，农夫与市民直接交易新鲜产品的形式又开始恢复活力。在很多美国人的观念里（其实也是很多中国人的观念里），本地的农产品就是好的。这既与人们的乡土情结或怀旧情绪有关，也不乏客观原因。市场上那些小规模销售的农产品无需长途运输与长期储存，一方面新鲜，另一方面也可以在地里待到成熟，而不是使用催熟剂。仅从1994年到2000年的六年里，全美农夫市场数量就增加了63%，从1755个增加到

2863个[1]。

　　每周四下午5：30到晚上8：30是农夫市场的营业时间，届时市中心的棕榈街禁止机动车辆入内，各种摊位沿街一字排开，绵延上千米。农夫市场形成之初，只有本城居民前来光顾，后来附近城市的居民也来了，市场也越来越热闹。初到悠然城不久，我还在报上看到新闻说，市议会批准了市中心协会要求增加摊位、改善灯光系统的提案。市场上有不少卖蔬菜水果的，多是甘蓝、西兰花、西红柿、牛油果、芹菜、胡萝卜、樱桃萝卜、球茎茴香等。大白菜的名字叫中国白菜（Chinese cabbage），茄子的名字叫日本茄子（Japanese eggplant），不知道为什么这么叫。水果以橙最多，桃、李、蓝莓、樱桃等要看季节，这些水果不易在冷库里储存。街道两旁的餐馆也出来摆摊卖烧烤和三明治。手掌大小的鸡肉块和牛肉块抹上烧烤酱直接放在铁架上烤，两面都已经焦了，里面的肉还可看见血丝。逛市场的人们买了就坐在街边吃，一只手拿肉块，一只手拿可乐杯，大快朵颐。西方礼仪也很有趣，正式场合穿着隆重，举止优雅；日常生活则轻松休闲，舒服自在。

　　市场的热闹还不止这些。县乐队的演出、个人乐队的演出、街头木偶戏、党派招募成员、公民社团做宣传等等，令人眼花缭乱。只要是美国公民，填张表便可登记成为民主党或共和党的党员，党不要求忠诚，也不要求献身。县社工部、自行车协会、同性恋协会、历史学会等各种社团组织一下子根本记不过来。个人也借此机会向公众表达自己的政治观点。第一次去那儿，我就见到一位老先生举着标语牌站在路中间，号召大家登记成为共和党员并支持施瓦辛格拯救加州。当我问他能否拍照时，他欣然同意，还把高举的标语牌放低便我照相。

　　七十多岁的汤姆是一位退休的教师，喜爱种些稀罕的花草和水果。退休后，他每周六早晨都到农夫市场摆摊，卖自家后院种的花草。遇到果树结果了，便也拿些来卖。在农夫市场摆摊需要支付当天销售额的5%给市场管理者。汤姆每次摆摊销售额约有五、六十美元，一周一次，谈不上以此为生。汤姆还是"加州稀有水果种植者"（California Rare

---

[1] 参看Kim Sanderson, Michael Gertler, Diane Martz, and Ramesh Mahabir, *Farmers' Market in North America: A Literature Review*, Community-University Institute for Social Research, University of Saskatchewan.

农夫市场：招牌

农夫市场：购物

农夫市场：日裔农场主、墨西哥裔雇工与新鲜蔬菜。

农夫市场:干果摊

农夫市场:鲜花摊

农夫市场:新鲜蔬菜与墨西哥裔雇工

美国的社会与个人——加州悠然城社会生活的民族志

汤姆在农夫市场卖自己种的植物。他头上戴着两顶帽子，橙色的是他每次卖东西时必戴的帽子，里面黑色的那顶是我送他的北大的纪念品。每周六早晨，汤姆就是驾驶着他左手边那辆车子载着自己种的植物来"赶集"。

水果品尝会

第一章 走进悠然城

悠然山坡上吃草的牛

一家卖瓜果蔬菜的商店旁边堆放着草垛,草垛后是古老的谷仓。

此店出售瓜果蔬菜、自制奶产品、果酱、纪念品等。商品的摆放格局不同于超市,看上去更像农夫市场。

农夫市场：做宣传的公民社团

农夫市场：儿童在观看木偶戏

农夫市场：县乐队在演奏

Fruit Growers）协会的会员。每次摆摊，他都会带上一些印刷材料，向感兴趣的人们宣传他们的活动。后来我和他去参加过这个协会与大学农作物俱乐部联合举办的水果品尝会。品尝会邀请社区居民去品评各种水果，选出受欢迎的品种，然后反馈给水果种植者。1993 至 2004 年最受欢迎的水果是被叫做"北极松鸦"（Arctic Jay）和"白雪皇后"（Snow Queen）的桃子。

从二十世纪六十年代开始，退休者卖掉房子，搬到加州、佛罗里达州或亚利桑那州的现象已不少见。现在，喜欢温暖的人还有另一种选择，就是开着旅行房车（RV）[1]到气候温暖的州过冬，这些人被称为"雪地鸟"（Snow Birds）。在美国，RV 的市场相当发达，围绕着 RV 形成了遍布全国各地的 RV 公园、RV 俱乐部，甚至还有 RV 生活方式一说，即热衷于旅行和露营胜于居住在固定地点的人们或者度假者们所实践的生活方式。每年冬天，气候宜人又风景优美的悠然城以及附近海边小镇的 RV 公园总是个不错的选择。这样，当地居民更是怡然自得了。提起悠然城以外的城市，他们总爱以洛杉矶为代表，随即用自豪的口吻说这里不像洛杉矶[2]到处充斥着拥挤、嘈杂与繁忙。有一次我搭乘 Amtrak 的火车从洛杉矶回悠然城，火车不仅行驶极慢还比预计到达时间晚了近两小时。我忍不住和房东安妮抱怨火车晚点，她却气定神闲地说"噢，慢悠悠的火车，慢悠悠的城市"。

在人们的分类体系当中，大城市与小城镇的划分不仅体现在经济、人口等可见因素上，还体现在不可见的情感因素上。小城镇意味着平静、和谐与道德的氛围，大城市则意味着算计、竞争与讨价还价，甚至还是罪恶的渊薮。人们选择居住地往往考虑多种因素，经济是一个主要因素但不是唯一因素。我在"塑造城市社区学习班"上认识了卡帕，他是一位景观建筑师。卡帕曾经在悠然城念大学，几年前因为不喜欢当时生活的城市洛杉矶，举家搬来悠然城。

---

[1] RV 即 Recreation Vehicle 的简称，在 RV 这一总称之下又有各式各样的 Motorhome, Travel Trailer, Fifth-wheel Trailer, Folding Tent Camper 和 Truck Camper 等等。
[2] 在本书第八章我们还会发现，洛杉矶不仅是地理学意义上的一个空间或城市，它还代表着与悠然城相对的观念（不排除其中的想象和建构成分），是当地人分类体系中外面世界的代表，并且常常以负面形象出现。

我毕业的时候（1986），这里还是很小的镇子，工作机会很少，我根本没想在这儿找工作。我回到家乡圣巴巴拉工作了几年，不过没有太大发展，接着我到洛杉矶去寻找更多机会。在那儿我积累了很多工作经验，也担负着更多的职责。我想向上流动，做出一番事业。几年之后，我厌倦了。我想改变，职业还是一样，但私人生活想改变，于是我来到了这里。我妻子是在洛杉矶附近的小城镇长大的，她也熟悉小城镇的环境。我们想在一个我俩都熟悉的环境生活，悠然城很像我俩成长的环境。

我们在洛杉矶有很多不同阶层的朋友，有的非常非常有钱，尤其是我妻子的一个好朋友，她谈论的话题是买几百万的豪宅。我们感到与他们不是同一类的人。作为朋友，我们认为我们不被重视。

生活在这里不一样，假如今晚我要去开会的话，我随便驾驶什么车都行。但是在洛杉矶，如果我开这辆车去开会的话，人们就会小瞧我。我讨厌那样的氛围，只想离开。在那儿，人们就知道你有多少钱，有多少权力。我讨厌那样。那是一个炫耀的城市，绝对是，就是按照物质来判断。在这里不会被如此判断。

小结

悠然城既是一个有边界、有组织的行政与地理单位，也是一个由多层次的社会关系层叠累积而构成的"社会空间"（Lefebvre,1992:26）。本章是对田野调查点的历史及其现状的大体勾勒，旨在呈现城市生活的大概面貌。我们可以在城市生活中辨析出有关"个人"的语言。例如，在这个以白人中产阶级为主要人口的小城，市民居住地的选择已经由历史上以族裔为中心转向以个人为中心。我们也可以在城市生活中辨析出"公共"的语言。例如，开放空间、农夫市场、教会、市中心等是为人们所珍视的社区居民相遇的公共空间；历史遗迹、博物馆等等无数复杂机制都在致力于生产小城的历史身份与文化认同等。我们还可以看出，悠然城蕴含着居民对它的解释、界定与想象；在此过程中，作为个体的市民身上增加了"地方主体"的身份并与城市形成内在关系。随着阅读的展开，读者会发现第六、七两章对市民参与社区事务的叙述，以及第八章关于市民投票的叙述都与这里的叙述遥相呼应。

第二章 个人故事：『关键剧本』的上演

美国的社会与个人——加州悠然城社会生活的民族志

2008年11月4日，对于美国人来说是一个不同寻常的日子：一位黑人当上了美国总统——就在四十五年之前，马丁·路德·金还在为民权理想艰难地奔走全国。我在悠然城认识的几位上了年纪的朋友还能记起儿时身边没有黑人同学或者黑人朋友。那个时候，悠然城的黑人社区还被称作"黑佬城"（Nigger Town）。然而，黑人当上总统似乎又算不上非同寻常，毕竟，这儿是一个"人人长大都能当总统"的国家[1]。自然，总统只是一个比喻，更宽泛地说则是人人都能实现成功。

长久以来，解释美国自由社会理念的一个流行观点是强调美国的开放性，其具体体现之一就是每个人都有机会成功，而这也是"美国梦"的主旨。什么样的生活是值得过的？如何过上这样的生活？前总统克林顿寥寥数语道出了多数人的心声：

我们人人都是做着美国梦而成长，这个梦既简单又有力——只要你努力奋斗，按规则比赛，你就有机会前进，上帝赋予你的能力能让你走多远，你就可以走多远[2]。

始终关注文化模式与行动者能动性之间的张力的人类学者谢里·奥特纳提出了"关键剧本"（Key Scenarios）的概念。所谓关键剧本是指某特定文化中预定的行动图示，它为该文化中标准的社会互动提供符号性纲领。或者说，"关键剧本"为行动者提供行动模型或线路（Ortner, 1989:60）。"只要你努力奋斗，按规则比赛，你就有机会前进"便是美国社会所提供的各种"关键剧本"之一。当然，在实践人类学看来，实践的领域包括规范、个人表现和可能的策略，因此，剧本与生活并非严丝合缝。本章将透过具体行动者对"关键剧本"的演绎来理解美国人日常

---

[1] 与之相冲突的经验事实的存在不能推翻占据支配地位的平等主义意识形态。
[2] Bill Clinton, remarks to Democratic Leadership Council, 1993, quoted in Jennifer L. Hochschild, *Facing up to the American Dream*, p. 18. 转引自亨廷顿2005：60。

生活中的道德语言及其与实践的关联。

第一节 谱写"成功"的美国故事

一、阶级与流动的关键情节

(一)阶级分化与流动

雷蒙·威廉斯梳理了阶级含义的演变:阶级(class)一词最早可溯源至拉丁词classis,意思是根据罗马人民的财产所做的区分。十八世纪七十年代至十九世纪四十年代期间,class开始演变成为具有现代意涵的词,特定的阶层皆有相对固定的名词来称呼,例如下层阶级(lower class)、中产阶级(middle class)、上层阶级(upper class)和工人阶级(working class)等等。此后,新的意涵不断出现,旧的意涵则渐渐淡出。不过,基本意涵仍然存在:阶级是社会或经济上的不同类别,它是藉由出生或社会流动所产生的相对的社会地位,它是可以感知的经济关系,是社会、政治与文化机构组织(威廉斯,2005:51-65)。

简单地讲,阶级意味着区分与包含,它把社会内部的成员划分为不同的亚群体。阶级的区分不仅意味着财富声望、经济地位的区分,也意味着参与社会的程度不同。美国历史学家威布指出,十九世纪末至二十世纪二十年代的美国社会,随着工业化而出现了三个阶级:全国性阶级(控制着国家的制度和政策)、地方中产阶级(控制着地方事务)与下层阶级。由于前两个阶级抑制了下层阶级对民主的参与,使他们变得只是民主的接受者而非创造者(威布,2007:132;278)。社会学家的研究也指出,同一时期,工业化影响下的美国乡镇生活发生了巨大变化。林德夫妇注意到,美国社会经营阶级(business class)与工人阶级(working class)的划分变得日益明晰。二十世纪二十年代,经营阶级占全美人口的29%,工人阶级占71%。"中镇"的调查显示,经济地位同社会地位的联系越来越紧密,两个阶级之间不仅有经济条件带来的生活方式的差异,在参与社区事务的程度上也有所不同。前者约占社区人口的十分之三,但在社区生活中却占有主导地位；而后者往往受到多方因素限制，不能充分参与社区事务。彼时，工人阶级的子女开始期待并逐步实践着向经营阶级的流动，而教育是一个主要的途径（Lynd & Lynd, 1929）。

一直以来，关于美国是自由社会的解释都离不开强调美国的开放性，即个人的赋予身份与获致身份之间较少有必然关联。持美国"例外论"观点的德国学者桑巴特在二十世纪初时指出，美国没有社会主义的原因之一是社会流动性抑制了工人阶级的阶级意识的发展（桑巴特，2003）。美国"例外论"的后继者李普赛特与本迪克斯于二十世纪五十年代的合作研究也提出了类似观点：社会流动是所有工业社会的特点，美国社会的独特之处不在于流动率之高，而在于人们解释与评价流动性的文化与政治语境。换言之，美国社会是一个赞颂机会与流动、将自身视为对所有个人开放的社会，其独特之处在于关于流动的意识形态（Lipset & Bendix, 1959）。

（二）"自我依赖"与"阶级谋划"

在人类学领域，许烺光、玛格丽特·米德与谢里·奥特纳等都曾从文化的角度讨论过美国人对阶级流动的设想与实践。较之李普赛特等人关于流动意识形态的叙述，这几位人类学者对阶级的叙述明显从外在于个人的社会图景转向了内在于个人的心理图景。换言之，他们更关注社会对个人的期待内化为个人对自己的期待后，阶级在日常生活中具有什么样的意义，也可以说是更关注社会语境中的个人体验是什么。于是，阶级成为了一种蕴含着人们的期待与恐惧的身份或认同。

在米德笔下，阶级在美国就是一种关乎成功的游戏。虽然人生目标不是以阶级的术语来表达，但美国人自孩提时期就明白获得成功将是他们不容置疑的人生目标，不论是社会还是个人都无暇顾及在追求成功的反衬下失败是否令人难以承受（Mead, 2000:34-43）。

许烺光指出，美国人"自我依赖"（self-reliance）的核心价值观在其积极作用之外也带来了一些严重问题，尤其是不安全感渗透在人们的内心，无论是个人的赋予关系还是获致关系都缺少长久性。"自我依赖"对个人最根本的要求就是激励个人不断地与其同伴竞争。人们期待获得优越地位，竭力避免被比自己卑下的人所"污染"。于是，我们看到了悖论的存在：一个崇尚平等的社会，充满了竞争的压力；一个相对自由的社会，人们却为失去地位的恐惧所困扰；一个实现民主的社会，其间却弥散着嘲讽与偏见。在这样一个个人在其同伴中缺乏永久的和可靠的港湾的社会，个人唯一的安全就来自个人成功与优越。可是，一部分人的成功与优越总是基于另一部分人的失败与卑下。对于失败和卑下的怨恨弥漫社会，有时让人难以承受 (Hsu,1961a,1983:9)。[1]

从非西方社会研究回归美国主流社会研究的奥特纳展开了对"阶级"的文化建构与社会经验的一系列研究（Ortner, 1991; 1998a; 1998b; 2002a; 2002b;2003）。奥特纳对阶级的探讨一方面是指出美国文化当中关于流动的意识形态与个人主义的意识形态共同遮蔽了阶级的存在，使得人们在社会生活中很少用"阶级"的字眼来谈论自己以及美国社会，而当"阶级"进入人们的讨论时，也是改头换面以"族群"或"性别"等面目出现。奥特纳探讨的另一方面是在结构与能动性的动态关系中，借用萨特的"谋划"（project）概念阐述"阶级"。从而，阶级不再只是某种人们被动接受的位置，还是一种人们主动发出的"阶级谋划"（class projects），阶级的讨论转变为阶级化（classing）的讨论：

我们可以把阶级设想成为人们在其中或者占据的某物，也可视为人们发现他们身处其间或被指派给的某个地方，不过我们也可以将其设想为一种谋划，人们一直在塑造、保有、护卫、恐惧、或渴望的某物（Ortner,2003:13-14）。

总之，阶级意味着过去从哪儿来、当前在哪儿、将往哪儿去，它所关乎的是成功或者失败，它既指示社会的平等与开放，又为个体设定人生目标。当然，不论是作为意识形态，还是作为社会事实，流动从来不曾改变阶级所具有的区分与包含的意味。如果没有了区分与包含，流动也就失去了意义。下面我们就来看一个"阶级谋划"的故事。

---

[1] 托克维尔当年就对平等社会带来个人的脆弱充满担忧。"他们虽然推翻了同胞中的某些人拥有的特权，但又遇到了要同所有人进行竞争的局面。限制依然存在，只是改变了形式"，"美国人身在幸福之中还心神不安"（托克维尔，2004：669）。

二、从工人阶级子女到中产阶级

佩林是一位积极参与社区事务并且乐于表达的美国老太太。在2006年悠然城议案A的投票中，佩林持反对态度，在她家窗前还立着一块反对议案A的宣传牌。这位退休后参与了很多志愿者活动的老太太很健谈，也很乐意与我分享她的人生故事。

1928年，佩林出生在纽约一个普通家庭。那时，她父母在纽约百老汇工作，不过他们并不是明星，家里也不富有。回忆幼时的生活，佩林还记得收旧货的、卖牛奶的、卖冰的，还有修补匠等都是乘着四轮马车走街串巷，吆喝着他们的生意。

大萧条（1929至1941）时期，失业率居高不下[1]，大量流民漂泊无依，忍饥挨饿，生活极为窘迫。佩林的父亲也曾一度失去工作，严重影响了家里的经济情况。

"我家一开始也是中产阶级家庭，我父母都来自中产阶级家庭。我妈妈的爸爸最初是管道工，他工作非常努力。后来建立了自己的管道清理公司，有很多管道工为他工作，所以他进入了中产阶级，他是一个老板了。我爸爸的爸爸来自富裕家庭，他家在马萨诸塞有自己的工厂。不过我祖父是一个迷人但懒散的人，他从来没有认真工作过。我祖母来自工人阶级，她的父辈从威尔士来到美国时在堪萨斯州的矿山工作。你会在美国看到很多不好的事情发生，不过机会总在那里，你就是去抓住机会。每个人都有机会或许是这个国家最基本的伦理，也是为什么移民来此的原因。"

1932年5月，联邦政府的救济事业开始实施。佩林的父亲在"公共工程项目"（public works program）的帮助下，找到了一份短期的工作。若干年之后，佩林仍然不忘强调救济项目不只是帮助失业者挣到生存的金钱，更是帮助他们维持自尊，因为该项目所帮助的人可以靠自己的努力工作换来报酬。

---

[1] 据1932年9月的《财富杂志》估计，全国有3400万成年男女和儿童没有任何收入，此数字接近总人口的28%。而这报告还不包括1100万农村人口。（曼彻斯特，2006：27）

第二章　个人故事："关键剧本"的上演

早在佩林出世前，一心想进入电影行业的父亲就曾到加州找工作，可惜未能成功，只好返回东部。但他的心里一直念念不忘加州，认为那儿是一个"不论你的梦想是什么，它都可以实现的地方"。在"公共工程项目"下工作了一段时间之后，佩林的父亲决定重返加州，毕竟那里是一个"黄金州"，或许可以去谋份好职业。1936年10月，他们变卖了所有家产，换来很少一笔钱，并买了一个拖车，开始了迁往加州的漫长行程。为了避免遇上雨雪，他们先向南行，接着再向西行，一路上就住在拖车里。一家人走走停停，遇到什么活计就工作上一段时间，直到1937年9月才来到加州。

佩林说，旅途中自己做了一件错事，她一直为此后悔，至今未能释怀。那件事也是让她印象最为深刻的关于诚实和私人财产不容侵犯的教育。当时全家人在一个小城市里停留了一段时间，父母晚上出去工作，佩林和她弟弟就寄宿在一户人家。佩林和弟弟住在楼下，主人一家住在楼上。有一天佩林和弟弟到楼上去玩，正好看到橱柜的门开着，里面放着一把很漂亮的小刀。佩林就想把这把刀拿去给她父母看，正好他们要去餐馆找父母吃午饭。"从别人那里拿走别人的东西是错误的，我从小就受到这样的教育。我并没有想偷，就是想拿去给我爸妈看"。

如果没有把小刀遗失在路上就也没有后来影响她一生的事情发生了。就在去找父母的路上，佩林把小刀弄丢了。后来主人问起她有没有见到那把小刀时，她撒了谎，说从没见过。过了不久，佩林和弟弟就随着父母继续向西行驶，此后一直没有机会道歉。"那影响了我一生，我一直不能忘记，七十年了。如果我告诉他们事实，我可能会被责骂，我没告诉他们，可是我的良心责备了我一生。我和我弟弟从未谈起这件事，他已经去世了，生前我们待在一起的时间很多，我们谈论了很多小时候的事，但从未提这件事。我再也不能做什么不诚实的事[1]。"

---

[1] 说起这个小故事时，佩林说自己也不知道怎么就想到了它，声音也变得哽咽起来。儿时旅途中的小刀给佩林留下了难以磨灭的记忆，几次聊天，她总喜欢强调私人财产，并以这个故事为例，不过在第八章我们也会看到，私人财产的神圣性并不是引导佩林行动的唯一纲领，或者说所谓私人财产的神圣性是有条件的。

才到加州时，一家人住在洛杉矶东面一个移居劳动者的营地里，佩林的父亲以摘柚子为生。第二年，他们搬到了洛杉矶。一开始，他们还是生活在拖车营地（trailer park）里。那个时候，别说是营地居民了，就连整个国家都处于一种过渡的状态中。当时，好莱坞的电影业是没有遭受严重损失的少数产业之一。佩林的父亲在好莱坞找到了一份配音演员的工作，给电影配制各种声响效果。

拖车营地附近有不少墨西哥人。才一听到西班牙语，佩林就开始迷恋上语言，后来上大学时，她选择了学习语言。虽然营地周围有不少墨西哥人，但年少的佩林对族群之间的差异并不敏感。比起自身的努力，族群或出身在她看来根本就是微不足道的。

"如果我在那个社区再住久些，我肯定会在那儿交朋友，当时的朋友就只是在学校认识的。九岁的我对人们的异同并没有什么意识，人们就是人们，我对肤色并不敏感。在南方有法律规定区分种族，在西部就只是习俗，没有法律。**出身没什么重要的**。经济上的成功、教育上的成功会改变生活。我们家就是教育上成功的例子。我父母没有接受高等教育，我妈妈高中毕业，我爸爸高中没毕业。你需要自己创造，自己走出泥沼。如果你想学，你就能学。图书馆向所有人开放，你可以放学后去图书馆而不是在街上玩。财产带来更多财产，教育带来更多教育，那是循环的。"

在拖车营地居住了一段时间之后，佩林一家搬到了好莱坞附近。那儿是一个超出了佩林家经济承受能力的很好的中产阶级社区，她的父母必须非常努力地工作才能维持一家人在那儿的生活。搬家意味着佩林的父母在居住上从工人阶级向上移动到了中产阶级，不过，更令她记忆深刻的是教育机会的增多。

"搬家后我能上一个很好的学校，是公立学校，不是私立的。学校的氛围是用功学习。我总想上大学，虽然从来没有人问我为什么想上大学。我弟弟也和我一样，他后来成为了工程师。我开始上大学时正好二战结束。家人鼓励我上大学，可惜我没有珍惜，两年半后我退学了（因为结婚），还好，后来又重返校园了。"

佩林心目中理想的学校是加州大学洛杉矶分校。当时在洛杉矶有三所大学可供选择，社区大学、加州大学洛杉矶分校和南加州大学。南加州大学是给有钱人的孩子上学的地方，佩林说她并不想去，而加州大学洛杉矶分校的质量就很好，并且公立大学花费很少[1]。最终，佩林没有去洛杉矶分校，但不是她自己的原因，而是他们又搬家了。1945年高中快毕业时，在父亲的决定下，全家人搬到了俄勒冈州，去洛杉矶分校上学的计划不得不更改。

"那时二战刚刚结束，国会决议让退役军人接受免费的高等教育，作为他们为国家服务的奖励[2]。数以万计的人走近校园，我丈夫也在其中[3]。在这样的背景下，大学不能容纳更多人。那年夏天，我写信给洛杉矶分校确定宿舍，但学校回复说我不是加州居民，因此不能入学。"

后来，佩林申请了俄勒冈州立大学。当时，她有个男朋友也在俄勒冈州立大学，佩林不想两人在同一所学校，就转向了另外一所需要支付较高学费的私立大学。多年后佩林还在为此感到后悔："我太自私了，像多数青少年那样，现在想起来我还觉得羞愧。我没有考虑父母是能否承受，不过他们支持我去。"

两年后，佩林因结婚而退学。后来一直等到她最小的孩子上了小学，她才又回到学校。那时（1961）佩林的丈夫仍在德州空军服役，她便进入德州大学继续完成学业。

"那是当时德州唯一的一所州立大学，必须保持好成绩，否则得去私立大学。我是一名好学生，分数一直很高。我丈夫承担了家里的工作，对我是极大的帮助。在他的帮助下，我拿到了学士学位和硕士学位。"

佩林在婚前曾给华盛顿的政府部门写信求职，可是向女性开放的职位只有秘书，管理职位却全是男性。她觉得这有点歧视女性的意思，加

---

[1] 不难看出，青少年时期的佩林就已在一定程度上内化了社会对阶级的界定、期待与想象。

[2] 即国会奖励服役者的政策（GI bill, Servicemen's Readjustment Act of 1944）。该法案的目的是为参与二战的士兵提供接受高等教育的补偿。该法案依据二战期间士兵们参军服役的年限，对于那些想上大学的人，联邦政府提供学费和生活费。

[3] 佩林的丈夫也来自工人阶级家庭，他在二战期间参加了空军，战后获得了免费进入大学接受教育的机会。

上不久之后因为结婚而退学，工作的事也就没再考虑。一直到后来研究生毕业，佩林才当上了外语教师。

佩林一再强调美国社会有很高的阶级流动性，阶级于她就是一种个人"谋划"，不过，某种固定不变的阶级印迹还是深深地烙在她的身上：

我曾经有机会去一个学费很高的女子大学，我能申请到奖学金。不过我没有去，因为即使有奖学金，也还有生活费需要负担。如果我去，我会成为一个不同的人，因为学校的趣味不一样。那里是有钱人的学校，东部不同的文化也使得社会阶级更明显。你上哪所大学、你所遇到的人、你所选择的职业都会影响你是谁。哈佛、耶鲁、伯克利等等，学校是一个界定人的地方。如果我去了洛杉矶分校，我会遇到所有阶级的学生，或许不是很多有钱人。我从未想过去南加州大学，我没有这样的想法。洛杉矶分校有很好的声誉，我没看到有什么理由花更多的钱去南加州大学。我家属于工人阶级，我的教育就倾向于工人阶级。如果我出生在有钱人家，我可能就有不同的观念了。不过，**人生的起点与终点可能相距甚远**。在社会早期，阶级是非常结构化的，不像现在这样。例如在英国，你是工人阶级就一直是，你是中产阶级，你也别想更高。

现在，年近八十的佩林早已退休，不过她可闲不下来，一直忙于各种志愿活动。"我不是一个待在家里的家庭主妇，待在家里的话我觉得很枯燥。很多女性从家务事中得到乐趣，对于我来说不是这样。"县公立图书馆、中海岸公共广播电台（以民间资助为资金来源）、女性选举联盟（League of women voters）等都是佩林工作的地方，其中她最热爱的是电台。佩林有一个强烈的信念：公众的声音对于所有人来说都是重要的。这个信念支撑着年迈的她数年如一日地投入志愿者活动。"每周六早上我接起电话，说'你好，这里是中海岸公共广播电台，有什么我能效劳的吗'，这是我最开心的时刻。"

佩林坚信，接受高等教育是她和丈夫向上流动以及实现自我的最主要的原因。聆听她的故事，我们也能发现始终存在的结构因素，例如大萧条时期罗斯福政府的新经济法案将国家或政府直接带入了人们的生活当中；二战结束后国会奖励服役者的政策帮助众多来自工人阶级家庭的年轻人获得了大学教育的机会；州立大学的低收费也使专心学业的佩林免除了后顾之忧等等。这些因素在佩林的叙述中就是"每个人都有机会"。随着叙述的展开，我们看到佩林的经历里充满了机会与选择之间的张力，也看到了她的故事可以融入进诸多美国人的故事当中。[1] 个人独特的叙事其实也是社会的典型叙事的一个构成要素。

三、补充故事：墨裔少年的美国梦

教育是个人在开放社会实现向上流动的重要途径之一。根据1990年所做的一项调查显示，就"政府应该为每个人提供工作"、"政府应该为失业者提供体面的生活标准"以及"政府应该为每个人提供基本生活保障"三个问题而言，美国受访者选择同意的比例低于联邦德国、英国、荷兰以及意大利等国的受访者。另一方面，美国社会倾向于把更大比例的财政收入投入教育，以使更多个人参与追求成功的竞赛当中；而欧洲社会则倾向于把更大比例的财政收入投入强调群体利益的社会福利措施当中，以改善弱势群体的生活条件（Lipset, 1996:76,83）。通过个人努力实现成功既是美国社会对个人的期待，也是个人的梦想。

就在我听佩林讲述她的故事后不久，我在2007年4月23日的悠然城地方报纸《论坛报》上看到了一则S县墨西哥裔少年的成功故事。

乔登十二岁那年，身为农场工人的父母就把他带到地里劳动，摘草莓和西红柿。父母要让他知道农场工作是艰辛的，希望他今后能有一条不同的道路。

出生在墨西哥一个贫穷小镇的乔登的父亲用西班牙语说："我们从未对他说必须上大学。我们只希望他能不只干点地里的活。我们想或许

---

[1] 需要指出的是，本章引述人物故事的意图并不是追溯主人公实际的人生经历或对人生进行因果解释，而是关注主人公如何解释其人生经历，发掘其解释背后为社会所接受和承认的价值观念。

他会成为一个机械师。"

　　这位十八岁的高中生远远超出了父母的期望。现在，乔登面对着众多学生都会羡慕的选择，他将要在这个国家最负盛名的大学中选择一所。哈佛、普林斯顿、斯坦福和其他一些学校招收了他。这位英语和西班牙语都很流利的学生期待着在学校做一个毕业生致辞。

　　乔登的妈妈，来自墨西哥的一个农业小镇，小的时候与八个兄弟姐妹住在一间屋里。乔登的爸爸，老乔登，小的时候与九个兄弟住在一间屋里。他们说这样的场景在墨西哥的穷人生活里并不少见。为了减轻家庭负担，乔登的父母上完六年级就都开始工作了。1977年，十四岁的老乔登来到美国，在农场找到了一份工作。乔登的妈妈则是八十年代来到美国的。现在他们都是美国公民，拥有一所三居的屋子，屋后还有一个花院。目前，老乔登在一个种植草莓的农场每天工作十二小时。每个周末，乔登一家都会与老乔登的九个兄弟姐妹欢聚一堂，他们也都从墨西哥来到了美国，并且也都住在中海岸一带。乔登的妈妈说，他们是非常团结的。

　　这个紧密的家庭希望他们的大儿子选择斯坦福，这样离家近些。但乔登希望到东部去。

　　乔登所在学校的老师说，乔登是该校"通过个人决心取得成就"（Advancement Via Individual Determination）的项目中第一个被哈佛接受的学生。该项目帮助引导那些其父母没有接受高等教育的学生走向大学。这位老师还说，申请顶级私立学校的程序很复杂，需要填写很多表格、递交推荐信和论文，但乔登都是独立完成的。"他或许是为数不多的几个不需要我帮助而独自完成申请程序的学生之一。"该项目的老师去年见到乔登出色的才华后向他建议申请常春藤学校。这位老师说："乔登坚持不懈的努力，并且做得很正确。很少见到他这个年纪的孩子有这样的决心。"……

　　"我想学心理学，那很有意思。我想最后我也能通过咨询来帮助他人"，乔登说。现在，普林斯顿和哈佛以及电脑制造商戴尔公司都为乔登提供了奖学金。

　　文章在网上刊登后，一如既往地引来众多评论。人们祝贺这个努力实现自我的少年，说他谱写了典型的美国故事，并祝福他走向成功，实现美国梦。

第二节 失败的无家可归者

你微笑，世界与你一起微笑；你哭泣，独自一人哭泣。
Smile and the world smiles with you, cry and you cry alone.

2006年，好莱坞拍摄的励志电影《追求幸福》(*The Pursuit of Happiness*)一度雄踞北美票房排行榜榜首。片中的男主角克里斯是一名收入不稳定的医疗器械推销员，妻子因为忍受不了经济上的压力而离开了克里斯，留下他和五岁的儿子克里斯托夫相依为命。这时候克里斯银行账户里只剩下二十一块钱，因为没钱付房租，他和儿子被撵出了公寓。费尽周折之后克里斯赢得了在一家声名显赫的股票投资公司实习的机会，但是实习期间没有薪水，而且最终能否进入该公司还是个未知数。为了走向幸福，克里斯决定坚持下去。白天，他努力工作，夜晚则颠沛流离，带着儿子住在无家可归者收容所。在收容所住宿每天都需要排队，排不上队的克里斯父子就得住在公园甚至公厕里。不过，困难始终没有摧毁克里斯父子间的亲情与他们的信念。凭借过人的智慧与勤恳的努力，克里斯终于迎来了那幸福时刻……

虽然好莱坞电影摆脱不了商业化和模式化的套路，但剧情多少也要从社会文化背景中汲取养料。从内容上讲，影片至少传达出两个信息：第一，经济困顿可能导致无家可归；第二，只要努力就能扭转逆境实现成功。归根结底，影片还是在讲述自由社会的个人奋斗与自我实现这个"关键剧本"。

一、美国社会如何表述与对待无家可归者

（一）背景：关于无家可归现象的数字统计与原因解释

无家可归者是失去住房或无力支付住房的一个群体，大体而言，美

国社会的无家可归者或是以公园、街道等公共场所为住所、或是以汽车为住所，或是居住在紧急留宿所(emergency shelter)，或是居住在过渡房(transitional house)。二十世纪七、八十年代以来，随着无家可归者人数增加以及区域蔓延等情况的出现，无家可归逐渐成为当代美国社会关注的一个复杂问题。

和以往的流浪汉不同[1]，无家可归者群体当中出现了大量的家庭、女性以及青少年和儿童。由于无家可归者的流动性，关于其数目的统计很难做到完整精确。1996年的一项全国性调查估算，无家可归者的数目大概在一百五十八万至三百四十九万之间。此外也有统计估算，一年当中，有过无家可归经历或者处于无家可归状况的大约有三百五十万人左右，占全国总人口的百分之一，贫困人口的百分之十。从处于无家可归状态的持续时间来说，一周以内占5%，一周至一个月之间占8%，一个月至三个月之间占15%，四个月至六个月之间占11%，七个月至十二个月之间占15%，十三个月至二十四个月之间占16%，二十五个月至六十个月之间占10%，五年及五年以上占20%[2]。另据美国住房与城市发展部的一份报告，2007年10月1日至2008年9月30日的一年内，有一百六十万人曾居住于紧急留宿所或过渡住房，这意味着在这段时间内每一百九十个美国人中就有一人使用过留宿系统[3]。

再来看我做调查的S县。2005年10月26日与2009年1月28日，在县政府的资助下，S县无家可归者服务协调委员会先后两次统计过该县境内的无家可归者数量。根据2005年所做的统计，S县境内有2408

---

[1] 二十世纪上半叶，在美国人的词汇中有hobos, tramps, bums等词指称当时的流浪汉。根据Anderson的分类，hobos是迁徙工(migratory worker)，tramps是迁徙的非工作者(migratory nonworkers)，bums则既不迁徙也不工作。Nels Anderson, *The Hobo: The Sociology of the Homeless Man*. University of Chicago Press, 1923.引自LaGory, Mark. (et al) 2001 "Life Chances and Choices: Assessing Quality of Life among the Homeless"。关于美国无家可归者的历史演变还可参考Axelson, Leland J & Paula W Dail. 1988 "The Changing Character of Homelessness in the United States"

[2] 以上数据来自 http://en.wikipedia.org/wiki/Homelessness_in_the_United_States#cite_note-59

[3] http://en.wikipedia.org/wiki/Homelessness_in_the_United_States#cite_note-hudhre.info-2

名无家可归者[1]；根据2009年所做的统计，S县境内有3829名无家可归者[2]。

总的说来，大致可以区分出两种常见的解释无家可归原因的视角，即个体视角与社会结构视角。个体视角倾向于从个人出发，关注吸毒、酗酒、懒惰、精神疾病、家庭暴力、婚姻破裂、逃避责任等导致人们变成无家可归者的原因。社会结构视角则倾向于从社会出发，关注影响个人维系稳定住房的外在社会因素，如经济发展停滞、通货膨胀、工资下降、制造业岗位减少、高失业率、低收入者住房缺乏、种族与族裔歧视等原因都有可能导致贫困人群沦为无家可归者（Roleff,1996;Hurley,2002）。以低收入者住房缺乏为例，有研究者指出，1949年颁布的"全国住房法案"就已提出，"尽快实现每一户美国家庭都有体面的住房和适宜的居住环境"；1968年颁布的"住房与社区发展法案"再次确定了1949年定下的目标；不过，二十年后，这一目标尚未实现，无家可归者的人数却在不断上升（Axelson & Dail, 1988）。总之，既有人认为无家可归是社会因素引起的严重社会问题，也有人认为结构性的无家可归现象被夸大，真正由于自身之外不可控制的因素而沦落街头的人少之又少。

随着无家可归现象的持续以及研究的开展，研究者日渐意识到，只有关联无家可归者多样化的个人经历与经济、政治等社会性结构因素，才能全面理解无家可归现象的出现（Glasser & Bridgman,1999;Wolch & Dear,1993）。无家可归者是具有权利负有义务的、有思考与感受能力的社会行动者，同时也是受多方限制并由社会建构出来的。无家可归既不能归咎为纯粹的个体原因，也不能完全视为社会环境的牺牲品（Neale,1997:47）。

此外，也有研究者（Wright,2000）指出，无家可归现象是关乎民主

---

[1] http://www.unitedwayslo.org/News/news06/Enumeration_rpt4.24.06.pdf
[2] 在2009年的统计中，有342位十八岁以上的无家可归者接受了问卷调查。调查显示，这342名无家可归者的平均年龄低于四十五岁，其中有37%为女性。从族裔上来看，白人占72%，非洲裔占5%，亚裔占1%，西班牙裔占18%，美洲土著占4%。调查者指出，由于有更多志愿者参与2009年的调查，并且两次调查是在不同时间进行，故2009年人数的增多并不一定表明无家可归者数量有实质性的增长。参见http://www.capslo.org/homeless/Enumeration_09_01_09.pdf

与平等的问题。个人缺陷或社会结构导致无家可归这两种观点都忽视了更为根本的问题，即为什么是低收入者的收入降低了？为什么过去二十年来负担得起的住房相对于需求减少了？答案在于，二十世纪七十年代，美国经济发展停滞，国家的关注点开始从贫困转向降低赤字和结束滞胀。政治精英选择了新自由主义市场的意识形态作为解决之道，而这一方案随后也逐渐被大众接受。人们认为，社会福利会增强依赖性，政府干预也不利于全球市场的竞争，降低赤字和私有化公共服务的观念流行开来。换言之，住房、收入、福利服务的减少是由政治精英发起的、在市场经济内服务于其自身利益的对资本主义进行更深刻的重组的结果。这种重组将更多的利益分配给富人和特权阶层，代价则由穷人、工人和中产阶级来承担。总之，个体视角和社会结构视角不能完全解释无家可归现象的出现，此外尚需追问财富和社会权力的安排使谁受益，又让谁承担代价。

本书同意无家可归的原因既需要关联结构性因素与个体因素，也需要具有政治经济的敏感性，不过这里主要是将其作为背景介绍给读者，并不打算继续探讨无家可归现象的具体成因。下文将简单阐述和分析美国社会对待无家可归者的矛盾态度，接着讲述一位无家可归者的个人故事，希望从中认识社会对个人的期待以及个人对社会期待的回应。

（二）社会对无家可归者的排斥

1. 表现为空间问题的无家可归现象

美国法学家弗里德曼在其著作《选择的共和国》里提到过一个小故事：在一个寒冷的冬天，纽约市政府出于善意，试图将露宿街头饱受寒冷折磨的人们集中到指定的居所，然而却受到了某些无家可归者的抵制，认为这侵犯了他们自由流浪和露宿街头的权利："除非我做错了什么，否则他们别想把我带走！""我们享有权利！" 弗里德曼接着讲道：电视观众看了这段报道后并没有表现出任何的诧异，因为这是一个以个人为起点的社会，权利是时代的特征，个人有广泛的选择空间（弗里德曼，2005：1-2）。在此可见，普遍的权利并不因个人具体处境的不同而打折扣。不过，政府要将无家可归者集中到指定居所的行动还提供了另

第二章 个人故事:"关键剧本"的上演

公路边草地上放着毯子和几件衣服,看上去像是无家可归者留下的,几天之后就不见了。

无家可归者留宿站

外一条相对隐蔽的线索——如有研究者（Mathieu,1993）质疑的那样，政府行动究竟是出于善意？还是为了将无家可归者驱逐出公共空间？

由于没有属于自己的住所，无家可归者不得不将其私人生活展示于公共空间，处于公众的视野之下[1]。他们的大量出现既可能激发社会同情，也可能招致怀疑、厌恶甚至恐惧等情感反应。如有研究者就指出，无家可归者在美国之所以引人注意，不是因为人多，而是因为他们代表了不断增长的贫困对公共空间尤其是中高收入群体所居住或期待的空间的侵袭。为无家可归者提供住房或将他们从街道、地铁等空间转移出去的呼声源于使不断增长的贫困变得不可见和私人化的努力（Susser,1996）。

很多美国人乐意为无家可归者提供志愿服务，但他们未必愿意见到这些服务设施位于自己居住的社区。据一项全国性调查显示，在社区抵制为无家可归者等边缘群体提供服务的特殊设施的61例个案中，有21个项目因为社区居民的反对而停工，有6个已有设施被关闭，有2个设施搬家（Takahashi,1998:23）。其实，这就是社会对待无家可归者时表现出的"不要出现在我家后院"(Not In My Back Yard)的态度。这有些中国人说的"眼不见为净"的意思，实际上就是把穷人、无家可归者与其他社会阶层从空间上分离开来，使之变得不可见。

空间策略既可能表现为社区抵制相关设施的建设，也可能表现得更加隐蔽。Don Mitchell 和 Lynn Staeheli 以南加州城市圣地亚哥市中心的一所公园为对象，探讨了城市公共空间私人化的影响以及空间对无家可归者的排斥过程。公园曾经是穷人和无家可归者聚集的地方，他们可以在那里自由地活动，然而这是空间规划者不愿意看到的。于是，在公园的改造过程中，曾为无家可归者提供容身之处的公厕被拆除了、长椅被增加了扶手（不能再躺着睡觉了）、公交车站也被搬远了，甚至草坪也被带刺儿的植物取代了，同时，巡逻员也增多了。公园的改造过程中，维护与管理公共财产的责任还被转移给私人组织。一系列的变化之后，穷人与无家可归者最终发现他们在市中心不再能找到属于自己的地

---

[1] 当然，这不能概括所有无家可归者的生活状态，例如部分无家可归者借住亲友家中或暂居汽车旅馆，虽然他们没有完全属于自己的私人空间，但也不能说其生活展示于公众的视野之下。

方（Mitchell & Staeheli,2006:143-175）。Mathieu 的研究也揭示了二十世纪八十年代纽约市政府排斥无家可归者的空间策略：关闭无家可归者聚集的场所、打开车站的大门让寒风吹进来、在车站地面喷洒氨水使得无家可归者不能睡在那里等等（Mathieu,1993）。从这些相对隐蔽的策略可见，尽管穷人和无家可归者没有遭遇任何强制行为，却被剥夺了对某些空间的权利。难怪列斐伏尔（Lefebvre,1991:26）要说空间是控制的手段、支配的手段和权力的手段了。

分类是人类社会进行自我组织的重要方式之一，社会通过分类可以理所应当地确定人、事、物之间或包含或排斥的关系。以某种迂回或隐蔽的方法使无家可归者变得不可见正是空间作为社会分类手段的高明之处。问题是，在一个以自由平等为核心价值观的现代民主社会，个人权利早已获得了法律的支持与保障，排斥无家可归者的理由何在？

2. 个体视角与"不值得帮助"

一位专门描述无家可归者的作家 Kim Hoppe 曾指出，"总有一股力量将无家可归问题归约为无家可归的穷人自身的问题——各种各样的缺点、恶习或疾病"（Hopper,1991，引自 Mathieu,1993）。不少我所认识的白人中产阶级朋友包括志愿者在内都认为：无家可归者要么是身体或精神方面有缺陷的人；要么是自己选择这样的生活；要么就是从监狱出来的人。偶尔有人提到少数无家可归者是因为失业而导致家庭经济陷入困顿，但从失业到变得无家可归还是个人不明智造成的。

可以看一段我与一位朋友的对话：

我：为什么这些人无家可归？
朋友：因为有人选择这样。
我：为什么？
朋友：可能他们不喜欢和社会接触，可能有的人有精神疾病。
我：他们的亲戚不管他们吗？
朋友：他们不与他们的亲戚联系。
我：亲戚们不会担心吗？
朋友：可能担心，但更关心自己的家庭。

我：亲戚里有人是无家可归者人们会感到羞耻吗？

朋友：不会。

我：会给经济资助吗？

朋友：一般不会。我不能给你钱，你必须工作，或者你有能力就必须工作。每个人得决定什么时候帮助别人什么时候不帮助。有人变得无家可归可能是他不明智地花钱，可能他去拉斯维加斯赌博，输掉了所有的钱。你不能帮助所有无家可归者。也有人是因为社会经济原因，但加州经济状况现在很好[1]。有人可能失业了，不过政府有很多项目帮助他们，当然，不是帮助所有人。

我：是不是有人一失业就无家可归了？

朋友：明智的人至少会留下够半年生活的钱，因为你需要花时间找工作，但有人花掉所有钱，一旦失去工作就无计可施，变得无家可归。

我：亲戚朋友就不资助他们吗？

朋友：你必须自己管好自己，如果你花钱买这买那，没钱的时候谁也不会帮助你。

将无家可归归咎为个体自身的原因意味着对造成无家可归现象的结构性因素的忽视。以精神疾病的解释为例，大众媒体以及具有精神病医学取向的研究塑造出了无家可归者大多患有精神疾病这样一种根深蒂固的形象。实际上，无家可归者与精神疾病之间的关系被夸大了。多数无家可归者其实是陷入在低收入、失业等因素带来的不能负担住房的困境中的正常人。但是，医学化处理分散了人们的注意力，忽视了造成无家可归现象的结构性因素，而结构性因素需要在精神疾病治疗的领域之外来解决（Snow et al,1986; Mathieu,1993）。

此外，个体视角还意味着对公共空间排斥无家可归者的做法的合法化。与解释无家可归原因的两种视角相伴的是一组对立的社会态度，即无家可归者有"值得帮助的"与"不值得帮助的"之分。当无家可归的原因在于超出个体控制之外的结构性因素时，人们便认为无家可归者是"值得帮助的"；而当无家可归的原因在于个人时，人们就认为无家可归者是"不值得帮助的"（Neale,1997; Susser,1996）。

---

[1] 田野调查时金融危机还未席卷美国。

第二章 个人故事："关键剧本"的上演

为什么无家可归者的形象如此负面，以至于他们生活如此窘困却还不值得帮助呢？

首先，工作伦理（work ethics）或许可以从一个侧面进行解释。韦伯早已揭示出，宗教改革之后俗世职业被赋予了道德意义。对于清教徒而言，劳动根本上是神所规定的生活目的本身，为了获救个人必须在俗世勤劳不辍地工作（韦伯，2007）。当工作伦理中的宗教性渐渐消隐时，俗世的理解又取而代之。资本主义社会关系要求将生产与就业作为一种社会规范，不事生产就是对规范的违背，将给集体消费和社群生活带来危险。总之，贫穷不仅关乎经济，更关乎道德（参见 Bauman,2005）。

其次，在上一节的叙述中我们已经看到，依靠自己、实现成功是摆在每个美国人面前的人生规划。许烺光在分析作为美国社会核心价值的"自我依赖"时指出，的观念下，每个人都是自己的主人、自己决定自己的命运，于是，个人努力就被视为其社会成就的唯一原因。虽然个人的生活会有所起伏，但是，"当你微笑时，世界也与你一起微笑；而当你哭泣时，只有独自落泪"（Hsu,1961a）。总之，日常言谈也好，大众传媒也罢，人们津津乐道的总是个人成功的故事，"失败者"（loser）是一种相当严重的污名，是人们不愿提及的梦魇。

此外，贝克和鲍曼（Beck,1992; Beck & Beck-Gernsheim,2001; Bauman,2001; 鲍曼，2002）等学者关于个体化进程下风险和矛盾持续地由社会产生，而对付它们的职责和必要性却被分化为个体承担[1]的论述也可为我们理解上述问题提供有益启示。在他们的研究中我们看到，个人必须主动承担责任，在教育市场选择专业、在劳动市场选择职业，在充满竞争的一生中永不停歇地努力进取，实现属于"个人自己的生活"。

最后，酗酒、吸毒等无家可归者身上各种可见的缺点、恶习与文明社会所勾勒的自制的、理性的现代人形象不符[2]，这也会影响人们如何看待无家可归者。

---

[1] 对此，贝克有一个形象的描述，即"对系统性矛盾的生涯式解决方法"（biographical solutions to systemic contradictions）(Beck,1992:137;Beck & Beck-Gernsheim,2001: preface)。

[2] 例如桑塔格曾指出，疾病不"仅仅是身体的一种病"，它还被赋予了道德意义，转变为了道德评判。它一方面让患者感到羞耻或丢脸；另一方面会造成污染，从而使患者不被社会接受（桑塔格，2003）。

不可否认，部分无家可归者身上的确具有吸毒、酗酒、懒惰、不事生产等特征，但在社会叙述当中，部分人身上的特性演变成了几乎所有无家可归者身上的特性。当无家可归者被用本质化的刻板印象表述出来时，每一个具体的无家可归者随即变得抽象不可见，而呈现在公众眼前的则是偏离了社会规范的内部"他者"。因而，尽管排斥总是与民主社会的权利话语和平等话语发生冲突，但当受到排斥的对象被污名化时，排斥就找到了理由。

然而，上面讲的仅是美国社会表述及对待无家可归者的一个层面，除此之外，还有温暖人心的一面有待呈现，即社会对无家可归者的"不羞辱"的帮助[1]。

（三）社会对无家可归者的帮助

1. 帮助的宏观概况与微观社区案例

上个世纪八十年代初期，为无家可归者提供服务的主要是为数不多的紧急留宿所。1986年，联邦政府正式发展"过渡住房项目"（Transitional Housing Program）。"过渡住房项目"的宗旨在于帮助无家可归者平稳地回到独立生活，它既向政府申请资金，也接受社会捐助。1996年关于无家可归者的一项全国性调查显示，当年2月有四千四百个"过渡房项目"开放运作，提供了十六万张床位。此后，该项目持续增长。2004年，全美有超过七千个"过渡房项目"，提供了二十二万张床位[2]。通常而言，无家可归者最长可在过渡房居住两年，并在此期间得到一定的帮助。

另据资料显示，美国前总统里根于1987年签署了"麦克基尼－文托无家可归者援助法案"（Mckinney-Vento Homeless Assistance Act），由此联邦政府将拨款资助为无家可归者提供住所的各种项目。该法案是联邦政府对于无家可归问题的最早的立法回应，为此后的相关项目开辟了道路。到了二十世纪九十年代，为无家可归者提供服务的留宿所、食堂便已纷纷出现。2009年，现任美国总统奥巴马签署了"美国恢复和再投

---

[1] 相关叙述亦请参见第六章第一节。
[2] http://www.urban.org/UploadedPDF/411369_transitional_housing.pdf

第二章　个人故事："关键剧本"的上演

资法案"（American Recovery and Reinvestment Act of 2009），其中也有条款是给各州和社区提供额外资助与资源来预防和根除无家可归问题[1]。

同其他地方一样，S县也有不少政府机构或民间社团为无家可归者提供各种服务。例如政府的社会服务部门负责为低收入者和无家可归者发放"食品券"（Food Stamps）。食品券曾经采用纸质形式，目前已改为电子卡，其外观如同银行信用卡或借记卡，使用时与其他顾客无异。持卡者可以在多数超级市场或杂货店换取面包、蔬菜、肉类等食物，在加州少数几个县还可将其用于餐馆消费。又如由州政府拨款的专门帮助常年流落街头的无家可归者的"无家可归者外展项目"（Homeless Outreach Program），其帮助内容包括提供过渡房、培训工作技能、帮助寻找工作以及医疗服务等。据称，在S县外展项目所资助的八十人中，34%有付薪工作。虽然外展项目帮助的无家可归者中有不少是患有精神疾病或是酗酒、吸毒的人士，但工作人员并不能强行带走他们。

当地报纸曾经报道过一个社工说服无家可归者接受"外展项目"帮助的小案例：年近半百的罗曾是一个无家可归者，二十多年来都是在街头寻觅住所，且常常与酒为伴，还曾一度出入S县监狱。十多年前，社工雷蒙就开始帮助和说服他离开街头接受项目帮助，直到几年前才得到罗的配合。现在，罗不仅有了住所和医疗保障，还找到了一份兼职工作，甚至还进入当地社区大学学习[2]。与前文提到的纽约市政府在某个寒冷的冬天试图将露宿街头的无家可归者集中到指定住所而遭到抵制的例子一样，不能强行带走无家可归者的外展项目也在表明，是不是善意不是由善意的发出者，而是由善意发出的对象即无家可归者来判断。如果无家可归者不愿意接受社工的帮助，那么即使他们这样做非常不明智，社工也只能劝说而不能强迫。

政府资助项目属于社会福利，其资金来自税收。此外，资金来自捐赠的民间社团也对无家可归者展开了各种帮助。S县有一个致力于社区服务的私人性非盈利组织"经济机会委员会"，为了帮助无家可归者，该组织在悠然城设立了专为无家可归者提供免费午餐的"大家的食堂"。田野调查期间，每月第三周的周四我都跟随朋友伊莎贝拉去那儿做志愿

---

[1] http://en.wikipedia.org/wiki/Homelessness_in_the_United_States#cite_note-59
[2] "Homeless Problem's High Price", in *The Tribune*, 2007/02/03

者。最初参加志愿服务时，无家可归者的形象有点出乎我的想象。很多人衣着整洁，还爱与人打招呼，单从外表似乎看不出他们的处境。当然也有人衣衫褴褛、胡子拉碴，又或者脸色阴郁，一言不发。最出乎我意料的还是"食堂"里轻松友好的气氛。前来就餐的无家可归者和提供服务的志愿者表情自然地打着招呼，有时还会开个玩笑，但没有人挑起任何令人难堪的话题。作为参与观察者，我始终没有察觉到志愿者与无家可归者之间流露出任何可见的施舍与被施舍的感觉，反而能够感受到细节中处处体现出的对无家可归者的体面与尊严的维系。因为本书第六章讲到自愿性社团的活动时还将描述社会对无家可归者的帮助，这里就不继续讨论。

2. 志愿者的态度

关于无家可归者的刻板印象往往较难打破。通常，当无家可归者到"食堂"用餐时，他们与志愿者会轻松地聊上几句。不过，友好的气氛显而易见，但双方一般不会进一步交谈。无家可归者在厨房窗台那儿取了食物便在餐厅或院子里找个空位坐下用餐；志愿者把食品递给他们之后也不会走到餐桌那儿与他们交谈。他人为何沦为无家可归无疑属于隐私，询问难免会带来尴尬甚至伤害。并且，友好与友情毕竟是两回事，社会虽然鼓励跨越边界的友好但未必鼓励跨越边界的友情。因此，很多人还是按照老套的看法来想象无家可归者。

一位志愿者说自己在"大家的食堂"服务是希望可以帮助无家可归者认识耶稣基督，并且改掉不事生产的生活方式。另一位在扩展留宿所提供服务的志愿者说："这样做可以帮助需要帮助的人，但他们必须自助，否则只会给帮助他们的人带来无尽的麻烦。"将无家可归的原因归咎为个人自身的缺陷是无家可归者引起漠视、厌恶或恐惧等社会情感反应的主要原因，也为公共空间排斥无家可归者提供了理由。不过，事实还有另外一面。这里要指出的是，即使志愿者心中或许会对无家可归者略有微词，但在面对面的交往中，他们始终遵循一条原则，即**避免伤害他人**。实际上，不论是志愿者还是无家可归者，都对交往互动中友好和善的言辞与态度怀有一种期待，并且这种期待是相当自然的。同时，也因为每个人都依循这种相互期待而行事，友好的气氛得以持续，期待也

第二章　个人故事："关键剧本"的上演

不会断裂。

有时候，与无家可归者的交流也会令人改变老套看法。克里斯汀是一位年轻的工程师，乔伊是一名大学三年级的学生，两人都曾在主恩教会和 Calvary Chapel 合作的扩展留宿所[1]做过志愿者。值夜时与无家可归者的交谈使他们放弃了刻板印象。

克里斯汀：我感到很吃惊，也很佩服他们其实是很辛苦地工作。与他们交谈使我打破了无家可归者都是"懒人"、"没有动力"的老套看法。那些女性并不是沿街乞讨者，因为她们努力工作，努力摆脱逆境。

乔伊：她们各有不同的背景。有一位是失去了执照的注册护士；有一位是酒吧侍者；有一位是从纽约退休的教师；还有一位是年轻母亲，带着出生不久的婴儿。微薄的收入使她们难以支付生活的费用，拥有一个属于自己的地方。

帮助，还是不帮助？有时候，志愿者本人会陷入两难选择之中。伊莎贝拉是一位虔诚的基督徒，多年来一直在"大家的食堂"做志愿者。她说："如果面对的是真正有需要的人而我没有伸出援助的手，上帝会指责我为何无动于衷；如果面对的是假装有需要的人而我慷慨付出，上帝也会说，瞧你做的傻事。总之，无家可归者中有真正有需要的人和假装有需要的人，可惜我无法判断，只能相信眼前所见。"

在社会建构、排斥以及帮助其内部他者的细节中，我们隐约瞥见了当代美国个人观的价值与内在张力。下面我们来听一位无家可归者讲述的故事。

二、乔尔的故事：关键剧本的另类演绎

乔尔是一个无家可归者，今年五十四岁。每次我与朋友送午饭去"大家的食堂"，乔尔都已站在门口等候了，见到我们停车便会过来帮我们把食品搬到厨房。在我的印象中，他总穿着一件黄色的棉背心，一条皱皱巴巴的牛仔裤。2007 年 1 月上旬冷空气突然袭击了悠然城，气温骤

---

[1] 详见第六章。

然下降，估计睡在自己的车里的乔尔日子并不好过。有一天午饭后，他走过来问伊莎贝拉教堂是否帮忙提供汽油。伊莎贝拉给了他教堂的电话后又说自己可以帮他加油。乔尔很高兴，但表情也有些尴尬，嗫嗫嚅嚅的想要说些什么。伊莎贝拉后来和我说，她看得出来乔尔并不自在，极力想表达自己其实是想做点事的，因此她才会给他加油。后来我与乔尔聊天时，他说那天加油的事他很尴尬，他很少这样求人帮助。

在"大家的食堂"服务了很长时间之后，有一天下午我约乔尔一起喝杯咖啡，请他随意聊点自己的故事，乔尔很爽快地答应了。当时我没有觉得与无家可归者聊天会是一件不安全的事，但当安妮得知我要去公园与乔尔见面时，她很吃惊，接着又说她和我一起去，她坐在远处看着，等我和乔尔聊完又再一起回来。我谢绝了之后她又告诫我别坐在离乔尔的车近的地方，"他可以把你拽到车上"。出门时安妮又叮嘱我开着手机，随时联系。我约乔尔访谈时，伊莎贝拉也在场，后来她问我，乔尔有没有像他答应的那样出现。随后，好多人都知道我访谈过无家可归者。

在米歇尔公园见到乔尔时，他专门换上了平时不怎么穿的衣服，绿色体恤、灰色裤子、褐色的鞋子，几乎与我在食堂见到的乔尔判若两人，后来得知那是他最好的一套衣服。选择无家可归的生活方式之前，乔尔也和其他多数美国人一样，结婚、工作、挣钱养家。乔尔前后结过两次婚，生有四个孩子，但关系早已疏远。大儿子现在在旧金山一所监狱服刑，最小的儿子究竟几岁，乔尔自己也糊涂。偶尔他会和远在阿拉斯加的女儿打个电话，不过各有各的生活，彼此之间关系也是时好时坏，打电话就是确认每个人都好，还活着。

现在，他每天到"大家的食堂"和留宿站那儿吃饭，晚上就睡在自己的车里。作为一名无家可归者，乔尔领到了社会服务部发放的食品票。在S县，用食品票可以到超市换购任何预先包装好的食物，但不能到餐馆用餐，要想吃热饭菜，就只能到食堂和留宿站。回忆过去时，乔尔讲道：

我出生在中西部，家里有很好的道德，我们全家都去教堂。六十年代末，全家人搬到加州，到现在有三十多年了。我现在有三个姐妹住在

第二章 个人故事:"关键剧本"的上演

加州。不过,我的生活发生了很大的变化,但这也没什么。那时候,我们住在南加州,我在那儿上了高中。嗯,很久以前的事儿了。高中一毕业我就工作了。很年轻就结婚了,才二十岁。十月份结婚,十一月满了二十一岁。嗯,嗯,我就只是工作,维持生活,就是很努力地工作。我在一所工厂工作了十四年。我所经历的事儿很有趣,有时也充满了困难。我还在残疾儿童的学校工作过,教孩子们如何做一些简单的工作,在那儿大概工作了四年。我曾试图努力地工作,也曾同时打两份工,周日又干别的活儿,例如代客停车等。最多的时候我打三、四份工来养家。很难,不过没关系。我花了很多时间工作,没有时间与孩子在一起。我第一个妻子在一个很大的通讯公司工作,她的收入有500美元一周。后来她怀孕了,想待在家里做主妇,于是我更得努力工作,来挣钱支付各种费用。接着,事情发生了变化,结果以离婚告终。我很少在家,在家我就很累,呵呵,我太累了以至于不能享受家庭。

我有四个孩子,来自两次婚姻。最小的孩子,我想他十六岁了吧,我想他能照顾自己了。偶尔我也和孩子们打电话,我汽车里有他们的电话号码,不过写在纸片上的东西,有时很容易就丢了。我女儿住在阿拉斯加。

第二次婚姻在1990年,还是1991年?后来我们离婚了。先是分居,然后又在一起,发现没用,我们就离婚了。第一次婚姻时,我成天在外工作,妻子有了外遇,呵呵。我的第二次婚姻,嗯,怎么解释呢。有时,你做什么事,但你就只是做,无暇思考。我不知道怎么解释,某天你突然想,哦,天呐,我在做什么呢。我就是一直忙着工作,而她想出去玩,我又没时间,我们渐渐疏远。事情就是发生了,不论好坏。我的第二任妻子对生活的期望是非常高的,她想要的东西是非常昂贵的,项链、衣服什么的。为了让她高兴,维持她高兴,我得努力工作,很长时间就这样。后来我不再想和她说话,她有她的生活,我有我的生活,我们共同的东西就是孩子。我最小的孩子十六岁?十七岁?他或许高中毕业了。

那是另外一个很大的变化。后来有那么三、四年,我埋头工作,不想和任何人联系,我想以工作来忘记过去,隔绝我自己,唯一能做的就是工作。我有个高中时的朋友,住在悠然城。他说,过来吧,你可以住我这儿。我就来了。但那不是长久之计,我们彼此熟识,两个人住在一个小公寓里,时间久了只会让彼此不高兴。接着就又是一次变化,我不得不再次转变生活方式,成了无家可归者。有时我是绝对的无家可归,有时我有工作,有地方住。过去十年来,就这样,没什么,呵呵。我在这个城市工作过,在救济站工作了三年半,接着又在另外一个处理污水的工厂工作,一个小时就只有8美元。一开始是7.25美元,后来涨到8美元。后来我没在那儿了。

……

我要去公园抽支烟了。

我们可以从乔尔的叙述来简单地勾勒一下他的生活轨迹:高中毕业就开始工作,估计是做一些低技术的工作。每天忙忙碌碌,收入不过尔尔。两次婚姻均以离婚告终。生活的经历让他厌倦了上班、挣钱、养家的日子,于是退出了这种生活,孑然一身了无牵挂。

美国人信奉的是"要不坚持奋斗,要不就得掉队",乔尔当属掉队者。当然,乔尔并没有全然忘记工作伦理,也没忘遵守公共场合的行为规范。每次我们去"大家的食堂",他总站在门口,看见车来了就过来帮忙抬东西。当他向伊莎贝拉打听教堂是否提供汽油以及接受她的帮助时,他是尴尬的,极力想表示自己愿意做点事。当他向我叙述他的故事时,他以"家庭有很好的道德,我们全家都去教堂"开头,又以"我要去公园抽支烟了"结束——当时我们正坐在星巴克门前,那里不能抽烟,烟瘾发作的乔尔不得不找个没人的地方。

乔尔已经习惯无家可归的生活状态,不再打算辛辛苦苦工作赚钱付账单。有一次我问他,最近工作机会怎么样,他回答说,"哦,我明天就去看看,听说帕索城那儿招卡车司机。"我再次见到的时候又问他,有没有去帕索城,那个工作怎么样。他愣了一下,说没有去,也不打算去,因为他不想住在那里,那里冬冷夏热,远远没有悠然城舒服,要是开车上下班的话,挣的钱又花在汽油上了。乔尔似乎不想工作,但被人问起又觉得有点尴尬。接受了伊莎贝拉帮他买的汽油之后,乔尔可以暖和地过几天了,但接受又令他不自在:

第二章 个人故事:"关键剧本"的上演

过去几年来,我很难开口要求什么。请求帮助时我很不自在。我会找工作,我会。唔,唔。我有驾照,这很重要,我或许用这可以找工作。有很多我必须要做的事,有时候,嗯,我不知道。当合适的时候到来时,我就知道了。我能做我想做的。所有的事,当我努力尝试时,什么收获都没有,我干脆不做,为现在所有的而高兴。我就是创造我自己的生活。我喜欢有钱,现在想找份兼职,维持我的车。这不好解释,嗯,你得是我才能了解。

欲望的膨胀使消费变成了一个束缚自由的桎梏——乔尔的观点不无道理:

我问我自己那值得吗?我曾经挣很多钱,现在几乎不挣一文。我同意,以后什么时候或许我会很高兴工作。或许有一小块地,种些东西,但你得再次回到工作,很辛苦地工作。我可能会来回转换。对,人们会陷在现有的生活方式中,就像你可能陷在付账单中,我也陷在现在的生活方式中。我想有个中间的模式,不过那是很难实现的,你要自己创造这个中间,这很难。我知道我想要什么,但如何达到那里是非常难的,这很难对你解释。就是干足够的活,然后生活。美国人想要的其实多于他们真正需要的。唔,美国人把自己的生活标准定得太高了,想要大房子、豪华车,这需要太多的钱,他们不得不努力工作,忘记了怎么得到乐趣,他们忘记了生活的目的。他们是如此深地陷在付账单中,竭力维护信用。当你为了房贷不得不去工作的时候,生活就变得不再有乐趣。作为一个无家可归者,我没这样的忧虑,我没有账单要付。

工作,还是不工作,乔尔有他的解释:

过去二十多年里,我付账单,我做别人想让我做的事,那是一种生活方式。现在则是另外一种生活方式,这没什么。是啊,社会化很好,不过有时候你也要保持你自己,有你自己的空间。生活是不容易的,让你自己总是快乐并不简单。你看过一个电影吗,名字是什么想不起来了,剧中有个心理学家,他说你了解别人对你的期望,你做他们想要你做的。可是，根据别人的观念来生活不是好的，那不是本真的(authentic)，我努力做我想做的，做本真的事。

在这个被认为"每个人都有机会"的社会，乔尔拒绝了"关键剧本"为他设定的目标和行动路线。或者说，他不愿意扮演"关键剧本"中的角色。为此，他提出了自己的"本真性"诉求，追求属于他自己的作为人的方式和尺度。

人曾经嵌入在神圣的等级秩序之中，其身份须由所处的相对位置来界定。伴随着现代世界和现代个人的出现，"诚挚性"(sincerity)与"本真性"(authenticity)先后以道德生活之要素的面目而出现。简单讲，在"诚挚性"的要求下，个人开始追问外在位置与内在自我、扮演角色与真实自我、公开表示的感情与实际的感情之间是否一致。随后出现的"本真性"则进一步反映了现代文化的主体转向，它与个人的真实自我或原初存在相关。从而，在"本真性"的要求下，个人不再追问是否在他人面前诚挚地展现了自己的社会角色，而是转向追问对于我自己的原初性而言的真实，而这样的真实内在于我本人，只有我自己才能表达（特里林，2006；Taylor, 1991）。

乔尔说他想要过一种对于他而言本真的生活，一种与他的真实自我相关的生活，因此他不愿意陷在付账单的生活中。他放弃或拒绝扮演具有个人主义意识形态色彩的"关键剧本"中的社会角色，但又用另外一个与个人主义意识形态紧密相关的文化建构物解释自己的选择。其实，"本真"是乔尔本人的追求，也是社会文化为他提供的用以解释个人境况的理由。

不过，"本真"是乔尔本人的解释，倘若要对他的境况做一个"客观"解释，我们或许还会有如下补充。首先，在一个追求进步和成功的社会，自己是一个失败者这样的话很难说出口。他必须选择一种社会认同的、可以公开言说的语言来述说自己的故事。其次，乔尔高中毕业便开始工作，根据他的叙述，他曾经从事的几份工作收入并不高。当他叙述自己的故事时，表现出对消费主义或物质至上的拒绝，而在实际的经历中，这种拒绝其实带有力不从心的成分。他得知帕索城招聘卡车司机之后并没有去应聘，我们或许会觉得他之所以没去应聘是因为懒惰。不

第二章 个人故事:"关键剧本"的上演

过再仔细一想,如果去应聘,乔尔的简历应该怎么写呢?他有足够的竞争力吗?一大堆问题摆在面前,或许还是留在悠然城更适合。

去年,伊莎贝拉来北京旅游,说起她后来没有再见到乔尔的身影在"大家的食堂"出现,也不知道他去了哪里。

作为个人,乔尔能走多远?

恰如泰勒所言,本真性充满了内在张力。自我实现是现代个人对生命的期待,其中所洋溢的自由值得我们为之欢呼雀跃。可是,当过于追求本真性的个人拒绝了一切社会角色之后,却失去了安身立命之所。乔尔说:"我想有个中间模式,不过那是很难实现的。"或许,这既是他的困境,也是社会的难题。

小结

本章通过两位主人公对自己故事的讲述来理解他们对自身经历的回忆与反思。佩林是一位实现了"美国梦"的成功者,在高等教育远不及今天普遍的年代努力为自己争取了接受教育的机会从而实现了向上流动。"每个人都有机会"既是她对美国社会的解释,也是她对自己人生经历的总结。她的讲述为我们具体呈现了一个与个人主义的意识形态密切关联的"关键剧本"。在社会看来,乔尔是一个未能实现"美国梦"的失败者,他本人的解释则是自己拒绝扮演"关键剧本"为其设定的角色。不过,他仍然用个人主义的语言为自己的行为进行解释。一种价值,两种人生,在此我们看到了社会对个人的期待以及个人对社会期待的回应。

强调个人价值的社会仍然在按个人的某些"共性"——成功或失败对之进行分门别类。透过成功者与失败者的故事,我们隐约看到了一个充满竞争但也崇尚平等,弥漫着嘲讽与偏见但又维系个人体面与尊严的现代社会。

人物故事为我们理解"个人"观念及其内在张力提供了一种思路,但我们还需要有更宽广的视角去认识有关"个人"的表述与经验、去理解为何一个如此强调个人的社会能够持存。这将是后面章节努力的方向。

第三章 个人的边界：日常显现及其文化再生产

从历史的角度来看，个人的内在感或自我感并不是给定的，而是在"文明的进程"中伴随着"社会"的转变而出现。同样，他人与社会被视为某种外在的、异己的东西的观念也是文艺复兴之后才出现。（参见迪蒙，2003；泰勒，2001；Taylor,1989；埃利亚斯，2006）从文化人类学的角度来看，所谓单独存在的个体是经验中看不到的抽象，需要追问的是作为现代社会之产物的有关"个人"的观念如何渗入日常生活，如何在日常生活中被不断地再生产。本章将从空间和边界的角度出发，初步探究"个人"在日常生活中的显现及其文化再生产，之所以选择这两个角度则是源自田野调查中对生活细节的观察。

第一节　空间划分到边界显现

空间在社会学、人类学中早已超越了地理学的意义而被赋予了社会内容（参见涂尔干，1999；涂尔干和莫斯，2005）。专门致力于空间研究的法国社会学家列斐伏尔（Lefebvre,1991）明确提出了"社会空间"的概念，指出社会空间是社会的产物，它不仅由社会关系所支撑，也由社会关系所生产。总之，空间不仅是抽象的或先验的概念，也不仅是安置了事物的地点或场景，它被赋予了社会内容，成为了社会生活、社会关系与社会秩序的体现。关键还在于，当空间作为一种社会关系的产物出现之后，它还具备了内在逻辑，变身为社会关系的生产者。

毋庸置疑，"个人"是历史的产物，问题是，在生产与再生产"个人"的过程中先后有哪些因素介入其中？虽然我们无法探究所有因素，但空间至少是其中之一。空间对现代个人观念的生产与再生产常常通过空间的划分而实现，只不过空间的划分本身也是一个历史产物。例如，

第三章　个人的边界：日常显现及其文化再生产

法国年鉴学派史学家的代表人物菲利普·阿利埃斯与乔治·杜比曾从空间的视角对私人生活的历史进行了淋漓尽致的叙述。阿利埃斯和杜比指出，十九世纪末时中产阶级刻意保持清晰的"公"、"私"界限，比如，接待客人的房间与家里的其他部分有着显著的区别；不过在其他社会阶层就见不到这样的空间划分。农民、工人和城市贫民的生活条件不允许他们在陌生人面前掩藏仅仅因其被掩藏而成为"私人的"那部分生活。二十世纪则是一个私人生活空间与公共生活空间的区分扩大到各个阶级的时段，同时也是越来越多的人得到了私人生活赖以存在的私人空间的历史时期（阿利埃斯和杜比，2008：第五卷）。

一、边界、隐私与私人空间[1]

在美国人的日常生活中，对个人空间（personal space）、私人空间（private space）与公共空间（public space）的区分以及相应的行为规范的重视是一种相当明确的社会意识。

在日常言谈中，个人空间有时与私人空间重叠，有时接近于身体空间，指围绕着每个人身体周围的一个不可见的空间，或者说使个人感到舒服的地带。身体空间、个人空间或者私人空间都是个人按照自己的意志自主控制的领域。当然，身体空间也与人际关系相关，彼此熟悉度越高，则身体空间向外延伸得越小，或者说越不明显。耄耋之年的艾兰和年轻女孩萨拉都曾在不同场合向我解释什么是个人空间。对于她们来说，独自一人的时候较少明确感觉到个人空间的存在，而身处公共场合时对它的感受就会变得明晰与强烈起来。如果有陌生人靠近或是接触了身体就觉得不舒服，感觉没有受到尊重。

我们知道，身体或身体行为不仅是一种自然事实，还是文化或社会关系的产物。身体被放置于社会惯习之中（参见埃利亚斯，1998；阿利埃斯和杜比，2008：第五卷）。又如道格拉斯指出，人的身体具有双重性，即"生理的身体"和"社会的身体"。社会的身体限制着生理的身

---

[1] 私人空间免受两个层面的侵犯，一个是免受个人之间的相互侵犯，另一个是免受制度性的侵犯，它们分别对应马格利特所言的文明社会与正派社会的原则。这里描述的是日常情景中人们对于私人空间的维护，不涉及制度性的侵犯。

体被感知的方式（Douglas, 1996[1970]：69）。以身体的接触为例，在有的社会身体接触具有积极的社会意义，例如在泰国，佛教徒在洒水和捐献功德时通过身体的接触而共同实现功德让度的愿望（龚浩群，2004）。有的社会影响人们对待身体接触的态度不是一种普遍标准，而是与个人的归属性身份有关。例如在印度，既可以看到种姓是影响身体距离的关键因素，也可以看到陌生人之间亲密的身体距离（吴晓黎，2007）。美国人的言行则表明，陌生人之间的身体接触是不被接受的，人与人之间的"边界"需要小心维护。[1]

不少西方人类学家在非西方社会做田野调查时感到不习惯的一件事就是，那些社会没有私密和独处的个人空间，例如马凌诺夫斯基和埃文斯·普里查德都有这样的感受。当代英国人类学家麦克法兰也有这样的感受。麦克法兰说，他在尼泊尔村庄生活时感到的震惊一直让他记忆犹新：那里门户洞开，人们有事没事跑进来，对他正在做的每一件事评头论足。当他试图去村外制造一点私人空间时，人们也一路跟随。甚至他想独自去上茅房都很困难（麦克法兰，2006：61）。不过，对于调查者来说有失就得，当围绕个人空间或私人空间的行为规范没有成为一种明确的社会意识时，调查者也可以去"打扰"他人。遗憾的是，当我在美国做调查时就没有机会去打扰他人，未经邀请就登门是一件很失礼的事。

回忆田野调查的经历，美国人对以家为代表的私人空间的重视与维护的小例子几乎可以说是俯拾即是：

调查期间，我多次与房东安妮去我们共同的华人朋友晓江家做客。每次在晓江家吃完饭，她都会拿出茶叶茶具，打算慢慢地喝茶聊天。安妮几乎每次都会很快喝完茶，准备起身告辞。几次之后，我在回家的路上与她聊起这个话题。她说早就感觉在晓江家待的时间有点过长了，吃完饭不应该再耽误了，应该留出别人自己的时间与空间。后来我又与晓江谈起了这个话题，她说她的感觉就是主人与客人应该在饭后再接着喝

---

[1] 从历史的角度来讲，美国社会人与人之间的身体距离并不是一个普遍原则，它也曾同种族、肤色有关。例如美国历史上的种族隔离、公共设施对黑人的排斥等就可以说明这一点。

茶聊天,这样一顿饭才显得完整。

一年的田野调查,晓江给了我不少帮助,有时甚至让我约了美国朋友去她家喝茶或吃饭。有一天下午,我约了伊莎贝拉去晓江家喝茶。伊莎贝拉在教堂见过晓江,但彼此并不熟识,为此特地准备了一个包装精美的小礼物——一本留言便笺送给晓江。伊莎贝拉对中国茶道很感兴趣,但没坐多久就起身告辞。晓江则说让我留下,在她那儿吃了晚饭再走也不迟。伊莎贝拉知道我打算留下来后就说:"那好吧,如果你不会觉得不自在就行。"

艾琳是一位精神科医生,田野调查期间她曾介绍我认识她的朋友琳达,并帮我联系琳达去她家进行一个开放式的访谈。热心的艾琳告诉我:"我们一般不到别人家,除非事先约好。我们有时间表。家门不是一个完全对外开放的门。"

史蒂夫是一位银行经理,自己购买了一处房产。不过,他把前院租给别人,自己住在后院的客人房。租客和史蒂夫有各自的厨房和卫生间,因此也差不多是居住在相互独立的单元房里。史蒂夫与租客形成了默契,虽然屋前屋后有门相通,且从未上锁,但什么时候可以进入彼此的领地却是有规矩的。如果不事先打电话,谁也不会进入他人的房间,除非看到对方的某个信号。史蒂夫的起居室的窗子对着租户的厨房的窗子,如果打开窗户,那就表示这样的时候是可以过来的。

家是私人生活得以进行的场所,是一个具有排外性的私人空间。我在安妮家住了整整一年,但不少住同一条街区的邻居我并不认识,甚至从未谋面。因为不少人家的车库内有门直通室内,下车就可直接进屋,无需在屋外逗留。车库门一关,顿时隔绝了以住宅为物理形式的私人空间和以街道为物理形式的公共空间。通常而言,如果没有什么主题的话美国人不会邀请朋友去家里"随便坐坐",他人也不会无故来访。独自居住的未婚年轻人可能会随意很多,朋友之间或许会有更多的串门时候,不过这并不矛盾。一旦年轻人结婚组成家庭,情形就与前述一样了。

习惯了母国传统文化的第一代移民未必喜欢美国式的人际关系。玛莎有一半的墨西哥血统,一半意大利血统。她的父亲年轻时从墨西哥移民美国,至今在美国已生活了三十余年。尽管早已熟悉了这里的生活,但有一点他不喜欢的是:人与人之间的距离有时很远,就好像街对面的邻居他就不认识。他说,要是在墨西哥的话,别说隔壁,就连整个街区的邻居都彼此熟识、相互帮助。

其实,家门并非向来就"不是一个完全开放的门",亲近的邻里关系对于昔日的美国人来说并不陌生。

安妮曾说起往昔的日常生活。小时候,安妮家与外祖父母家和几个舅舅家都住在同一个街区,表兄弟姐妹常常一起在街上玩耍,玩累了到亲戚家喝口水吃点东西什么的根本算不上一件事,大人也时常相互串门。后来,安妮的外祖父母去世了,几个舅舅家的后人也搬走了,亲戚间的串门才渐渐消失了。安妮年轻的时候,街坊邻居之间也互相串门。那时,住在同一条街上的几位年轻母亲送孩子上学之后,也时常聚到某家打牌聊天。

洛琳出生在俄亥俄州的一个小镇。洛琳记得,镇子很小,上个世纪四十年代时全镇里只有六百五十人。洛琳家在那个小镇已经生活了四代,她父母认识镇上每一户人家,洛琳自己也有很多小朋友。洛琳的母亲性格开朗,乐于助人,常常有镇上的人来家里拜访。洛琳的父亲因病不能全职工作后,母亲开始外出工作,当了一名社工,从那以后来家中的人就更多了,洛琳至今记得镇上有两位黑人,他们都曾到过家中。[1]

---

[1] 家作为私人空间之重要性的增长是伴随着社会整体变迁出现的。例如,林德夫妇在中镇做调查时发现,邻里间曾经的亲近关系日渐消失,串门少了,好朋友也少了,甚至在本城就没一个可以深交的朋友;另一方面,人们的交往范围扩大了,组织化的俱乐部作为交谊基础的作用变得重要了。简言之,新的组织形式逐渐取代传统的交往关系(Lynd & Lynd, 1929)。另一方面,观念的变化也是一个重要因素。可以说,当人日益将自己视为个体的时候,私人空间才变得越来越重要。

第三章　个人的边界：日常显现及其文化再生产

建于上个世纪七八十年代的民居

建于上个世纪七八十年代的民居

年代更久远的民居

二、面子、义务与公共空间

房东安妮的屋子属于这所城市很典型的中产阶级住宅：木质的屋子、前后花园和围绕它们的木头栅栏构成一处有边界划分、独立存在的住所。因为这个街区是三十多年前由同一家公司开发的，邻居们的房子结构也都大体一致，只有屋前种植的花草各不相同，因为这是可以随心变换的。当然，草坪不能侵占人行道。如果有业主想要搭个阁楼或加高一层那可不容易，因为那样做的话可能侵犯到邻居的隐私或挡住邻居的视线，也会改变社区原有的面貌，因此不仅要争得邻居的同意，还要争得社区管理委员会的同意。

走在美国城市的住宅区，不难看到很多人把相当一部分精力用于打理院子里的花草树木，哪怕那只是屋前不大的一块地。在专卖各种家用园艺工具的商店里，商品种类超乎我的想象。看起来就好像每个家庭都把自家的那片天地当作了一件艺术品来对待。院子里种植什么和怎么布置是主人情趣的体现，关乎个性或自由，可收拾整齐就是关乎面子了。尤其是临街的小花园或草坪，虽然属于私人财产，但又位于公众的视野之下，过往行人和邻居们可都看着呢。换句话说，它是一个"展示性"的过渡空间，是家庭作为社会成员向外展示自我的中介。因此，屋主必须保持花园或草坪的整洁美观，否则不但邻人议论，自己也觉得丢面子。安妮家的屋前有一块二十平米左右的草坪，草坪与房子之间隔着一排木栅栏。每过一段时间，安妮就要推着锄草机修剪草坪。一切弄妥之后又把打下的杂草放进专门的垃圾箱，再把垃圾箱推回后院。对于老人来说，这样的体力活可不轻松。但安妮想的是，要是任由屋前杂草重生，人们没准会嘀咕这儿是不是住着租房子的大学生呢。

在悠然城，单门独户的每个家庭都统一备有三种垃圾桶：绿色的用于收拾枯草落叶等；蓝色的用于可回收垃圾；灰色的用于不可回收垃圾。安妮分得很清楚，哪怕一个装牙膏的小纸盒她都会记得放到蓝色桶里。清洁公司每周来收一次。届时，人们将自家的垃圾桶推到各家屋前临街的位置，待清洁公司收拾完毕后又把它们收回院内。如果有谁任由垃圾桶留在屋外，人们也会嘀咕这所房子是出租的，住客只知道扔垃圾而没有收拾整理的习惯。当然，人们嘀咕的时候不多。大概也正是"邻居看着呢"这样一种意识的存在，或者说对面子的重视，使得家庭必须以一种良好的形象展示于公众面前。

艾兰是一位居住在养老院的老太太，退休前她在加州北部城市圣何塞的一所中学当老师。她所生活的社区附近有一个越南人聚集的街区，她不喜欢的一点是，各家各户把小孩的尿布晾在街边或窗口。按照美国人的习惯，多数家庭备有洗衣烘干机，因此不需要晾晒衣物，即使晾晒也都是在自家的后院[1]。后来，我又在艾琳和她侄女那儿证实了艾兰的观点：的确有人不乐意见到他人的私人物品挂在屋外，解决类似不愉快的方式是事先预防。她俩说，业主委员会在城市和郊区越来越普遍，人们乐于选择通过正式的方式与邻居达成契约。一旦制定了各项条款就不能违背，否则就会被罚款。

前面提到，对于美国人而言，身体的接触是一件不礼貌的事。因此，避免与陌生人身体的接触也是公共场合应该遵守的行为规范之一。艾琳的女儿茉莉只有五岁，每次带女儿外出就餐前艾琳都会吩咐她，吃饭时不能像在家里那样随意离开饭桌去玩。艾琳说，那样可能会与他人的身体有所接触，而且孩童嬉笑的声音也会影响到别人。在我的印象里，我也的确很少在餐馆见到嬉闹的儿童。

我们可以从上述这些小例子中发现，以良好的形象呈现于公共空间既是个人或家庭的体面的表现，也是他们作为社会成员所应尽的义务。这里的良好是一个文化概念，它所注重的是保持私人与公共之间的边界不被逾越。有的行为举止发生在私人空间无可厚非，但出现在公共场合则让人难以接受。我经常听到 acceptable（可接受的）或 unacceptable（不能接受的、不受欢迎的）出现在美国人的日常对话中，这其实也体现了人们对于习俗、规范的重视与遵循。

---

[1] 这样的习惯应该是随着人口的增多以及技术的进步而不断演变的。例如在曼彻斯特的《光荣与梦想》一书中提到，二十世纪三十年代时，90%的农家既没有浴缸也没有淋浴设备。75%的农家室内没有自来水。50%的农家到井里或小河里打水，到室外洗衣服，给小孩洗澡。有好几百万住在城市的家庭只有一块洗衣板，全家都用它，通常是星期一就把衣服晾在门外。曼彻斯特没有在书中细说所谓门外是屋子前还是屋后的院子里，但可以设想，当时公共空间与私人空间的区分还没有今天这么严格或精细。参看《光荣与梦想》第47页。

三、空间体验到"个人"浮现

空间不仅是外在于个人的规范，还是内在于个人的体验。下文举一个小例子来说明日常生活里人们对空间的阐释以及其中蕴含的对"个人"的理解。

2007年春节刚过，艾琳邀请我去旧金山游玩，顺道参加旧金山唐人街青年基督会组织的为社区儿童项目筹款的新年长跑[1]。五年前，艾琳与前夫在中国领养了一个女婴。为了让女儿接触中国社区，了解中国文化，便带女儿参加长跑。长跑结束后我们到中国城内的社区公园歇息。当我置身其中时，恍如回到了国内。一切看起来与国内的公园没什么两样：三五个中年人围坐在一起下象棋、打扑克，周围站着几人围观；慈祥的爷爷奶奶们坐在长椅上看着孙儿孙女打打闹闹地跑来跑去；遛鸟的、打太极的、闲聊的……这一久违了的场景促使我与艾琳聊起了不同文化的空间概念，以下是我们谈话的部分内容。

我：在中国身体的接触可能没这么严重。人多或许是重要的原因，乘车的时候就是人挤人的。

艾琳：对。在人多的地方，嗯，我想纽约地铁里人们也有身体的接触，不过他们看上去就好像别人不在那里。

我：想象一个界线的存在？

艾琳：是。

我：除了人口的原因你认为还有别的原因吗？

艾琳：嗯，或许还是回到个人。没有一种普遍存在的关系，即你总是觉得与他人是联系在一起的，是相互认识的。从个人上来说，人们并不一定相互认识，以前是否相遇也没有关系。我们有的感觉是：我是一个在这里的单独的个人，你是一个在那里的单独的个人。我们或许有联系，或许没有。

---

[1] 长跑分为5公里组和10公里组，不愿意跑步也可以步行，娱乐性强于竞赛性。参与者每人交20美元的报名费，筹集到的资金将被用于社区与儿童相关的事务。完成路程后，每位参与者可获得一件T-shirt作为纪念品。

第三章 个人的边界：日常显现及其文化再生产

旧金山中国城附近的一座街心公园

我：对于我们来说，文化是更人际性的。

艾琳：我想是对的。我在想家庭究竟有多紧密。美国人并不在这样一种认同环境中成长，即我属于这个家庭。我的第一认同不是我属于这个家庭、我父母是谁。第一个认同是单独的我，接着才是我的家庭，我的职业，或其他。

我：可以给我举个例子解释吗？

艾琳：我怎么阐释吗？嗯，我不知道这是否对你有用。我在想我们如何相互**呈现**（**present**）自己。假设我们有一个晚餐聚会，十多个人，大家以前并不认识，而是主人介绍我们。在与一新认识的人谈话时，我们每个人开始的话题是自己，讲我们自己，自己的经历、工作、生活，结婚了吗、有孩子吗、最近去哪旅行了等等，所有都是个人。后来如果关系有进展，如果再次见面的话，才会讲到家庭生活。当然，这是大概来说，如果来自很有名的家族，或许就更多从家庭认同。不过我说的是普通美国人，这就是自我作为认同。

我：很有趣。我想到我与我的房东的关系。我和她住在一起。如果在中国我会称呼她奶奶，不过在这里不这样，她的孩子我也是称呼名字。我与每个人的交往就是与每个人的交往，不涉及他们之间的亲戚关系。我有同学在泰国、马来西亚做田野调查，我看她们的论文和田野调查笔记里，对于年长于自己的当地朋友的称呼时常涉及哥哥姐姐、爷爷奶奶等称谓。[1]

艾琳：很有趣。你得适应我们怎么**呈现**给你的方式。

---

[1] 参见龚浩群博士的论文《信徒与公民》、康敏博士的论文《"平常"的变奏》。这或许可算是文化差异的一个细小表现，身处不同文化情景中的民族志者也会依随习俗而称呼他人。

艾琳曾说，她希望美国青少年人称呼年长者时加上表示尊敬的语词，例如先生或女士，但她从未想过叔叔、阿姨、爷爷、奶奶这类的亲属称谓。记得2005年春节过后，我与同学陪同几位来北京参加学术会议的美国教授游览长城，当时我们选择了火车作为交通工具。回城时因为比较拥挤，大家就分散开来自己找位子。回到北京后，一位老教授就像发现了新大陆似的说起他在火车上的"奇遇"：一个五、六岁模样的中国小女孩好奇地用她学会的几个英语单词和他"交流"，下车时不停叫他"爷爷"。他们觉得不可思议，因为"爷爷"不是一个用于家庭之外的称呼；我们则觉得再平常不过，不叫"爷爷"还能叫什么？

第三章　个人的边界：日常显现及其文化再生产

艾琳是一位精神科医生。当我磕磕碰碰地说着英语时，她也能准确把握我想要表达的意思，并就我的问题给出一番精到的见解。在她看来，避免身体的接触，想象一个边界的存在，最终都可以回到"个人"。人与人之间相互呈现彼此时，每个人想的是"我是一个单独的个人"，说的则是"我的故事"。另外，艾琳所说的"我们怎么呈现给你的方式"也透露出一个信息，即当人们通过某句话或某个姿势把嵌入在社会生活中的那个"我"呈现出来时，往往是以社会和文化所接受或推崇的价值观念为中介的，换句话说，每个人所认识的自身形象经过了文化的过滤。

从上述这些小例子中，我们可以看到，边界意识从人们对个人空间、私人空间、公共空间的划分以及遵循相应的行为规范中脱颖而出。空间的划分还对应着权利与义务的平衡，个人享有其私人空间不受他人或公众侵犯的权利，同时也负有不侵犯他人的私人空间的义务，以及避免把某些私人性的物品或行为展示在公共空间里的义务。

第二节　"边界"的其他表现

一、距离与回避

美国人善于同人打交道，尤其是与陌生人打交道。人与人之间彬彬有礼但又保持一定距离是人们日常交往中的一大特色。在悠然城生活了一年，我时常可以感受到这一点。有的时候我到湖边或山脚散步，不时遇到跑步、散步或是遛狗的居民，虽然彼此不认识，但多会打声招呼问个好。不过，陌生人之间的友好不一定代表进一步交谈的可能性。那是一种没有明文规定，但身处其中却能感受到的氛围。后来几位美国朋友的观点又佐证了这种印象：一方面，礼貌待人是必须的；另一方面，人与人之间保持一定距离。

朱迪的职业是空中小姐，她说人们说"嗨，最近怎么样"时就是问声好,并不代表真的想知道你的情况。有一次她就是这样与一位来自欧洲的客人打招呼,那位乘客还真的向她说了自己过得如何,那令她感到很不舒服,因为她并不想知道。

布菲的父亲是瑞士裔美国人,瑞士和美国基本上各占了她一半的生活时间。在她印象中,美国人与瑞士人的差异在于,美国人看上去很友好,容易接近,实则不然。即使你和一个美国人交谈甚欢,也未必会成为朋友。瑞士人不同,他们或许显得冷漠,不愿与陌生人搭腔,但如果交谈默契,很有可能邀请你上家里做客,成为朋友。

布菲的感觉不是她一人所有,例如社会心理学家 Kurt Lewin 在其研究中曾经比较德国人与美国人的社会距离感,他提到:

通常,德国人来到美国后,几周之内他所能感受到友好和亲近关系的程度高于类似情形下在德国所能感受到的。比起德国人,美国人在开始的阶段会更快地发展出友好的关系,与更多的人发展出友好关系。不过,这种发展通常在一定的程度就止步了;迅速结交的朋友之间有可能在几年的相对亲近的关系之后就终止友谊,就像几周就可以变熟络那样简单(Lewin,1997:25)。

不过,许烺光也指出,德、美的差异只是程度上的不同,德、美与中国、印度等社会的差异才是质的区别(Hsu, 1963:197)。

社会生活当中,还有一种特殊情形需要保持距离,此时所涉及的是如何对待行为违背了社会规范的他人,这里的距离背后隐约存在着一种与个人的社会角色和行为无关的普遍权利。

戈文和他妻子瑞秋是一所州立医院的高级护士。那是一所特殊的医院,专门接收有精神问题的罪犯[1]。不过戈文和瑞秋说起他们的工作时,罪犯这个字眼从未出现,而是代之以"居民"。我问他们为什么不直接

---

[1] 该医院的多数居民是由加州各县高等法院或惩教署(Department of Corrections)依据加州刑法典等还押治疗的男性精神病患者。

称其为罪犯，他俩回答说虽然事实上如此，但那样的称呼是人们所不能接受的。不久前，瑞秋工作的部门来了一位刚拿到护士资格证的新同事，那是一位随父母移民巴西，后来又独自一人去到美国的中国男孩。热心的瑞秋告诉他，在工作中要对那些居民友好，但记住，是友好而不是朋友。

距离的存在有利于维持人与人之间友善的关系，至少在面上是如此。除了保持适当距离外，日常的人际交往中还有一个特点可以概括为"回避"。我在教会图书馆认识的朋友戴碧曾和我说，除非知道他人与自己观点接近，美国人在日常生活中有两样东西很少在公共场合谈论，这两样东西就是宗教和政治。因为人们的观点总会有差异，为了避免争执，干脆避而不谈。安妮至今仍然记得几十年前在丈夫父母家的一次家庭聚会。那天，差不多所有的亲戚都来了，其中有几位比较坦率直言，偏偏他们的政治观点还不一样，于是有了一番争论。恰恰因为争论很少出现，安妮说她和其他亲戚一样，多年后都还记得那次争论。我也曾就"回避"询问过其他朋友，他们也给了我相似的答案：争执会伤害情感，回避是一种社交技巧。"朋友圈内，政治观点也会有差异。我们倾向于从个人的角度处理，不讨论同意或不同意。"乍看之下，回避似乎疏远了人们之间的亲近感，不过，如果处理得当的话，回避或许能作为一种文化手段唤起和睦、团结与多元，这恰如一位朋友所说："你如果不想与其他人一样，就更要尊重他人的不一样。"

需要指出的是，日常生活中回避争执与政治行动中表达异议并不矛盾，相反，二者之间还有深层的联系：回避争执的根源在于对个人边界的承认；异议的表达同样需要边界清晰、平等自主的个人，否则就没有多元的声音。日常生活中，争执未必带来实效，反而会破坏和睦的关系；政治行动中，异议的表达，尤其是以投票的形式进行表达，则既能将多元的观点呈现出来，也能将个人的意愿汇入多数人的意愿，并最终带来实效。本书第八章将对此进行详细探讨，这里暂不深入。

二、嵌入在"边界"内的个人

我们看到，社会对"边界"具有一种明确的意识，而这也体现出社会对保护个人免受他人或公共权力的干预达成了共识。日常生活中，个人对他人权利的尊重首先就预设了边界的存在，"边界"为个人划分出了一个不容侵犯的领域。举个例子：

艾琳的父亲肖恩曾经是位律师，现在经营着一个规模不大的葡萄园。与艾琳的母亲离婚后大概三十年间，肖恩先后交了几个女朋友，一度结婚又离婚，现在的女友贝思是一位友善的老太太。先后经历了三次婚姻的肖恩坦言，婚姻只是生活方式的一种而已。当他这样说的时候，贝思、艾琳、艾琳的前夫、艾琳的妹妹还有我就坐在他旁边。让我觉得诧异的是，离婚的父亲为什么在子女面前表达如此"自由"的看法呢？

后来我问起艾琳对父亲交往女友的看法，她说贝思人很好，悉心照顾肖恩，她和兄弟姐妹都让自己的孩子称呼贝思奶奶。而她父亲以前也有别的女友，她们有的只是看上他的物质而已，并不爱他。艾琳尊重父亲的个人选择，她说她不会反对父亲交往女友，那是他自己的事，并且父亲这一方也不可能接受子女的反对意见，"你已经搬出这个家了，管不着。"我告诉艾琳，如果是在中国，尤其是多年以前，不少子女会反对离异或丧偶的父母再婚，而且子女们不只是说同意或不同意，关键是他们认为自己有权利这样做，应该这样做。艾琳听了之后想了一下，接着说她自己从直觉或本能上来说也会不喜欢，但是，**"这个文化不会让你表达你的不喜欢**。那是个人的事，你无权干涉。"

艾琳道出了关键：人与人之间存在着不可见的边界，个人无权干涉他人的私事。在此，免受他人干预的权利以及避免干预他人的义务是同时出现的。[1] 换言之，每个人都有平等的自我实现的权利，"个人"是一

---

[1] 不过，在一定程度上，既不过问别人也不允许别人过问自己难免带有些孤守独处的味道。自托克维尔到贝拉，众多学者对此深感忧虑。如果这种自由从私人生活领域无限蔓延到公共生活领域难免就会削弱人与人之间的相互协作，使公共生活变得空洞脆弱。平等的自我实现的权利无疑是值得我们追求和维护的，从而，社会设置何种制度或提供什么条件来平衡因自我实现的无限蔓延而削弱

种普遍的价值。

仔细一想，艾琳的这段话还向我们传达出了另一个深刻信息。这里，她所说的"这个文化不会让你表达你的不喜欢"揭示出，很多情感、感觉或经验虽然无法言传但却依然存在，只是由于缺乏某种文化允许或鼓励的语言而被压制罢了。其实，所谓西方社会与角色分离的、以自我为中心的个人（相对于非西方社会的与角色相连的、以情境为中心的个人）[1]同样受到社会文化的约束，只是约束相对说来不可见或约束形式不同罢了。

小结

从个人空间、私人空间、公共空间的划分，到私人空间里的权利与公共空间里的义务，再到保持距离、避免争执等日常交往规范，我们可以看到，社会以空间为要素，经由对边界意识的生产，从一个侧面实现了对个人观念的文化再生产。与此同时，有关个人的观念也变身为生产要素反过来巩固空间划分及边界意识。从本章描述的日常细节也可大致发现，"个人"看似在表达某种私人性，实则是一种在公共语言中实现的文化认同，并且体现出历史的过程。

公共生活便显得尤为重要。
[1] 例如施德尔和波恩（Shweder and Bourne,1984:158-199）曾经比较了印度Oriya人与美国人关于"人"的概念，其研究认为，印度Oriya人更多以具体的、依赖语境的方式描述人，体现了个人与社会之间以社会为中心的有机（sociocentric organic）关系；美国人则更多地以抽象的、独立于语境的方式描述人，体现出个人与社会之间以自我为中心的还原（egocentric reductionist）关系。

第四章 家庭生活：个人的私人生活在家庭的私人生活中展开

第一节 彰显情感的独立单位

一、家庭观的转变

家庭是个人之上的基本社会单位或初级社会群体,也是传递道德伦理和价值观念的重要空间。毋庸置疑,人们对家庭的看法在很大程度上是文化与历史的产物。例如在 Shain 的研究中可以看到,在十八世纪的社会意识里,家庭承载着重要的道德功能,是有过犯的、不可靠的个人与邻居、村庄等集合体之间的中介。自我、隐私、情感等概念都不是当时家庭观念中的关键词(Shain,1994:95-100)。另外,历史学家伍德也指出,家或户是十八世纪殖民地社会的基本结构。在家庭中生活的每个人都依从父亲或主人的意志行事,只有户主才同更大的世界打交道。殖民者们相信,社会只不过是家家户户的集合体。彼时的家庭还不是只靠感情纽带维系在一起的现代个体家庭(伍德,1997:39,43)。

不过,上述只是家庭在漫长历史过程中的阶段性特征之一。十八世纪之于西方是一个新旧观念激荡的时代,家庭在当时开始朝着另外一个向度变化,即随着个人权利的伸张,家庭渐渐成为一个独立自主的领域。与此伴随的是,情感的重要性日益显著。当然,这并非说情感在家庭中曾经缺席,而是恰如泰勒所言,情感开始在人们的意识与表述中呈现为有价值的、有意义的,而不再是平庸的、不值得谈论的(Taylor, 1989:292)。

其实,观念的转变至今也仍处于变化发展之中。下文尝试从重视爱的表达、家庭主妇以及家庭学校的在一定范围内的流行等角度,来理解当代美国白人中产阶级对于情感与亲密关系解释,以及家庭与社会的联系。

第四章　家庭生活：个人的私人生活在家庭的私人生活中展开

二、爱的重要性及其表达

(一) 领养家庭对爱的强调

在美国人看来，爱是维系家庭的基础。爱不仅是具有血缘关系的父母与子女之间永恒关系的源泉，爱甚至可以凝聚没有血缘关系的家庭成员。几年前，艾琳来中国领养了一个女婴，现在孩子已经长大，并且知道自己来自中国。我好奇地问艾琳，难道不担心孩子知道了自己的身世会伤心吗？艾琳认为重要的是让孩子感受到你对她的爱，而不是血缘上的联系：

> 孩子的外貌一眼看上去就与父母不同，父母是白人，孩子则是亚裔。即便她现在没有意识，长大了肯定会发现。但更根本的原因是：一方面，文化上强调诚实；另一方面，领养的制度是透明的，孩子的生物学意义上的父母有权与孩子保持联系。即使作为个人想要隐瞒秘密，社会也不会让你隐瞒。以后孩子知道是怎么回事后会难过、震惊。因此爱就显得很重要，你要让她感受到她是被爱的。

领养小孩在美国人的生活中并不是什么奇特的事，至少在我接触到的范围内就有不少这样的例子。领养的孩子可能与养父母关系亲密，也可能关系淡漠甚至很糟糕。具有普遍性的一点是，多数人强调父母与子女之间的爱，而不是血缘关系。朱莉是一位幼时被养父母领养的具有拉美血统的中年妇女，现在她新婚不久的女儿也在同丈夫商量将来也要到母亲的出生国领养一个小孩。看起来，在不少人的观念中，血缘的障碍是可以跨越的。

伊莎贝拉也给我讲过一个关于领养的故事：

> 杰克（伊莎贝拉的丈夫）的妈妈是在领养家庭长大的，她的养母领养了好几个小孩，杰克的妈妈是其中之一。与她在同一个家庭长大的姐妹中有一位曾经是著名的好莱坞影星，在她三十岁时以自杀的方式结束了自己的生命。她长得非常漂亮，经历过多次离婚。她不知道真正的爱是什么，真正的美是什么。最终，内心痛苦的她选择了自杀的方式。虽然

被爱她的养父母收养，但并不爱她的亲生母亲却会时不时地把她接走。从小就在这样的环境长大，让她不明白什么是真，什么不是真。

虽然艾琳、朱莉、朱莉的女儿，还有伊莎贝拉各自叙说着不同的内容，但在她们看来有一点是相同的，即爱是家庭的表征，也是家庭凝聚的重要指标。

（二）爱要表达

我们可以说在不同文化里爱是相通的，但未必能说爱的表现方式也是一样的。年底时，悠然城的一家电影院放映了中国影片《那山、那人、那狗》。影片的大概剧情是：儿子高考落榜不得已回到湘西深山的家里，做了大半辈子山村邮递员的父亲提前退休，安排儿子接下自己的工作。多年来，父亲忙于工作，与妻儿交流非常少。儿子上班第一天，父亲千叮咛万嘱咐之后仍不放心，便带上长年伴其左右的狗儿"老二"陪儿子再走一趟送信之旅。一路上，父子俩有很多话想说却都不知从何开口，长期隔膜只能默默走路。渐渐地，通过与山里人的接触，两人打开了话匣，对彼此有了深一层的认识和了解。秀美如画的风景中，当儿子将父亲背起来时，父子间的距离就完全不存在了……几年前我曾看过这部片子，很喜欢它那清新质朴的风格，看到悠然城影院的放映，我自然是赶紧向周围朋友推荐。

两个家庭看了之后都给了我同样的反馈：影片很感人，不过令人遗憾的是父子之间一开始没有爱可言。我说怎么会啊，虽然儿子与父亲接触不多，但他们之间是有很深厚的父子亲情的。他们反问我怎么知道父子之间有深厚感情，我回答这还用说吗，感受得到啊。原来，在他们看来，爱一个人就要表达出来。片中的儿子最初甚至不习惯叫声"爸爸"，那怎么可能有爱呢？或许在我们的文化中，对父母的爱以及对子女的爱更多的是以行动表达，而在美国白人的家庭中，爱需要说出来。不过，就像"家庭是无情世界的庇护所"是历史的产物一样，美国家庭里对爱的表达也有代际之间的变化。

佩林[1]出生在1928年，在她的记忆中，父母有很高的权威，自己必

---

[1] 佩林的个案请参见第二章。

第四章 家庭生活：个人的私人生活在家庭的私人生活中展开

须服从，不服从就要被惩罚：

> 我爸爸是非常威严的，我常常被打。那是一个父权的社会，孩子做错了，妈妈就说，"待在那里别动，等你爸回来教训你。"然后你就坐在那儿惴惴不安地等着，这可是双倍的处罚。我想直到二十世纪五十年代，人们的观念才开始改变。

利萨和杰伊夫妇俩都出生于二十世纪五十年代，他俩认为父母与子女之间的关系模式在两代人之间出现了变化。利萨说：

> 我与我的两个儿子有非常紧密的关系，一部分原因或许是我小儿子还很小的时候我与他们的父亲离婚了。男孩们会告诉我他们在学校的事、他们与女朋友的关系、与朋友的关系。他们并不畏惧与我交谈，我在他们很小的时候就说，不论有什么都可以来找我交谈，如果需要我帮助，我就在你们身边。
>
> 我与我的父母没有这样的关系，我与他们关系很紧密，但是不一样的方式。我不会对我父母说学校的事或者我与男朋友的事。不过我自己的孩子知道可以和我说，我不会告诉他们应该怎么做，但我会倾听。所以这是不一样的。周末我与我的大儿子，还有他女朋友一起度过，我们坐下来聊天。我从未与我父母这样。我想我和我儿子之间的这种相处方式现在看来是比较典型的。

我也曾把电影《那山、那人、那狗》的情节说给他俩听，询问他们对如何表达爱的看法，利萨说：

> 我想这是文化差异，也是代际差异。我儿子和我打电话时总说我爱你妈妈，我也说我爱你。我几乎不与我父母这样说，不是我不爱他们，很明显我们爱对方。我和孩子很自然地说，因为在现在的文化里这是相当普遍的。我父母现在八十岁了，我记不起我们之间什么时候说过我爱你。

卡帕夫妻俩的年龄稍小于利萨夫妻俩，他俩也曾回忆起童年时代与父母的交流并不多：

> 我想我们这个年纪的人可能都这样。我不知道为什么是这样的，或许是那个时代的文化吧。我的感觉是如果你问我这一代人，他们多数会这样说。我们在大树下玩、在街边玩、在田野里玩，现在的孩子很少出家门玩耍。我们问父母问题时会得到答案，但是没有太多对话和交流。

三、家庭主妇

叙述我的田野见闻之前，我们先来简单了解一下相关的社会背景。

在历史的不同阶段，"家庭主妇"被赋予了不同含义。在十九世纪西方中产阶级文化里，理想的家庭主妇是从繁重的工作中解放出来，专职创造提供情感与精神支撑的家庭气氛。理想的丈夫则是"经济人"的化身，工作于公共领域，是理性与效率的代表（Lofgren, 2003:142-159）。在特定的历史时期，"家庭主妇"还带上了政治色彩，例如妇女待在家里而不用加入劳动大军甚至被视为冷战时期美国与共产主义世界区分开来的显著特征之一（方纳，2003：374）。

从统计数据来看，大萧条时期，82%的美国人反对妻子外出工作；二战期间，仍持反对意见的只有13%。到了1945年，工作妇女的数量跃升了60%。然而，二战刚一结束，对妇女独立的认可很快让位给人们的传统观念：妇女要以家庭为主。不过，近几十年来家庭主妇的比例则呈下降趋势。（阿利埃斯和杜比，2008，第五卷：第512页、第531页）。

就我的调查经历而言（它必然是有限的），在我所遇到的白人中产阶级家庭里[1]（单亲家庭除外），尤其是具有基督教信仰的家庭里，不少妇女现在或曾经选择留在家中做专职家庭主妇。其中多数人选择在人生的某一阶段专职做家庭主妇，等孩子长大又外出工作。

女性选择做全职主妇既可省下雇人照看孩子的不菲费用，也可以安排出更多时间与家人相处，不少主妇还在家中给孩子当起了家庭老师。此外，不少当代美国女性乐意做家庭主妇至少还有以下几个因素。首

---

[1] 家庭主妇与家庭收入有密切关系。

第四章 家庭生活：个人的私人生活在家庭的私人生活中展开

先，在宗教方面有新教徒职业观的影响。上帝赋予每个人独特的秉性，每个人的特殊职业是上帝号召他或她从事的特殊劳动形式。尽管人们分工不同，任何正当的职业在上帝面前具有绝对同等的价值。家庭主妇被赋予了爱孩子、爱家庭的职能，履行作为主妇的义务就被认为是一项道德实践。以主恩教会2007年3月4日的布道为例，当天的内容就是阐述《以弗所书》中的一句话"我们每一个人都按照基督的分配，领受特别的恩赐。"（《以弗所书》，4：7-8），牧师菲利普斯这样说道：

> 所有信徒都是有天赋的。在世界初创之时，耶稣基督就已设计了你，而你需要以此禀赋来实现上帝对你的职业召唤。这些禀赋不只是灵性方面，也包括才能、兴趣、技巧和态度。从拉丁文vocare那儿，我们有了英文的 "vocation"。我们每个人都有职业的召唤。"vocare" 意味着 "倾听来自内部的声音"（"to hear form within"）。在你生命中，职业的目的是什么？上帝对你的召唤是什么？作为一名信徒，个人的职业道路就不仅仅是为自己谋生，还是为了响应上帝的召唤，完成上帝的安排。

不过，也有主妇告诉我："在教会范围内，女性在家当主妇是有支持声音的。但是，如果你看报纸，你就会看到有人说女性应该对社会有贡献，待在家里是错误的。教会外面的确有批评的声音。"

宗教价值观只是支持家庭主妇的因素之一。我们可以发现，各种非亲属团体的存在为家庭主妇参与社会提供了空间，从而使她们避免与外界脱轨。晓江5年前来美国与丈夫团圆，毕业于国内一所名牌大学的她来到美国后就做起了家庭主妇。她的经验是：

> 通常而言，社交活动鼓励夫妻一起参加。此外，我虽然在家照顾家庭和孩子，并不代表我没有社会活动。我做义工，而当我做义工的时候又有别的义工帮我看孩子，就这样一个网络，我帮助别人，别人又帮助我。我们都有社交活动，并没有与这个社会隔绝。

另外一个类似的例子来自琳达。琳达今年四十八岁，已经辞职在家多年，之前她是一所州立大学的讲师。生了孩子之后琳达就辞去了教职，专心做起了家庭主妇。曾经有一阵子,琳达想读博士,进而重返讲台。可一想到自己更向往稳定的家庭,她便放弃了这样的想法。不过,琳达否认她是因为传统观念而选择做一名家庭主妇。她认为是因为自己没有丈夫那么热爱工作,因此由她来放弃就很自然。家务之余,琳达也没闲下来,而是忙于在教会和孩子上学的学校做各种志愿工作。每年夏天还和朋友组成暑期志愿者小组,到"大家的食堂"为无家可归者提供午餐。

可见,在家庭努力把女性向内拉的同时,多样的社团组织又为女性在亲属关系之外建立社交圈子、寻求社会认同提供了条件。

四、家庭学校

家庭学校(Homeschooling)指的是儿童在家接受教育,授课教师则是父母本人。近二、三十年来,家庭学校在美国日益流行起来。其实,家庭学校自古有之。在传统社会里,家庭是一个稳固的多功能体,教育是家庭所涵盖的各种功能之一,只是随着现代国家的兴起以及社会分化的发展,家庭教育才逐渐被学校教育所取代。有意思的是,当社会进一步复杂化之后,家庭学校又再度出现。

当年,建国之父们曾讨论过是否应该强制要求把孩子送去学校接受教育,讨论的结果是把选择留给私人家庭和地方政府及州政府,联邦政府不做特殊要求。因此,曾经有一段时期,学校教育并不普遍。就像家庭学校的倡导者法伦加(Patrick Farenga)指出的那样,十九世纪时,父母们还在请巡回教师为孩子授课。1850年,马萨诸塞州率先颁布了义务教育法,社会关于儿童应该在哪儿接受教育的态度才开始变化。早期儿童必须入学的主要原因是避免童工现象以及为社会培育"好公民"。不过,很多父母也在质疑学校教育的效果:孩子的天性不同、智力不同,标准化的学校教育能否教好他们?

二十世纪二十年代到七十年代间,家庭学校整个说来几乎是"地下的",通常流行于乡间,偶尔才能引起主流媒体的关注。1970年,依利希(Ivan Illich)出版了《去学校化的社会》(*Deschooling Society*),书中提出了废除义务教育法的观点,引发了此后一系列的公众争论和相关著作的发表与出版。儿童是否必须接受学校教育?用考分把孩子们归

第四章　家庭生活：个人的私人生活在家庭的私人生活中展开

类为经济上的成功者和失败者是否合理？1976年，霍尔特（John Holt）创办了杂志《无学校成长》（*Growing Without Schooling*），成为了第一份家庭学校的期刊，继而成为致力于家庭学校的教育者和家庭的一大交流平台。二十世纪八十年代初期，具有保守和宗教倾向的有关家庭学校的著作和社团大量出现，很多家庭表示，选择在家教育孩子的原因在于不想把孩子送到没有上帝的公立学校。那以后，多样的原因不断地传达出来，家庭学校日渐流行开来（Farenga, 2002）。

1981年时，霍尔特估计大概有一万五千到两万名学生在家接受教育。到了1999年，根据美国教育部门的统计数据，五到十七岁的学生中已有八十五万为家庭学校的学生。这八十五万在家接受教育的学生当中有十五万三千人同时也到学校接受教育，其中十万七千名学生每周在校时间在9小时以内，四万六千名学生每周在校时间在9至25小时之间。到了2003年时，五岁到十七岁的学生中有一百零九万六千名为家庭学校的学生。这一百零九万六千名在家接受教育的学生当中有十九万八千人同时也到学校接受教育，其中十三万七千名学生每周在校时间在9小时以内，六万一千名学生每周在校时间在9至25小时之间。在接受家庭教育的学生中，白人学生所占比例在1999年和2003年时分别为75.3%与77%[1]。不难看出，家庭学校在现阶段的美国社会有日益流行的趋势。除了上述数据可供参考之外，也有家庭学校组织认为确切的统计数据很难获得，不过，据加州家庭学校联合会估计，加州适龄儿童在家学习的人数大概在六万到二十万人之间[2]。

家庭学校并不意味着孤立和封闭，它本身也是社会运作的一小个侧面。有的家庭会联合起来形成一个小组，组织集体活动；也有的家庭会让孩子分别在私立学校或有基督教背景的学校以及家中上课。即使是完全在家学习也要遵守一定的规范，孩子同样需要通过考试，不过在细节上各州政府有不同的规定。面对怀疑的声音，家庭学校的辩护者认为，家庭有权利选择在家教育孩子，也有能力把孩子培养成为负责任的好公

---

[1] SOURCE: U.S. Department of Education, National Center for Education Statistics, Parent Survey of the 1999 National Household Education Surveys Program (NHES); Parent and Family Involvement in Education Survey of the 2003 NHES.

[2] http://www.hsc.org/faqs.html

民。

戴碧是一位退休的大学图书馆职员，她女儿一家住在华盛顿州，每年她都要过去住上一阵子，帮着照看外孙，因为六个小孩全在家接受教育，女儿一个人忙不过来。在戴碧年幼（二十世纪三十至四十年代）以及戴碧教育女儿的时候（二十世纪六十至七十年代），家庭学校并不流行。听戴碧说，大孙女本来是去公立学校的，后来女儿女婿发现学校的教育质量不高，干脆就决定让所有孩子都在家接受教育了。戴碧还解释说：

一般来讲可能是家长对公立教育失去了信心，不再信任公立学校能把孩子教育好。有的家长是基督徒，而公立学校不讲圣经，并且只从一个角度讲进化论，他们希望孩子能够到基督教的学校上学，从其他角度思考进化论。现在的社会太复杂，很多家长并不放心孩子们在这样的环境中成长。

不知是否巧合，我在悠然城认识的几个选择在家教育孩子的家庭都有基督教信仰的背景。不过，他们做出选择的出发点不完全直接来自宗教考虑。

七岁的安娜和她的哥哥姐姐全都在家学习。外出玩耍时，几个孩子常常穿着花色一样的衣服，那是他们的妈妈在家缝的。安娜的妈妈以前是高中老师，生了小孩后就辞职回家做起了专职家庭主妇，并在家教育孩子。孩子多了，又只有一人外出工作，开销自然得节约。几年前，安娜一家从悠然城搬到了北边的帕索城，那是一座新兴的小城，房价相对便宜。安娜的妈妈很满意家庭学校的模式，既可以自由发挥，也可以互助合作：

孩子在家学习很好，想去山上学习了，我们就去山上；想学文学作品了我们就学文学作品。考虑到孩子需要交流，我们有几个家庭组织起来，每周安排一定时间，由一个家庭负责所有孩子的学习和娱乐。

虽然家庭学校被看作是自成一格的教育单位，但邻里、社区、教会也一同参与到儿童的教育之中，在家接受教育的小孩同样可以享受

第四章　家庭生活：个人的私人生活在家庭的私人生活中展开

公共资源，而不同家庭之间的自愿互助最为人们所乐道。父母在家教育子女总要付出很多精力与时间，为了给父母留出个人时间与空间，几个家庭会组织起来相互帮助。例如周一的下午由这个互助小组中的某几位家长照看孩子，另外的家长就有半天的时间处理自己的事务，等到周三下午就轮到其他几位家长休息，而周一下午带孩子的家长就得到半天的时间，如此类推。有的时候也不一定是家长之间的互助，而是教友或朋友之间的帮忙。梅丽安是一位年逾七十的老太太，与小女孩安娜的父母认识于主恩教会。虽然几年前安娜一家搬到了几十英里外的帕索城，彼此之间的联系从未间断。每隔一段时间，梅丽安就会准备好简单的三明治，带着安娜和她的哥哥姐姐们外出野餐，让安娜的妈妈可以静下来做点自己喜欢的事或是外出购物。在美国人的日常生活中，尤其是在教会里，这样的互助并不少见，只是具体形式各异罢了。

伊莎贝拉今年五十二岁，结婚前她是一名护士，先生是一位药剂师。婚后伊莎贝拉辞职在家，几个孩子也一直由她教导直到上高中。现在她的两个女儿都已经结婚，大儿子在亚利桑那州立大学上学，小儿子在本城的高中念书。伊莎贝拉认为家庭教育可以培育父母与子女之间更亲密的关系。孩子们小的时候，每周她都带着他们去钢琴老师那儿学琴，下课之后又去爬山。城里的悠然山、苹果谷、积云山几乎就是他们的课堂。现在孩子们纷纷长大，大女儿都已经当妈妈了，当年一起上课、爬山的情景对于伊莎贝拉来说还是历历在目。在伊莎贝拉看来，家庭学校不仅能增进父母与子女的感情，而且可以避免孩子们受到外界的不良影响：

家庭学校就是近二、三十年开始流行起来的。以前我根本没想到我要这样教育自己的孩子，尝试之后才发觉很好。家庭学校并不意味着与外界没有交往，但父母完全掌握孩子与外界的交往究竟是什么样的。

康纳利是一位亚美尼亚裔的中年人，他的祖父是亚美尼亚的富商，一战爆发后携妻儿移民美国。康纳利本人出生在美国，不过他认为自己是一个二元文化的人，既不是纯粹的美国人，也不是纯粹的亚美尼亚人。现在，四十多岁的康纳利是悠然城校区的一名老师。他的职责不是在教室上课，而是到家中给因病缺席的学生补课。学生从1年级到12年级都有，每周工作时间不定，所教课程也不限制在某一门。不过，康纳利自己的六个孩子却是在家接受教育，直到8年级。现在最小的女儿还在家学习，最大的孩子则已上大学了。有小孩之前，他和妻子就达成一致意见，孩子在家学习，妻子在家照顾家庭。直到最近5、6年，康纳利的妻子才又开始外出工作。康纳利坦言，因为选择孩子甚于选择钱，家里的房子也是几年前才买的。他时常留心着社区有哪些免费资源可以使用。孩子们经常到县图书馆和教会图书馆借阅书籍，参加市里的合唱团、足球队，还有教会组织的少年主日学校、假期露营。说起为什么选择家庭学校，康纳利的解释是：

我不想自己的家庭是那种父母外出挣钱没心思照顾孩子的家庭，不想自己一周只有几分钟和孩子交流的时间，也不想妻子成天外出，心里就只有自己的小圈子。那样的家庭关系松散，不是一个有爱的整体。我认为自己能胜任家庭学校的教育，我有硕士学位。还有一个重要的原因是基督教信仰，我们不会让孩子很小年纪就约会。我是老师，我知道现在的孩子中学时就发生性关系，这简直难以置信。

另外，孩子在学校不一定有健康的心理环境。如果你成绩不好、长得不好看、体育运动不行，同学就会看低你。你如果和多数人不一样，你就会受到不好的待遇。我自己有不同的出身背景，我就曾经亲身体会过。

最重要的还是没有谁比我们自己更爱孩子，更关注他们。

总而言之，每个家庭选择家庭学校的具体原因可能不尽相同，但作为一种社会现象，家庭学校背后所蕴含的意义却是同一的：它既是家庭与外界保持距离的体现，也是多元社会不同价值观的表达，还是自由社会对差异的承认。相对于学生总人数，家庭学校学生的比例不高，远非主流，但其绝对数字并不低。这么庞大的一个学生群体自然需要各种公共的教育及社会资源，否则的话，家长再怎么乐意，家庭学校也不可能发展出如此规模。因此，如果视家庭学校为一个相对自律的领域，它必

第四章　家庭生活：个人的私人生活在家庭的私人生活中展开

安娜的母亲带着孩子们制作的手工品，以此形式讲述圣经。

须以社会其他领域如公共教育系统、教会、社区等为环境和条件，如此才能有效运行。

第二节 家庭内部的独立自主

相对于外界，家庭是彰显情感与亲密关系的私人领域。不过，在情感与亲密关系之外，我们还可以在家庭内部发现另外一个重要主题，即对个人独立自主的强调，其具体体现至少有两方面：婚姻内部的个人色彩及独居老人为社会所认可。

一、婚姻内部的个人色彩

美国人的家庭往往特指个体家庭（individual family）或核心家庭，其中最重要的关系就是婚姻。[1] 事实上，婚姻的功能以及人们对待婚姻的态度并不是一成不变的。如本章开头曾提到的，婚姻的传统功能是连接个人与个人、个人与集体以及集体与集体的纽带，因婚姻而组成的家庭在传统社会里是一个稳固的多功能体。不过，随着社会分化的发展以及相应的家庭功能的简化，人们的婚姻观念也发生了显著变化，其中的一个主要方向就是婚姻的社会色彩日益稀薄，而个人色彩又日益浓重。例如贝拉等学者曾指出，对于中产阶级的相当一部分人来说，婚姻已经变成了"表现型个人主义"的场所或者说"生活方式的圈子"（Bellah et, 1996[1985]:85-90）。下文将描述我在田野调查中观察到以及听到的关于婚姻的故事与观点，以此来理解婚姻反映出的"个人"观念。

---

[1] 美国人的家庭结构观念与传统中国家庭观念不同。传统的中国家庭重视父子关系，许烺光指出，在传统中国观念里，婚姻的正当性甚至在于尽孝，即所谓"不孝有三，无后为大"（Hsu,1986:275）。当然，差异是相对而言的。另外，当代中国人的家庭结构也在由父子轴向夫妻轴转变（参见阎云翔，2006）。

第四章　家庭生活：个人的私人生活在家庭的私人生活中展开

(一)同意差异

婚姻是两个自由个人的结合，当代美国社会并不公开反对来自不同信仰、族群、阶级的个人结合，当然，这样的开放性并不是向来如此。

1968年，民权运动已经取得胜利。汉娜的妹妹与一位来自印度南部的男子结了婚，那是一位成长在印度教家庭、肤色较深的男子。汉娜的奶奶生活在芝加哥，她不愿意这位孙女婿去她家里，因为她觉得邻居们会认为他是黑人，她不想邻居知道家里有深肤色的成员。汉娜说："那是1968年，我奶奶还没改变，父母和朋友依旧给人压力。那个年代种族通婚很少见。"

从汉娜妹妹的例子可以看到族裔身份曾经影响人们的婚姻观念，汉娜本人的例子则可以看出，在社会强调宗教归属身份的年代，宗教信仰曾经是人们考虑两个人的结合是否恰当的一个参考因素。

1958年，汉娜和布雷结婚时，因为信仰的差异两人险些遭遇来自家庭的阻力。布雷是位基督徒，出生在长老会的信徒家庭。汉娜则来自没有宗教信仰的爱尔兰裔家庭。由于汉娜来自爱尔兰裔家庭，布雷的母亲担心她是天主教徒，并不乐意这门婚事。汉娜说："他妈妈担心我不能去天堂。她有她的天堂，别人不能去，只有她和她的教会的人能去"。好在汉娜的父母并不是天主教徒，汉娜当时则是不可知论者，家庭阻力还不算大。布雷也回忆说，二十世纪四十年代时，他的小姨与一名有天主教信仰的男孩结婚，外祖父就表示不愿意再与这个女儿说话，因为他们不能容忍家里出现这么糟糕的一件事。[1]

还一个例子来自玛丽。五十岁左右的玛丽是一名药剂师，丈夫是一名医生。玛丽来自天主教家庭，她的丈夫来自基督徒家庭。七十年代他们结婚的时候，因为丈夫不是天主教徒，他们不能在玛丽家乡那所教堂

---

[1] 在美国，新教与天主教的关系曾长期处于紧张之中，从十九世纪三十年代到二十世纪二十年代，曾先后爆发过几次大规模的反天主教运动。二战后情形发生了改变。

举行婚礼。于是，他们只好来到悠然城——玛丽丈夫的老家举行婚礼。玛丽的父亲一开始并不乐意女儿的婚事，只是后来才接受。

时过境迁，宗教已经从归属身份转变为个人选择，夫妻之间包括信仰差异在内的各种差异不仅可以接受，而且被表述为有意义的、值得谈论的。或许，这就是自我表现在婚姻中的一种体现。

婚前婚后，布雷都是一位基督徒，汉娜在结婚前是一名不可知论者，婚后则渐渐变为一个有信仰者，但她并不是严格意义上的基督徒。因此，布雷每周日上教堂，汉娜则很少跟随。汉娜说：

我不相信三位一体，那就不是我的信仰。某种方式上我是基督徒，因为我肯定不是印度教徒、不是佛教徒、不是伊斯兰教徒、不是无神论者、不是不可知论者。我相信的是更高的力量，不一定是上帝，而是某种灵性。每个人对上帝可以有不同的解释，或者有其所信仰的上帝。不过我是基督徒式的信仰，我阅读圣经，我相信耶稣是先知，但我不过复活节，我也不做弥撒。布雷是基督徒，我与他的信仰不一样，这没什么，这当然没什么。我们的三个女儿也可以有她们自己的信仰。这是一种我们家里的个人主义。

对于妻子的信仰和观点，布雷的回应是：

每个人都有自己的思考方式，在我的心里我始终记得别人会有他们自己对上帝的思考方式。

佩林是一位坚定的无神论者，她丈夫却是虔诚的基督徒。两人都热心于社会公益事业，不过一人选择与宗教无关的社团组织，另一人则专注教会活动。我在教堂多次见到过佩林丈夫的身影，却从未见过佩林。提起二人在信仰上的差异和相处之道，佩林说：

很简单，再次归结为尊重。我与我丈夫非常不同，我们甚至不该结

第四章 家庭生活：个人的私人生活在家庭的私人生活中展开

婚，因为我们是如此不同，有不同的信仰和不同的兴趣，当然也有相同的兴趣。如果我不尊重他的兴趣，他也不尊重我的，婚姻就不会存在。关于婚姻，一件令人不开心的事是你只有在婚后才能真正了解一个人。即使你们在一起很长时间，只有住在一起了才能了解。婚前那些小的差异在婚后就像补充了维生素，越来越大。差异会带来麻烦，花钱的方式、教育孩子的方式等等。你不能武断地决定自己就是对的，你得听他人说，不论是丈夫还是妻子。才结婚时我也去教堂，一开始我也不是无神论者，是后来发展成的。他感到遗憾，不过没有反对。我也没有在他去教堂时反对。你要尊重差异。我们是有不同意见，他完全反对堕胎，我当然觉得那是女性自己的权利。我们讨论，但我们同意异见的存在，有时你不得不这样做。

我曾经问过一对老年夫妻（丈夫是犹太人，妻子是夏威夷华人的后裔）婚姻之中是否也有个人主义的存在，他们这样回答：

有，这很重要。我们在这个问题上颇多挣扎。我们问我们多大程度上一起做事，多大程度上各自做事，例如我们是一起旅行还是各走各的。这不是个简单的问题，没有简单的答案。有时我们开玩笑说，我俩都喜欢看电影，那我们要有多少电影一起看，多少又是各自看。嗯，夫妻间的个人主义当然可以接受，需要讨论的只是程度的问题。

（二）婚姻解体

一旦婚姻变成了"表现型个人主义"的场所或者说"生活方式的圈子"，那么婚姻就不再是个人生活的必然选择。居高不下的离婚率是其表现之一。

按照传统，婚约是不可解除的上帝安排，不过，婚姻解体的禁忌早已被打破。在林德夫妇的研究中可以看到，在上个世纪二十年代，离婚只是开始被人们接受而已，婚姻的基础依然比较实际，即两人共同分担养家育儿的责任（Lynd & Lynd,1929）。在奥特纳对58届高中生的研究中则可看到，二十世纪六十年代以后离婚越来越被社会认可。从58届学生的父母那一代，到58届学生这一代，再到21世纪初，离婚率一路上升，从最初的5%左右上升到了如今的50%左右（Ortner, 2003:268）。现在的美国已经高居世界离婚率排行榜第一名。

琳达以前是大学讲师，生了孩子之后辞职在家，专心做起了家庭主妇。多年前，琳达自己的父母离婚了，或许父母婚姻的破裂给她带来了痛苦，或许由于她是一位基督徒，她对离婚这个字眼比较敏感。因为有孩子在学校上学，她对婚姻观念的变化在当代学校教育体系中的体现有所了解：

> 学校也在改变怎么谈论家庭，课本上不再是以前的家庭中父母与子女之间的故事，而是再婚家庭的故事。他们讲的故事，要不就是以孩子和单身妈妈为人物；要不就是以孩子和继父为人物；或者又是父母各自有各自的孩子等等。社会的价值在改变，所以学校在孩子很小的时候就开始教导这些。我看我女儿的书本时很吃惊，居然谈论那么多的离婚。我还是孩子的时候不是这样的，更别说在书本故事里。所以家庭观念的确改变了很多。

我遇到的一位犹太教律师这样感慨：

> 我年轻时几乎没听说过离婚这回事。比如说我上高中时，我只知道一个同学的父母离婚了。很明显现在可不这样了，在美国有的地方，比如说加州吧，如果有一对夫妻没有离过至少一次婚，那也是不多见的。我一个儿子在夏威夷教小学，他告诉我他班上30个孩子中只有3个是有父亲在家的，其他的孩子要不父母离婚了，要不父母就从未结婚。在这个国家很多地方也都这样，尤其是在一些大城市。

下面我们再来听一听离婚人士的观点[1]，看他们如何理解婚姻的解体：

1. 林奇是一位提供法律服务的独立助理，四十岁左右。他并不避讳

---

[1] 人们一般不会从痛苦、伤感等角度向我讲述他们的离婚经历，这自然有人际交往中对隐私的保护、交往的深浅等原因。此外，作为民族志者，我既无意也无权去挖掘别人的隐私。在这里我们可以探究的是，不同叙述中有什么一致的地方？换句话说，什么样的叙述是社会与文化所认可的？

第四章　家庭生活：个人的私人生活在家庭的私人生活中展开

自己婚姻已经解体，据他所说，夫妻俩在相互理解的基础上离了婚，婚后还保持了朋友关系。倘若勉强维系婚姻的话，那也只不过是凑合着过，对于他俩来说没有意义。

她认为我不再吸引人；我也不想继续下去了，她说好啊，我理解。我们就离婚了。婚姻意味着对婚姻的特定期望。我们美国人并不尊重另外一个人的观点。沟通是一种花时间的技能。当然，这只是泛泛而言，不是每个人都这样。从我的经验来看，我认为情感是脆弱的，我们没有处理问题的技能。沟通和分享是很难的，人与人的关系是很难的。夫妻俩在外面看上去很好，回到家里就争吵、发生冲突。这是愤恨，拒绝不喜欢的人。这是力量遇上力量。"你为什么这样说？那你要我怎么说？"很多人并没有沟通的技巧，表面上看来很好的夫妻可能并不如此。人们希望保持私人的东西不被他人侵犯。

在林奇的叙述中可以辨识出关于婚姻的几层看法，其中包括：个人希望保持私人性不被他人侵犯；夫妻俩如果如果缺乏技能进行沟通与分析，婚姻难免破裂；婚姻中的相互吸引是没有客观标准的，只能由夫妻双方自己判断。

2. 1925年，艾兰出生在圣巴巴拉一个普通家庭。从小她就喜欢学习，喜欢乡村学校女孩可以穿牛仔裤的无拘无束的自由感。二战期间，圣巴巴拉驻扎了大量军人。十九岁那年，还在上大学的艾兰遇到了她的前夫，一位海军战士。交往一阵之后两人便举办了婚礼，婚后丈夫离开圣巴巴拉去了太平洋战场。等丈夫从战场回来时，大学三年级的艾兰就休学了。1946年，艾兰的第一个孩子出生，后来几年又有了其他几个孩子。离开大学艾兰心里总觉得遗憾，她觉得上大学是一种生命的承诺。当孩子们陆续长大后，艾兰决定回学校完成学业。二十世纪六十年代，马丁·路德·金、肯尼迪遇刺以及民权运动时期，艾兰回到了加州大学圣巴巴拉分校，拿了英语文学的学士学位，接着又拿了教师资格证。那是一个年轻人激情沸腾反抗一切的年代，各地学生示威游行，圣巴巴拉分校附近的一所银行也被反越战的学生放火烧了。不过，这些都没有影响到四十多岁艾兰，她沉醉在自己的学业当中无暇他顾。毕业后，艾兰的丈夫希望她去他的农场帮忙，做财务方面的工作，艾兰不喜欢这样的安排：

> 我不愿意做这样的事，我对经济没有感觉。如果你想让我工作，我就做我想做的，于是我决定离婚。后来我与丈夫离了婚，搬到沙漠里的一个小城，开始了我的教师职业。

离婚时，艾兰的几个儿子都已经长大了，于是，艾兰也就认定孩子们不再需要她了。在沙漠小城工作的时候，艾兰又拿到了硕士学位，她觉得自己应该离开小城换个环境了。不想回圣巴巴拉的艾兰去了圣何塞。当时，她手头已经没多少钱了，需要尽快找到一份工作。那时每个人都在申请工作，要找到一份称心如意的工作并不容易。多年以后，回忆起往事，艾兰还在为自己当年顺利找到工作而骄傲："因为我有经验，有两个学位。"婚姻与自己独立生活的经历比起来似乎不值一提：

> 嗯，我不关心婚姻，我就只想自由。我记得那年我四十六岁，孩子们都出去了。我有我的学位，依靠自己去那个沙漠里小城教书，那是了不起的感觉。我记得我第一次得到支票时的感觉，我想这是我自己的，如果我想买个钻石戒指，我自己就可以做到。我可以做任何我想做的事，我是自由的。我得到的越多，我就越感谢我的自由。我依然记得我刚去沙漠小城时，那时才开始使用信用卡，但我没有信用记录，我去申请时被拒绝了。我就去找经理，质问他"我有工作为什么不给我？"最终他们给了我信用卡。一旦有了第一张，那就好办了。我记得我开始依靠我自己，我必须坚强，做我想做的。不是所有的女性都那样想，在我妈妈那一代是不可想象的。不过现在不一样了，多数女性与我一样有工作。

艾兰离婚时是1971年，那年她四十六岁、那时也是贝蒂·弗里丹的《女性的奥秘》出版九年之后。虽然不能轻易说艾兰受到过女权主义思潮的影响，但可以肯定的是，艾兰的选择得到了社会的认可，换个年代可能就不是这么一回事了。离婚以后艾兰就一直是自个儿过日子。如今，年过八旬的她住在悠然城一所老年公寓里，虽说有四个孩子，不过

第四章　家庭生活：个人的私人生活在家庭的私人生活中展开

大家从未提过一起生活。令艾兰感到欣喜的是，家在北加州的小孙女时常给她打电话，有时也会来陪她住几天。回忆过去时，婚姻也罢，离婚也罢，似乎都可以轻描淡写一句带过，似乎她更喜欢强调的是"1971年，我四十六岁，我独立了"。

3. 艾琳（我们在前文已经见到过她的身影）是一位非常热爱自己职业的精神科医生，两年前与前夫离异，但两人一直保持好朋友的关系。我与她曾就个人、家庭与婚姻等话题有过细致长谈。八岁那年，艾琳的父母离婚了。上中学时，她的父亲又结婚了。继母有三个孩子，艾琳与她们相处很好，度过了快乐的时光。高中毕业时父亲再次离婚，她也再次随着父亲搬家。父母离婚给她带来了不少痛苦，也影响了她对生活的态度：婚姻对她而言并不是永恒的。

艾琳：父母离婚的确影响了我的生活，我在结婚八年之后离婚了。我确定在我的整个成年生活中，因为童年的经历我都不相信婚姻关系，婚姻不会进展的很好。

我：我看《心灵的习性》中说到离婚与个人的感觉有关，"我觉得我不再爱了"，是这样吗？

艾琳：可能是，也可能不是。美国离婚率很高，不是每段婚姻一开始都那样。不过离婚很正常，人们很容易就接受了离婚，不需要得到任何特殊的同意，不需要钱，很简单就离婚了。

我：或许几十年前不一定简单，社会也在变。

艾琳：对，我还有一些别的想法。我想我们并不必然了解男性与女性的本质，以前为了生存而相互依赖，需要有食品果腹，需要房屋遮蔽风雨、需要在家养育孩子。过去几十年发生了很激烈的变化，不再需要为了生存而相互依赖，女性不再需要男性资助。或许永恒的婚姻并不是人的自然本性。我不确定是否西方社会的这种方式就是人的本性状态。我认为视永恒的婚姻为一种理念是简单的看法。有的婚姻看起来不错，但从内在看来，或许是可怕的。

我：内在是指夫妻之间，还有每个人内心的感受？

艾琳：对，人们有时隐藏自己的感觉。

我：内在的自我很重要？

艾琳：我不太了解我自己。一部分变化是过去连接夫妻的或许是经济，以生存为基础。假设安排的婚姻吧，你爱不爱一个人可能并不重要。你的认同、你的内在自我并不必然是关系的基础。现在人们走向另一个极端了，过于重视他们对快乐的需要。有时遇到一点挫折就放弃关系了，因为这样做实在是很简单，经济上来说人们可以自己自足了。……人们建立关系并不是为了生存的原因，当相互关心的质量下降，他们就想建立另一个关系，厌倦了现在的关系。在这个意义上，人与人之间是可以抛弃的。我不知道人们如何在不同情形下保持婚姻。

我：离婚后你的想法有所改变吗？

艾琳：我早年就不相信婚姻，一开始我并不喜欢这样的想法，现在我感觉很自然了。从多方面来看，我在很多领域都可以有高质量的生活，工作、孩子、友谊、家庭。嗯，我的工作对我很重要，我是一位精神病医生。各种病人来看我，社会有很多文化禁忌阻止人们看精神病医生。人们需要得到鼓励。虽然在大城市的特定群体中，看精神病医生甚至是时尚，每个人都接受，但对于多数人来说，人们认为是羞耻的，人们不了解精神疾病，认为是非常奇怪的。因此需要鼓励人们来，与我分享那些想法。我喜欢与人们交谈，我喜欢故事，我帮助人们做的是改变他们的故事，如果那是有帮助的话。

……

我：你认为自己是一个独立的职业女性吗？

艾琳：嗯，我太独立了，有时在这方面走得过于极端也让我遭受一些痛苦。我相信相互依赖是更健康的，帮助他人，得到他人的帮助是更好的。不过我很有自主性，非常自我依赖。

我：是你童年经历的影响吗？

艾琳：绝对是，我父母离婚的那个时候，男性继续生活、工作，而女性就很困难，需要前夫的经济帮助，根本没有相等的力量，这在那时是很普通的。我看到了女性在经济上不独立带来的痛苦，我在我父母的情形里看到了，我决定我自己不能这样，我要自力更生，我不需要任何人在经济上支持我，我过于独立了。

我：这是一种美国文化吗？

第四章　家庭生活：个人的私人生活在家庭的私人生活中展开

艾琳：我想是的。爱情或婚姻不一定是一种社会生活的必然选择。

与父亲肖恩[1]一样，艾琳也认为婚姻只是生活方式的一种。其实，她的观点也正是社会学家所说的家庭已经从"需求共同体"转变为"选择性亲密关系"(Beck & Beck-Gernsheim, 2001:85-100)。如今，社会变迁已经为女性进入教育和职业场所提供了条件，她们不像以往那样需要依靠丈夫的收入生活，也不再把婚姻当作获得经济保障和社会地位的途径。并且，女性还可以在家庭、婚姻之外获得认同或满足。当婚姻不再是社会生活的必然选择时，个人偏好或自我感觉便成了衡量婚姻是否值得的标准。

总之，在今天的美国，家庭内部的"自我实现"愈演愈烈。当有人为传统家庭价值观和社会道德的衰退而哀叹时，也有人为家庭的多元形式和被强调的自我而欢呼。无论如何，人们对家庭与婚姻的理解是一个不断变化的历史过程，交织着社会生产和再生产"个人"的历史过程。

二、独居老人

在绝大多数美国白人中产阶级的家庭中，一个屋檐下生活的是父母和未婚子女[2]，年老的父母总是生活在别处。成年人"即使由于房屋短缺的原因而不得不与父母住在同一个屋檐下，他们也视之为应急措施和临时方案"(Hsu,1963:193)。

房东安妮是一位护士，年轻时曾经选择做家庭主妇，孩子们独立出去之后她又开始工作，直到七十多岁才退休[3]。现在，安妮的经济来源

---

[1] 肖恩的个案请参见第三章第二节。
[2] 在美国占统治地位的现代家庭理想也是相对较近时间才出现的。它是在十九世纪初的几十年中，当国家开始城市化时发展起来的。在这之前，家庭实际上与工作场所一样。家庭就是生产单位，往往不仅包括父母、孩子，还有其他亲属、仆人、学徒或寄宿生，所有这些人都参加家庭的经济活动。正是在十九世纪以来的新兴城市中，现代家庭观念开始形成，它将家庭定义为妇女的领域，家庭主要由父母和子女组成的核心单元（阿利埃斯和杜比，2008：第494页）。
[3] 工作的最后几年每周只工作一两天，安妮说自己不想闲下来，因此一直工作。田野期间，我还见到过三位年届八十的老太太回到高中学习并拿到高中文凭。她们年轻时因为种种原因从高中退学，现在觉得遗憾，便重返学校。其中一位老太太拿到文

是自己的退休金、已故丈夫留下的财产和私人投资（如股票），总之，她在经济上完全自主。安妮的儿子利维与妻子也住在悠然城。平时，他们与安妮的有很多电话交流，偶尔也会到安妮这里来，帮她做些花园里的力气活，或是陪她聊聊天、散散步，不过待的时间都不长。安妮的另外几个子女中，有居住在加州的，有居住在华盛顿州的，周末都会给她打个电话问候一番，安妮也时常给他们打电话。余下的时间大家就各忙各的工作和小家庭。遇上感恩节、圣诞节、复活节、母亲节等节日，全家人才会聚在一起。以母亲节为例，每年五月的第二个周日是美国人的母亲节[1]。按照传统，家里的男成员在这一天要把全部家务活都包下来，儿女们每人还要做一件让母亲高兴的事，以示爱意。多年来，安妮家一直有过母亲节的传统，子女们毫不吝惜表达爱意，远在外地的子女会寄来礼物，住得近的子女不仅送来礼物，更要赶来家中，亲自动手，为安妮做上一顿午饭。在圣巴巴拉上大学的孙子和孙女也会赶来。

除去这些节日，一家人济济一堂的时候便是几年一次（没有固定时间，依据经济状况和时间安排）的家庭团圆。2006年，安妮度过了两次家庭团圆，一次是与夫家的亲戚团圆，远在华盛顿州；另一次是与自己的孩子团圆，地点在圣地亚哥。家庭团圆是个重要的事情。

凭后还找了一份兼职工作。美国社会没有特别尊重老年人，但有把老年人与年轻人持平的努力。根据美国反对年龄歧视的法律，雇主不能实施强制退休。肇始于1967年美国国会通过的《就业年龄歧视法》，该法令适用于四十岁以上六十五岁以下的雇员，雇佣者被禁止在雇佣、解雇以及各族环境上歧视这一年龄团体的成员。稍后对该法律的修改，将适用年龄上限提高到七十岁。1986年，该法的年龄上限已经取消，只是在一些特定职业上还存在，这实际上废除了强制退休政策。弗里德曼指出，在当代美国只有儿童和成年人的清晰划分，成年人却是一个流动的概念，他借用伯尼斯·纽加藤（Bernice Neugarten）的话把年龄的流动性表达为社会不再肯定应当"把标点符号加在生命线中的什么地方"，或者根本就不需要什么"标点符号"。弗里德曼接着指出，流动的概念背后与个人的选择权息息相关（弗里德曼，2005：202-205）。

[1] 这是一个由美国女性安娜·贾维斯（Anna Jarvis 1864—1948）发起的全国性节日。最初，贾维斯的母亲提出应设立一个纪念日来纪念默默无闻做出奉献的母亲们，可是这个愿望尚未实现她就逝世了。贾维斯决定继承母亲遗愿，遂开始积极呼吁，申请将母亲节制定为一个法定节日。1908年5月10日，美国的西弗吉尼亚和宾夕法尼亚州首先开始庆祝母亲节；1913年，美国国会确定将每年5月的第二个星期日作为法定的母亲节。贾维斯的母亲生前最爱的康乃馨也成为了美国母亲节的象征。

第四章　家庭生活：个人的私人生活在家庭的私人生活中展开

华盛顿州的团圆之前几天安妮就一直忙着整理照片，接到侄儿的电话说要重新整理家谱后她就更忙了，找出几大本发黄的笔记本和无数信件、贺卡阅读，想借此回忆往事。一封来自丈夫的姨妈的信安妮就花了几乎一个上午阅读，一边读又一边找出几张老照片。到了下午，她还是坐在餐桌那儿分类、整理这些家庭史料。接着又赶在邮局下班前去寄了一张生日贺卡——她的一个姐娌下周过生日。为了圣地亚哥的家庭团圆，安妮在海边租了一栋别墅，供全家人小住，花费数千美元。开销不菲，安妮却认为非常值得。聚会过后，安妮的孙女制作了一个印有全家福的靠垫作为圣诞礼物送给安妮。安妮的小女儿制作了印刷精美的团圆相册，兄弟姐妹和安妮一家一本。每次有客人来访，安妮都会展示她的这些心爱之物，开心之情溢于言表。

为了维系家庭价值，安妮一家都付出了情感、时间、精力与金钱。不过，安妮并不打算和孩子们一起生活，孩子们也不打算与安妮同住。她乐得享受现在的自由自在，不想因为长时间住在一起而弄出不必要的矛盾。相对说来，美国白人中产阶级关于家庭居住模式的观念带有一种现实主义的色彩：从实际出发，为个体留有私人空间，为家人预留距离，减少矛盾出现的几率。不过，这需要一定的经济基础。安妮的儿子在更换工作的间隙期也曾退掉租来的房子，与媳妇一起搬到安妮这儿住，而安妮也很欢迎儿子一家。

安妮的邻居珍妮是一位六十多岁的老太太，丈夫在多年前就已经去世，唯一的儿子在美国东部工作。丈夫去世后，珍妮就打定主意要出去工作，自己挣钱养家。"只要下定决心，在这个国家就能靠自己过日子"。一开始，生活并不轻松，但工作了一段时间后，珍妮就买了车，后来又买了房子，儿子也慢慢长大成人。几年前，珍妮还完了所有贷款，为自己高兴的同时她也为一位朋友感到惋惜：

我有一个朋友，她丈夫去世了。他们一直没有买房子，现在她就租住专门为低收入者提供的公寓，房租是每月收入的三分之一，收入增加房租相应增加。我认为她应该买房，那样的话六、七年前也能还完贷款了，有自己的房子。

珍妮的儿子曾经问她,是否想把房子卖了搬到东部去,但她从未想过与儿子生活在一起,她觉得没必要破坏好好的关系:

> 等我老了,行动不方便了,坐在轮椅上度日的时候,我也愿意去养老院。我把房子一卖就去了。养老院你也有选择,可以是一个卧室的,也可以是两个卧室的;可以自己做饭吃,也可以在餐厅吃。我儿子说过让我去和他住,我说"你是我儿子,但我不想让整个家庭都背上负担。"现在我们之间关系很好,好好的关系我干吗要去破坏呢?
> 小的分歧也会变为大的矛盾。我现在和儿子、儿媳、孙子关系都不错,住在一起就会有矛盾,我可不愿意去破坏关系。[1] 我有我的方式,他们有他们的方式,在我自己家里我就照我自己的方式,怎么做是我做主。安妮也是一个人住,她过得很开心。没必要和子女住在一起,我看她就生活得很好。

其实,珍妮是一位日裔美国人,年轻时嫁给了一位美国白人丈夫,随后移民来到美国。多年的生活经历早已使她认同美国文化里的人际关系准则和日常行为规范。住在东京的侄儿和侄儿媳每年都会来加州度假,就住在珍妮家里。珍妮在与他们的交往中会强烈地感受到文化的差异:

> 我们在海边遇到卖海鲜的,他(侄儿)想吃龙虾。我问他怎么做,他说不知道,反问我怎么弄。我说我也不知道,他说那就BBQ吧。他在东京的家是不做什么事情的。回到家里我就把BBQ炉子弄好,让他自己弄,该他做的就他做。他让我做,我说"你阿姨不是日本人,你阿姨是美国人"。他也只能说那就他做。(笑)我去东京时住在他们家。侄媳什么都要做,一大早起来就开始做事,做完早餐做午餐,侄儿什么都不管,这怎么行呢。
> 我母亲年纪大了之后我们接她来这里(美国)住了一阵。有一次我丈夫在厨房做饭,我就坐在我母亲身边。她很震惊,捅捅我的胳膊,让

---

[1] 许烺光指出,美国家庭主轴是横向的夫妻关系而非纵向的父子关系,兄弟姐妹的关系、子侄关系、婆媳关系等便或多或少地化简为朋友关系(Hsu,1961b: 416)

第四章　家庭生活：个人的私人生活在家庭的私人生活中展开

我去做事。我说不用，没有规定谁做什么谁不做什么。对于她来说那是很吃惊的事，过了一阵之后她才渐渐适应，后来她又回日本去了。

我也回过日本。我有个表兄，他们一大家子住在一起。我爷爷、奶奶，我表兄的父母、我表兄和他妻子，还有他们的小孩。要我嫁到这样的家庭我可不愿意。

罗拉是一位八十多岁的老太太，住在城里一所养老院里。其实，她有个儿子就住在城里，儿媳去世后儿子一个人生活，但是没打算和罗拉一起住，只是周末来探望而已。田野调查期间，每到周日早晨，安妮都会去养老院搭上罗拉一起去教会。有一次，我随安妮去养老院接罗拉上教堂，恰好遇到罗拉的女儿从华盛顿州来看望她。得知我研究美国文化，罗拉的女儿便说来对地方了："养老院就可以看到美国人的居住模式。"罗拉对于女儿的孝顺心怀感谢，因为在她搬来养老院时，女儿帮她把以前用的家具也搬了进来，这样她就有在家的感觉。年迈的罗拉总说自己没精力做什么，念叨着想快些去天堂，与上帝在一起，但从没念叨要和子女一起生活。

在美国，各种各样的养老院、老年公寓、疗养院特别发达，计划入住的老年人往往依经济状况和身体条件而决定选择哪一种。悠然城虽小，各种养老设施也一样齐全，各有不同的服务和收费标准。一般而言，每月花费大概从九百美元到三千美元不等。由于养老院开销不菲，如果退休金不高，并且没有其他积蓄，负担起来就会比较吃力。本书第一章提到的那位卖了"流动房"住进养老院的老太太梅丽安年纪在七旬左右，她选择的是独立性相对较强的老年公寓。这种公寓设有车库，可以自己开车，这也是她选择的原因之一。梅丽安住的房间面积大概五十平米，包括起居室、卧室、卫生间和一个小厨房，公寓每天提供两顿饭，一个月的花销大概三千美元。这笔开销对于她来说是个大数字，因此一直等到卖了房之后才搬进去。

才到美国时，一位年轻的新加坡华人朋友曾对我说："美国人真奇怪。我以前的房东得了白内障，自己不能驾驶。她儿子就把她送去了养老院，每个月带她出去吃一次饭。老太太很开心，给每个人打电话夸儿子孝顺。我妈妈听我说了这个故事之后很生气，她认为母亲患病就应该儿媳在家照顾老太太，哪有儿子送去养老院还夸孝顺的道理？"的确，讲究孝道的文化很难肯定儿子送母亲去养老院这样的行为；不过，考虑到美国家庭平等的代际关系、独立的经济以及不菲的养老院开销，那位老太太夸自己儿子孝顺也就不足为奇了。

当然，以核心家庭为重、父母和成年子女之间保持适度距离并不表明彼此没有关爱。伊莎贝拉的大女儿结婚后就住在悠然城，租了一套"流动房"居住。我曾问伊莎贝拉有没有想过和大女儿一家共同生活，反正她家那么大的房子也不是不够住。伊莎贝拉听了之后倍感诧异地看着我，接着说了她的观点："我和我丈夫在她需要的时候也会尽力帮助，不在一起时也会彼此想念，但没必要在一起。她独立了，我们不再负责，她也不再处于我们的庇护之下，自己得对自己和自己的家庭负责。我们依然相互关爱，但不用太紧密，况且住在一起也会有很多矛盾。"不过，伊莎贝拉也表示，等母亲年迈需要照顾了，她也愿意把住在洛杉矶的母亲接来一起生活，只是现在还没必要罢了。

另外，前文提到过艾琳的父母早年离异，母亲离婚后重新开始工作，当了一名小学教师。小学教师的退休金并不高，艾琳说自己和做律师的哥哥会给母亲一定的经济资助，而妹妹因为家庭本不富裕，因此才不能资助。再来看安妮的例子。安妮自己的母亲和婆婆年迈之后都曾与她同住，直至去世。另外，安妮的姐姐最近也从加州搬到华盛顿州与儿子一家同住，就是因为年纪大了需要照顾。

总之，文化鼓励自我依赖。独居老人极力避免成为子女的负担，避免破坏既有的融洽关系，即使他们的内心感到孤独也不会轻易展现出来。另一方面，父母在养老院生活而子女仅与他们保持相对松散的联系也不会被置于公众舆论的评判或压力之下。当成年子女与年迈父母共同生活时，往往也是双方考虑各种因素之后协商选择的结果。

有的时候，在养老院看到那些老人，我便会觉得舒适整洁的布置无法掩盖孤独冷清的气氛。不少老年人其实很孤单，用餐的时候或许能几个人凑在一起聊一聊，余下的时间就是自个儿打发。很多老年人特别怕冷，秋冬时节，我经常见到几位老人坐在养老院一楼会客厅的壁炉旁，看报或是垂着头打盹。对于把独立自主视为理所应当的美国人来说，或许他们并不认为与子女住在一起就会有什么改变，又或许他们内心并非

第四章 家庭生活：个人的私人生活在家庭的私人生活中展开

主恩教会的老年成员们不定期地组织活动，这是其中一次聚餐后的合影。

没有与子女同住的隐约期待,只是"这个文化不会让你表达你的不喜欢"罢了。于是,孤独与否就只能是老年人的独自况味。[1]

本书第五章将讲述基督徒的信仰体验,我们会看到,个人可以从与上帝的对话中获得心灵的慰藉,可是,生活中是不是只要有与上帝的对话就够了呢?还是说,当生活中没有太多对话或"无告"时就只能转向上帝?[2]

小结

从本章的叙述可知,当代美国白人中产阶级的家庭体现出两个重要主题:首先,家庭是独立的私人领域,与外部世界之间存在着明晰边界,情感与亲密关系是其中的关键词。其次,家庭内部留有个人的私人空间,个人的私人生活在家庭的私人生活里得以展开。以婚姻关系为例,对"个人"的尊重可以促成夫妻双方对差异的承认,而"个人"的无限扩张亦可威胁婚姻的存在。独居老人的生活让我们看到,亲密关系可以给人带来温暖的慰藉,但不无悖谬的是,缺少一定的个人空间会破坏亲人之间的亲密关系,太过强调个人空间又会让人忽视本应有的亲密关系。不难发现,个人主义的价值与张力在家庭这个小小的空间内显现了出来。

---

[1] 梁漱溟曾说过一段话来描述中国人所看重的亲人与亲情:"……普通人所尝得者不过如俗语'居家自有天伦乐',而因其有更深意味之可求,几千年中国人生就向此走去而不回头了。反之,鳏、寡、孤、独,自古看作人生之最苦,谓曰'无告'。此无告二字,颇可玩味。'无告',是无所诉诉,何以无所告诉,便为最苦?固然有得不到援助之意,而要紧尚不在援助之有无,要在有与我情亲如一体的人,形骸上日夕相伴,神魂间尤相依以为安慰。一啼一笑,彼此相合答;一痛一痒,彼此相体念。——此即所谓'亲人',人互喜以所亲者之喜,其喜弥扬;人互悲以所亲者之悲,悲而不伤。盖得心理共鸣,哀情发舒合于生命交融活泼之理。所以疾苦一经述说,其苦已杀也。西洋亲子异居,几为定例;夫妇离合,视同寻常。直是不孤而孤,不独而独;不务于相守,而恒相离;我以为变,彼以为常。借此不同的习俗,而中国人情之所尚,更可见。"(梁漱溟,2005:77)。

[2] 教会是人们包括老年人建立社会关系的重要中介,详见第五章。

第五章　教会生活：走出自我

作为一种个人体验，信仰发生在个体的心性之中。宗教改革以来，个人有权决定其信仰与否以及如何信仰，为信仰者本人所强调的是"我与上帝的关系"。另一方面，宗教又表现为一种具有社会功能的制度性现象。托克维尔曾指出，在政教分离的美国，宗教通过引导民情进而维系着民主社会的持续运作。"宗教从来不直接参加社会的管理，但却被视为政治设施中的最主要的设施"（托克维尔，2004：339）。一个半世纪之后，贝拉与他的合作者们对美国宗教私人化并同时保留部分社会功能的现象进行了深入分析。他们指出，美国革命之后，宗教逐步失去正统地位，到了十九世纪中叶，"教会已不再由全社会的人组成，而成了思想相同者的结合；不再是公共秩序的支柱，而成了'虔诚者退隐索居的孤岛'"（贝拉等，1991：335）。换言之，宗教已日渐成为"私人领域"的一部分。不过，这不代表宗教不会对公共生活产生影响。在他们看来，宗教个人主义为个人融入世界提供通道，但这种连接带有脆弱、偶然和易变等特征，因而，"宗教个人主义只有在恢复它与既成宗教团体的关系的情况下，才能维持其活力，才能持久"（贝拉等，1991：374）。总之，信仰发生在个体心性之中，但又能作用于公共领域，我们较难找出一条明晰固定的界线来把宗教划分为私人和公共两个部分。出于叙述便利的考虑，本章将先后叙述发生在个体心性之中的信仰体验、以教会为主要空间的宗教生活，以及以感恩节和圣诞节为代表的宗教节日。

第一节 基于个人的信仰体验

一、嵌入在日常生活中的基督教信仰[1]

　　自从1620年"五月花"号的乘客登上新大陆以来，美国就与基督

---

[1] 本书主要关注基督教新教。

第五章 教会生活：走出自我

教新教形成了一种不可分割的联系。时至今日，基督教信仰依然渗透普通人日常生活的诸多方面，美国仍旧是一个基督教社会。2003年一项以随机抽取的一万两千位成年人为对象的盖勒普调查（Gallup Poll）显示，当被问到"在新教、天主教、犹太教或东正教等宗教中，你的选择是什么"时，49.4%的人回答新教；23.7%的人回答天主教；2.2%的人回答犹太教；9.1%的人回答其他基督教；5.0%的人回答其他宗教；10.6%的人回答没有宗教信仰、无神论或不可知论。在受访者中，有61%的人认为宗教在他们的生活中非常重要；24%的人认为比较重要；仅有15%的人认为不怎么重要。当被问及"你是否是某个教会的成员"时，65%的人回答是，35%的人回答不是。当然，是某个教会的成员不一定代表上教堂是其宗教实践的重要部分，不过调查数据也显示相当多的美国人有上教堂的习惯。在这一万两千名受访者当中，有41%的人回答在接受采访之前的一周内去过教堂；59%的人回答没有去[1]。基督教氛围的浓厚略见一斑，不过，如果不是置身其中，仅从数字出发还是很难体会到在这样一个后工业时代，基督教对于很多美国人来说依然像呼吸一样地自然和重要。可以说，美国经验挑战了世俗化是现代性直接且不可避免的后果的观点[2]。

田野调查期间，几乎每周我都参加当地一所非教派教会Grace Church的活动，在此我把这所教会译为主恩教会。在主恩教会的斜对面，隔着一条宽不过十米的马路，有栋白色的建筑，那是一所长老会教堂。过了这所教堂向前走一百米，然后向左转，再走大概二十米，有栋深灰色建筑，那是一所卫理公会教堂。短短一两分钟的路程之内便有3所教堂。如果再往前走大概二百米，过了一个路口，又可看到一家专营基督教书籍和其他具有基督教色彩的物品的商店，从《圣经》到印有《圣经》文字的T恤、日记本、相框等应有尽有。后来听说那栋白色的建筑实际上是两个教会在使用，一个教会周六礼拜，另一个教会周日礼拜。悠然城虽小，华人教会、韩国人教会、墨西哥人教会等少数族裔

---

[1] http://speakingoffaith.publicradio.org/programs/godsofbusiness/galluppoll.shtml
[2] 著名宗教社会学家彼得·伯格曾是世俗化理论的重要建构者（Berger, 1969），后来则认为世俗化的程度和不可抗拒性被夸大了，并提出了"去世俗化"观点。伯格认为，世俗化与反世俗化的力量乃是处于相互作用之中，而宗教社会学的重要课题之一便是对此展开研究（伯格，2005）。

的教会也是一个不缺。后来我找来资料一看才知道，这区区4万多人的小城镇就有基督教教会44所，犹太教会堂2所[1]。城里有一所州立的工科大学，该校的一份校报针对学生的信仰问题做过一次调查。在随机抽取的287名学生当中，信仰基督教的占39%，信仰天主教的占22%，无宗教信仰的占19%，不可知论者占7%，其他信仰者占6%，无神论者占4%，犹太教占3%。调查还指出，校内与基督教相关的学生社团就达10个之多[2]。

对于基督徒而言，与上帝的对话可以发生在日常生活的任何场合，每一个细小的生活片断都因与上帝的联系而变得井井有条清晰可解。主恩教会每年举办两次女性圣经学习班，每次持续四至五个月。其间，成员每周集中学习一个上午，课后有作业。每次学习都有教材。我参加了2006年秋季到2007年春季的学习班，这次学习班的主题为"超越你自己"，以著名的女性基督教布道者Beth Moore[3]的著作 *Living Beyond Yourself:Exploring the Fruit of the Spirit* 为教材。在一次课上，一位中年女性给大家讲了她的一个故事，她希望以此说明上帝的圣灵对她的指引存在于每天的生活之中：

有一天在悠然广场购物中心，我停了车之后打算去See's Candy（一个著名的糖果连锁店）买糖果，就在我走向糖果店的时候我听到上帝和我说不要去See's Candy，上帝说去Big 5（体育用品连锁店）。于是我就走到了Big 5，在那儿有鞋子正在打折出售。我看到一双鞋，非常喜欢，那是非常棒的鞋，原价80多块，打折后才15块。于是我就买了下来，要知道我一直在寻找一双适合散步的鞋子。回家后我立刻穿上，感觉很舒服，于是我就想出去散步。我走出家门，途中经过一位朋友家，她正

---

[1] 数字来源于该城商业协会的"*2005 Community Economic Profile*"。需要注意的是教会规模不一，有上千人的教会，也有不足百人的教会。另外，有的教会没有自己的地产，从当地小学或别的教会租用活动场所。

[2] 误差（Margin of error）为6%。数字源于*Mustang Daily*, Thursday, February 8, 2007.

[3] 关于Beth Moore可参看http://en.wikipedia.org/wiki/Beth_Moore。
美国社会有大量讨论信仰或"灵性事务"的畅销书，围绕这些书籍还有各种各样的讨论会、学习班、度假营等。这些讨论的声音或活动构成了一种公共领域，对物质至上、消费主义、功利型个人主义的批判是其主要面向之一。

第五章 教会生活：走出自我

悠然城的教会

悠然城的教会

出售基督教相关书籍、装饰品、礼物等的商店。

悠然城的教会

悠然城的教会

悠然城的教会

第五章 教会生活：走出自我

悠然城的教会

悠然城的教会

在院子里出售家里不要的物品。我看中了一块镜子，就买了下来。可是我没开车来，镜子有点大不好带。于是我打算回去开车来取镜子。走了一段路我又想邀请朋友来我们的教堂，我就又折了回去。不过朋友说她去的是另一个教堂，没办法我就又往家走。路上我见到两位女士在屋子前谈话，不知怎么地我想上去说话，可又觉得不妥，只好接着走。这时我听到上帝和我说：'走回去，与她们交谈。'我就转回去，加入她们的谈话，原来她们正在谈论想要学习圣经的事，于是我邀请她们来教堂，她们答应了。是上帝的指示让我去了 Big 5，不然我就不会买到鞋，接着也不会去散步，也不会见到这两位女士。我不是要说上帝指引我买到了鞋子，而是说上帝指引着我们的日常生活。

对于非信仰者而言，上述偶然无非是诸多日常经验中的一个片断。然而，对于信仰者而言，这是一种宗教经验，它既不同于日常经验，又嵌入在日常生活之中。按照这位女士所说，信仰就是日常行动的纲领，所有的日常际遇最终皆来自上帝的安排，只有上帝才能为俗世中的个人提供一个完整有序的生活世界。因此，这位女士时刻不忘思索上帝的旨意。我猜想，她可能更愿意以"信仰"而非"宗教"来指称自己的精神世界。因为"宗教"难免带有些许来自外界的色彩，或者还带有某种制度的意味，而信仰纯粹是个人的事务，关乎日常生活中自己与上帝的关系。

二、"我"与上帝的对话

人总需要有"说得上话"的朋友，在对话中温暖彼此的灵魂，但人又不一定能遇到与自己"说得上话"的朋友，于是就得苦苦寻找，找到了就不孤独，找不到就得活在孤独之中，当代中国作家刘震云的小说《一句顶一万句》就是叙述了这样一个故事。人在俗世能不能遇到"说得上话"的朋友是一种偶然。不过，上帝却是无处不在的，人任何时候都可以与上帝对话，什么样的心里话都可以说出口，这样的对话一句顶一万句。心灵由此不再孤独！

年迈的佩思和她先生居住在悠然城南边的一个小城，夫妻俩没有子女。有一天佩思不慎摔伤了胳膊,行动非常不方便。佩思的先生身体也不太好。那段时间,安妮每周三上午都要开车去探望佩思,有时也帮她稍带一些生活用品。有一次我跟随安妮去看望佩思,此前安妮多次和佩思提起过我。佩思看上去身体很虚弱,淡紫色小花的长裙包裹着她的身体,只露出枯瘦苍白的胳膊,右胳膊还打着绷带。当我一坐定下来,佩思就用左手指着她的心口和我说:"荣荣,我信仰上帝,我这里(心)是满满的。每个人的心都有空洞的地方,需要上帝去把它填满。"说话时,佩思的眼里充满了光彩和力量,虽然她的身体是那么的瘦小无力。

与上帝对话是一种纯粹个人的体验,也是当代基督教的突出表现之一。个人有权决定其信仰与否以及如何信仰,为信仰者所强调的是自己的内心体验。他人只能通过信仰者的叙述去理解或想象其体验,但无法感同身受,因为那是纯粹个人的体验。如佩思所说,每个人的心都有空洞的地方,需要上帝去把它填满,可究竟是怎样填满的,外人的想象与本人的体验始终有距离,而为信仰者本人所强调的也是"我与上帝的关系"。我们再来看几个小例子。

(一)乡间小路上的获救

艾兰成为基督徒与她对生命的感受密切相关,她所深爱的父亲的去世是她皈依基督教的推动因素,因为她想去探寻死后的生命究竟是什么样。不过,真正的皈依却是在一瞬间完成的,那一刻的感受完全是她与上帝的对话。

在我二十七岁那年,我爸爸去世了。我无法向你解释那给了我多大的打击。我妈妈请了一位牧师主持我爸爸的葬礼。我爸不是一个上教堂的人,但他遵照圣经的指导,他有很高的道德要求。记得在葬礼上牧师走过来和我说话,他让我相信死后的生命。我依然记得当我听到死后的生命时的那种震惊,我从未听说过死后的生命,我决定去追问死后的生命是什么样的。我开始去教会,急切地想去认识上帝。

教会主日学校的负责人是我很早就认识的熟人,他问我要不要参加主日学校,带领儿童学习圣经。要知道,上帝安排了我的生活,这是我的归属。后来的那个星期,牧师打电话问我愿不愿意。看,上帝知道我的生活！我不知道如何拒绝。当时我对圣经没有认识，我甚至没怎么阅读过圣经。如果有人问我谁是耶稣基督，我不知道怎么回答，某个人吧。牧师说不用担心，跟着教师的大纲就行。那时我还没拿到大学学位，我有四个孩子，没有外出工作。我们住的那个街区住着一对基督徒夫妇，我知道她熟读圣经。要知道，让我找人帮忙实在太难为情了，不过我的确需要有人教我，我想把事情做好。后来她同意教我，我们从"约翰一书"开始学完了所有章节。这是我甚至没有祈祷就得到的回答，上帝知道我需要什么，那是令人惊异的！我相信上帝是正确的，我会在天堂与他相见，所以我期待死后的生命。

嗯，我们住在乡下，我和她的住所隔着半个街区。有一天，我走在乡间路上去学圣经。走在路上时，我突然有一种很难解释的经验。那种感受就像温暖的沐浴。我想那是圣灵（Holy Spirit）。嗯，我不知道怎么解释，就像是浸洗。我被拯救了，上帝在那乡间道路上拯救了我！我的生活改变了，我不再恐惧死亡，我曾是那么恐惧。我至今依然记得上中学时，有两个同学一起去打猎，枪支走火，打死了其中一个同学，那时我大概十六、七岁，那时我充满了恐惧。当我被拯救时我快三十岁了。我自由了，我不再恐惧死亡，因为我想遇到耶稣基督，这是我的期待。总之，差别就是那样的。最初牧师教导我接受耶稣，我一开始并不理解。他说我有过犯。我说，我父母对我们的行为要求非常严格，我怎么会有过犯呢？有了那次乡间小路上的经验之后，我意识到了人类是有过犯的，我们需要耶稣，没有他，我就是有过犯的。那次沐浴的感觉，那时我还不了解，我没有对别人说。不过所有的事都改变了，我是自由的，的确是这样，因为我有上帝。我相信他让我来和你说话，谁说不是呢？

或许我们可以想象，走在乡间小路上的艾兰在瞬间感受到了一种喜乐的、振颤的、超越的冲击，但那样的体验终究不能为他人复制。

（二）个人与上帝的联系使得生活值得过

克里斯汀今年二十七岁，出生在S县阿卡特城，毕业于位于悠然城的州立大学，是一名土木工程师。每周二晚上，她租住的小公寓就变成

第五章　教会生活：走出自我

了一帮与她年龄相仿的基督徒女孩学习圣经和共同祈祷的场所。克里斯汀曾向我提起最初是什么原因促使她信仰基督耶稣：

十六岁的时候，我父母离婚了，对于我来讲那是一段非常非常困难的时期，我就是在那时候开始信仰基督耶稣的。我父母不是基督徒，他们无法影响我的信仰。他们的离婚让我很难面对，于是我去了教堂组织的露营，那是一个与我同龄的人参加的露营。不过，那个时候我还不怎么了解基督耶稣，但我开始去教堂。后来我的认识不断加深，随着我认识的加深我越发觉得我信仰基督。

现在我可以说当时的选择使我走了另外一条生活的道路。你知道人们的生活总有不同的道路，不同的道路会带来完全不一样的生活。如果当初我不选择这条道路，我的生活不会是现在这样。现在我毕业了，我学的是土木工程，有不错的工作，有很好的朋友可以分享生活，我们一起祈祷。我与人们建立良好的关系。对于生活我感到满足。有人有他们的美国梦，追求大房子、好车子和几个小孩。现在我单身，二十七岁，但一样我感到满足。

克里斯汀没有详细说她初到教会的经历，不过我也在其他场合看到过父母离婚的青少年通过参与宗教活动而获得内心的安慰，或许可以为我们提供一点理解线索。

镇上州立大学的一些学生组织了一个"基督徒团契"（Christian Fellowship），每周五晚上在该校经济中心一个可以容纳一百多人的报告厅聚会。其中一次聚会的主题是讨论"我是谁"。三位大学生先后以低沉的语调讲述了自己的家庭问题。其中一名男生的妹妹年仅十六岁就怀孕了，另外两名女生则是父母都已离婚。当他们讲述完自己的家庭问题后，聚会的主持者便开始播放关于美国离婚率的幻灯片，接着以一种充满爱意和感激的语调叙说："作为基督徒，耶稣看到我们的情形，他会治疗我们的痛苦。基督徒享有上帝的爱，我是谁？我们是上帝的孩子，上帝照着他的样子塑造了我们。"话音一落，音乐响起，大提琴、小提琴、吉他、鼓等一起演奏，所有大学生全都起立齐唱 *Draw Me Close to You*、（领我亲近你）*How Deep the Father's Love for Us*（天父之爱何其深）等基督教赞美歌，歌唱声中大提琴渐渐变成了主旋律，低沉动人。每个学生都为自己家庭的问题感到困惑、难堪甚至痛苦，但在幻灯片中他们看到自己的家庭不是个案，情绪也得到了一定缓解。"我们是上帝的孩子"不仅让他们觉得自己有所归属，也为他们开启了新的可能性——未来要由自己来创造。最后，痛苦在细腻空灵的音乐声中得到了缓解。

克里斯汀的经历未必与此一样，但我们可以设想，教会里的关爱抚慰了克里斯汀因父母离异而受伤的心灵，对永恒的信仰则带领她脱离了世俗生活的支离破碎。

克里斯汀还向我证明过上帝的存在：

去年我在贝壳海滩冲浪，被冲浪板碰伤我的脖子还影响了声道，我根本不能说话。医生没办法，就给了我止痛药等待消肿。接着，我给朋友们写邮件，请他们为我祈祷，四天后我好了，我能说话了。你可以说这是身体的自然恢复，但我不这样认为，医生当时也没办法，是上帝听到了我们的祈祷，上帝回应了祈祷。

不信上帝的人会将克里斯汀身体的恢复视为一个自然的过程，但她却认这为是上帝对她的祈祷的回应，否则的话为什么医生也没有办法呢？克里斯汀接着说：

基督徒的生活不是形式上的，不是每天学习十分钟圣经、每日餐前祈祷、每个周日来教堂就是基督徒的生活。基督徒是与上帝建立个人关系、相信基督是自己的拯救者的人。个人与上帝的联系使得生活值得过，有意义！

在艾兰和克里斯汀的叙述中可以看到，信仰者强调的是"我与上帝的关系"。这种关系更多的是一种内心感受，虽然信仰者也会将其言传，但意会通常只会发生在信仰者之间。再来看个小例子。

（三）"酷"礼拜夜

有的时候，年轻的信仰者喜欢聚在一起，在一个轻松的氛围里进行自己与上帝的对话。在悠然城生活了四、五个月后，有一天晚上我跟着克里斯汀去十多英里外贝壳海滩的芬妮家参加"礼拜夜"。克里斯汀和她的基督徒朋友们时常聚在一起礼拜上帝，这被叫做"礼拜夜"（worship night）。对于她们来说，这既是一段吟唱圣歌和祈祷的神圣时间，也是朋友之间放松身心的休闲时光。

　　从悠然城开车去贝壳海滩大概需要十分钟。克里斯汀的朋友们多数在悠然城工作，有的就住在城里，有的住在别的小城市。芬妮家离101公路不算很远，安静的夜晚坐在屋里可以听到车子呼啸而过的声音。我俩进屋的时候芬妮和另外几位年轻人已经在那儿了，或坐或躺或斜倚，都很随意。稍微寒暄了几句之后，"仪式"就开始了。台灯和壁灯被关了，芬妮在茶几上点起了两只蜡烛。接着芬妮开始祈祷：感谢上帝让我们可以聚在一起谈论他、聆听他、感受他。话音落下，芬妮拿起吉他弹了起来，众人随之歌唱。大部分歌曲我在主恩教会的大学生主日学校上听到过。几曲过后，又有几位朋友开始祈祷，喃喃细语，多是个人感受。祈祷声落下，坐在芬妮旁边的皮特又弹起了他带来的吉他，大家又一起唱歌。唱至兴起，斯蒂夫还站起来随着节奏摆动身体，不过依然闭着眼睛。整个过程大致如此，几个人祈祷一番之后，芬妮或皮特就开始弹吉他、众人随之唱歌。昏暗的烛光里，所有人都闭着眼睛，陶醉其中。有人斜躺在长沙发上，有人蜷缩在单人沙发里，也有人靠着楼梯伸开双腿坐着，总之怎么舒服怎么坐。整个唱歌祈祷的过程持续了近三个小时，这时我才意识到我不应该坐椅子而应该找沙发坐，这样才能像别人那样感受与上帝交流之后的放松。听起来，祈祷内容有点抽象，有点玄，多是寻求与上帝建立关系，让上帝和圣灵充满自己的内心、指引自己的生活，但没有具体的叙说。时断时续的祈祷和歌声使我不由感到难以把握一个实在的主题。

　　从芬妮家出来已经接近夜里11点，感到放松和快乐的克里斯汀问我感觉怎么样，是不是挺酷呢？我愕然，原来信仰还可以用"酷"来形容！回悠然城的路上，克里斯汀的话澄清了我的困惑。她说："每周日去教堂可以感受、可以分享，因此很重要，不过与上帝的关系才是最重要的。比如结婚之后要和丈夫在一起，有了孩子之后要和孩子在一起，你的行动不可能再像一个人那样想怎么就怎么，因此内心的关系很重要。"原来，在这样一个没有固定主题的随意的"礼拜夜",个人体验才是关键。

(四)祈祷与代祷

在基督徒看来,借着耶稣基督,凡人通向上帝的道路已被打通,因此,基督徒可以通过祈祷[1]而与上帝联系。祈祷是基督徒灵性生活的重要方面,也是其信仰的展示。

就内容而言,不少祈祷就是把日常生活中的期待说出来,较少或没有个人内省或查究灵魂的成分,例如:

四十岁的哥哥至今单身,祈祷他能找到女朋友;
姐姐要结婚了,家里发愁婚礼的钱,祈祷困难顺利解决;
女儿要搬家了,祈祷在新环境生活顺利,交到朋友;
开车前往南加州,出发不久,年轻的妈妈和女儿们说:孩子们,先别说话,我们祈祷,接着开始祈祷:"上帝,请保佑我们一路顺风。"
……

也有不少祈祷与家庭生活中的人际关系有关,例如:

一位妇女领养了一对西班牙裔的兄妹,但是男孩始终不能融入新家庭,不得已送回男孩,祈祷上帝给自己智慧面对生活;
一位单身母亲困惑如何处理与自己的母亲及孩子的关系,祈祷上帝指引;
一位未婚女性与母亲、妹妹的关系不融洽,祈祷关系改善。

这样的祈祷便多了一些自我凝视的成分,但我作为外在的观察者,也仅是从念出声来的祈祷中感觉到点蛛丝马迹,始终难以确知没有念出声来,且作为基督徒内心省察方式的祈祷究竟是什么。

---

[1] 祈祷时,东正教基督徒常常借助圣像进行祷告;罗马天主教徒则有时用玫瑰经念珠(一串念经时用的念珠)帮助自己默想耶稣生平的重大事件;新教基督徒则往往直接向上帝表达自己的思想,倾诉自己的情感,不需要使用任何辅助物。参见迈克尔·基恩:《基督教概况》(张之璐译),北京大学出版社2005年,第101页。

第五章 教会生活：走出自我

　　基督徒不仅为自己祈祷，也为他人祈祷，即代祷。通过代祷，俗世里本不相识的陌生人可能就发生了联系。悠然城虽小，但早已不是人和人面对面相处的传统小镇。然而，一旦居住在此，人与人之间的各种联系总会出现。有一天，朋友迈克一本正经地和我说："荣荣，你在悠然城是个名人呢！"我就纳闷，是不是我每天走在路上，而人们都是开车，所以有人留意到了。一问才知道，原来是迈克送他的外孙去参加同学的生日会，那男孩的父亲知道迈克上主恩教会之后，就问他是否认识我。我并不认识那位先生，不过他所在祈祷小组（Prayer Group）[1]曾为我的田野调查祈祷，因此他知道有一个来自中国的人类学学生每周都去主恩教会。可是那个祈祷小组的人我也不认识。原来，祈祷小组中有人从我认识的两个美国女孩乔治娜和克里斯汀那儿听说过我，她俩曾为我的田野调查祈祷。乔治娜和克里斯汀是Calvary Chapel[2]的成员，我与她们曾一起合作帮助无家可归者。没想到这样绕来绕去，我也成名人了。

　　上面这个例子还不算绕得远，第一章提到的那位卖了"流动房"的老太太的例子才算远。梅丽安打算卖房子时正赶上房价一阵上涨之后的下跌期，人们看涨不看跌，因此广告打了数月还没卖出去。她请周围的朋友为她祈祷早日售出房子，她还等着卖了房子之后搬到老年公寓去生活。有一天，房东安妮收到远在华盛顿州一个基督教组织工作的女儿的

---

[1] 祈祷小组是查经聚会的一种，即定期集中在一起祈祷、学习与讨论圣经的小团体，讨论的内容多是牧师上一个周日的布道。与之类似的有被称作读经班、祈祷会的团契活动。祈祷小组或成长小组聚在一起活动也不仅只是与信仰有关。安妮和她的6位朋友组成了一个祈祷小组，每隔一周的活动一次，地点有时在安妮家，有时在另外一位老太太家中。小组成员都已退休，他们当中有大学教授、图书馆职员、工程师、中学老师等。每次祈祷都有两部分内容：上半段时间祈祷，下半段时间则是伴随着咖啡与甜点的聊天。从晚上7点开始通常要持续到快10点。平时人们是不会上朋友家串门的，因此祈祷小组在信仰之外也为日常交往提供了场所和理由。

[2] Calvary Chapel创立于1965年，最初是在南加州一位牧师Chuck Smith的家中开始礼拜，名为Calvary Chapel Costa Mesa，后发展成为一个颇受欢迎的教会。目前的发展已接近于一种准教派的状态，在全美发起了超过六百个教会，其中有些规模大的一次就能吸引上万人参加礼拜。有研究者指出，Calvary Chapel的兴起与教义的重要性日渐下降，而个人感觉越来越被强调的当代美国宗教现象有关（Wolfe, 2003:75-76）。

邮件，信中说到，听说有位家住悠然城的教友想把房子卖了，就想起住在悠然城的弟弟一家有买房的打算，因此就写信询问并请代为祈祷。其实安妮恰恰和梅丽安是好朋友，安妮的女儿也认识她，只是经过无数的代祷之后才变得对不上了。

总之，祈祷是基督徒与上帝建立个人联系的重要方式。但与此同时，透过与上帝的关系，也透过代祷这一具体行动，个人走出了自我的狭窄范围。

第二节 超越个人的宗教生活

与上帝的对话固然温暖人心，但站在社会的角度来说，个人仅与上帝对话还不算完整，或者说个人与上帝的对话只是一种中介，最终还是要扩展到与他人的联系。否则，心灵也有可能陷入另一种孤独之中。一对中年夫妇曾告诉我："在我们看来，生活中有两样东西最重要，一个是家庭，另一个是与人们的关系。等我们进了天堂，我们还要和其他信徒相处。"可见，天堂是超验的和神圣的，但也可成为俗世生活的中介。换言之，信仰虽然发生在个人心性之中，其意义却能超越私人领域。这一节我们将进入以教会为空间的超越个人的宗教生活。

一、主恩教会：一所非教派教会

近几十年来，各基督教派之间的分界日益淡化，不属于任何教派的教会 (nondenominational church) 也日渐流行。[1] 成立于 1931 年的主恩教会就是一所不属于任何教派的独立教会[2]。其信仰宣言包括：

---

[1] 与此相关的一个背景是，宗教在现代社会从以教会为制度基础的"有形宗教"转化为以个人虔信为基础的"无形宗教"的宗教私人化趋势（卢克曼，2003）。

[2] 虽然主恩教会与其他教会之间不存在隶属关系，但不乏平行交往。例如主恩教会的牧师就是加州"中海岸福音派牧师网"的一分子，悠然城还有另外10所教会的牧师也都与该网络保持联系。又比如教会的图书馆与附近城市的几所教会图书馆也有往来。

第五章 教会生活：走出自我

相信《圣经》的权威性；
信仰唯一的上帝；
上帝是圣父、圣子和圣灵的三位一体；
信仰耶稣基督；
相信人有过犯；
相信耶稣基督以死替人赎罪；
人因信仰而蒙受主恩得以获救，善功、洗礼和教会成员身份都不能使人获救；
教会是由信仰耶稣作为其拯救者和主的个人所组成，信仰者需要定期集合在一起；
……

不过，数十年前，一家人上同一所教堂既是一种风气，也是一种规范。人们必须忠诚于某一教派，出生在哪个教派的家庭，就得一辈子跟随。上个世纪二十年代末，当社会学家林德夫妇在印第安那州一座小镇做调查时，虽然教派之间的区分已不是非常严格，但也依然存在。在那个有着分属28个教派的42座教堂的小镇，每位新来乍到者被问的第一个问题往往是"你入哪个教会？"那个时候，儿童出生在哪个教派，终其一生就属于该教派。不过，随着教派之间界限的模糊化初露端倪，不少人开始感到自己是遵循着与生俱来的习惯去某所教堂，而不是因为传统的教派区别。同时，导致各教会团体之间微妙的对立情绪的主要原因是来自财政上和社会上的竞争，而不是早年以教义划线的对立（Lynd & Lynd, 1929:332-334）。其实，新教各个不同教派之间并非泾渭分明，虽然教义有差异但也不排除错综复杂交相混合的情形存在。

上个世纪六、七十年代以来，教会的选择越来越成为个人的事情，家庭成员可以自由选择教派，不属于任何教派的教会数量也有日益上升的趋势。美国社会学家伍斯诺指出，美国的宗教实体所经历的最显著的组织性变化之一就是教派主义或教派制度的重要性下降（Wuthnow, 1988:71-99）。沃尔夫则将其表述为宗教的"获致性"身份取代"赋予性"身份，这种获致的宗教身份其实就是宗教个人化的体现之

每周日早晨，安妮开车去教会的路上都会去养老院接上罗拉一道去。图中相互搀扶的就是安妮和罗拉，马路对面就是主恩教会。

第五章 教会生活：走出自我

一。沃尔夫在分析教义地位逐渐下降时举过一个例子：一位社会学家走访了俄勒冈州的一个小镇后说，"很多最忠诚的上教堂者甚至不能说出他们的教会的教派，这一事实让我想起感觉就是信仰"。比起讨论教义问题，人们更喜欢以玩游戏的方式来拉近人与人的距离。例如新泽西的一个福音派团契里，人们将拼图贴在前额，来看你可能与谁连接，或者请每个人说出自己最像什么动物，哪部电影最打动人心等（Wolfe, 2003: 38-49,71,73）。

如今很多人认为，教派领袖可以说出浸信会、卫理公会或加尔文派等主要教派之间的区别，普通人就未必明了。我在主恩教会访谈过的一位信徒就说，"反正信仰的是同一个上帝，同一个天父。就像美国人说英语，各种口音都有，但总归是英语"。不拘泥于教派之别的来自不同教会的教友还会在朋友间组织祈祷小组，我的房东安妮与她的朋友就是这样。安妮的儿子也是基督徒，他没有长期固定去同一所教堂，他说喜欢在不同的教堂中选择，而选择的依据是看哪所教堂的仪式风格吸引他。我也见到过因为自己喜欢的女孩去十五英里外岩石镇的一所教会就跟着选择那所教会的大学生。我还见过因为喜欢主恩教会牧师讲解《圣经》的风格就从岩石镇开车过来的一位年轻信徒，而她的父母选择与朋友创办家庭教会，她的妹妹则选择位于悠然城的另外一所教会。此外，还有很多人因为某所教会每周讲解《圣经》，而另外一所教会更多倾向慈善事业，而选择前者或者恰恰相反。

我曾就教派问题请教过当地一所非教派教会的牧师，他说："教派差异已经淡化，虽然各教派都还存在，但彼此尊重，并且渐渐感到没必要固守不变的界限，毕竟个人与上帝的关系才是最重要的。现在各种非教派教会，例如'社区教会'（Community Church）、'圣经教会'（Bible Church）、'主恩教会'（Grace Church）或者以地名命名的非教派教会不断出现，只是因为历史不长，它们在数量上相对较少。"

自然，不论是教派教会，还是非教派教会，每个人选择在周日去教会的原因各不相同：或许有宗教方面的因素（例如追问人生意义和超验存在；体验和实践团契）；或许有心理方面的因素（例如寻求内心安慰）；或许有社会方面的因素（例如获得社会资本）；或许兼而有之。主恩教会图书室的志愿者阿黛尔出生在加州，三十年前与来自瑞士的丈夫结婚，婚后她在瑞士生活了多年，几年前一家人又搬回美国定居。两个国家的生活经历让她得出的结论是，瑞士的教会只与周日的礼拜有关，而美国教会的触角几乎伸向了社区生活的方方面面。阿黛尔的丈夫则说，上教堂的人未必都是虔诚的教徒，其中也有"名义上的基督徒"，来此的目的是建立社交网络。

二、主恩教会的规模与日常组织

较之于欧洲社会里教会与国家相联系、神职人员从公共部门领取薪水、神职人员的等级得到政府确定以及教会学校从国民税收中获得资助等现象不同，美国的教会是独立的。在美国，宗教团体也是自愿性的非赢利社团。

主恩教会在当地是一所较受欢迎的教会，教会不实行会员制，任何人皆可参加其活动，也可以随意退出。如此安排体现了对个人心灵自主的强调，而从世俗的意义上来说也能吸引更多人参与。现任牧师菲利普斯是教会成立至今的第五任资深牧师(Senior Pastor)，他神学知识渊博又颇具演讲能力，布道极富个人魅力。在他的带领下，主恩教会规模日渐扩大。从 2006 年的通讯录上看，登记的人数约有 1500 人（包含儿童在内），其中十八至二十五岁的年轻人有 194 人。有时可能一家三代人都上这所教堂，但在通讯录上则是以核心家庭为单位登记。另外，尚未结婚的年轻人即使仍与父母住在同一屋檐下，也往往单独登记。

目前，教会的领导团队包括七名牧师、七名执事（其中四人是牧师）、八名行政人员和十一名长老（其中两人是牧师）。教会实行长老管理(Elder-rule)制[1]，长老任命财务理事（finance trustees）监督教会的财政收支。财务理事、执事和长老一起制作年度财务计划。该财务计划需要提交给每年五月的年度财务大会审核。大会同时公布教会的财政状况，所有教友皆可自由参与，发表言论。例如，如果想要教会增加音乐方面的支出，他们就会在会上提出建议，再经众人商量定夺。教会收入主要来自信徒捐赠，现金、证券、房地产等都可用于捐赠。捐资给教堂

---

[1] 新教坚信因信称义，信徒得救在乎信而与善行无关。上帝面前人人平等。主恩教会的管理一方面采取长老管理制，另一方面也为教徒积极参与提供环境。

可以减免税收。根据美国国税局（IRS）的条例，教会每年一月给每位前一年捐款达到或超过250美元的人一份捐款清单，这份清单可以作为收据，具有税收记录的效用。

按照圣经要求，教徒收入的十分之一要捐给教会用于宗教事业。圣经还告诫："不可为自己聚积财宝在地上，因为有虫蛀，也会生锈，又有盗贼破门进来偷窃。要为自己聚积财宝在天上；那里没有虫蛀，不会生锈，也没有盗贼进来偷窃。你的财宝在哪里，你的心也在那里"。（《马太福音》6:19-21）[1] 也就是说，俗世积累的钱财不能永久持有，只有在天堂才能积累永恒的财富。在主恩教会，信徒捐资时可以指明希望这笔捐款用于何处，如教会建设、传教活动或慈善事业等。

据说，在美国人的慈善捐款中，42.4%是交给教会的[2]。还有数据表明，1996年，美国约有各种宗教机构35万个，这个数字仅占美国全国所有非营利机构总数的20%、所有慈善机构总数的30%，但其获得的捐款占全国慈善捐款总额的60%，义务工作时间（志愿者捐献的时间）占全国总额的40%，相当于240万个全职雇员的工时。宗教机构当年的收入约为770亿美元。宗教组织本身雇佣的工作人员超过了100万人，这个数字几乎等于美国所有从事社会服务的非宗教机构就业人员的总和[3]。

2005年6月至2006年5月，主恩教会共收到专用于慈善的捐款四万五千美元，其中约一万美元被用于帮助有需要的教友，其余三万五千美元则被用于教会之外的慈善活动。除去日常的慈善活动外，主恩教会曾为新奥尔良飓风灾区的恢复捐款约四万美元，为印度洋海啸灾区捐款约六万七千美元。作为非营利组织，教会不需要上税，不过如果教会把其房间出租用作商业活动则需上税。

美国一贯执行政教分离的原则，政府无权过问宗教事务，教会也不能直接干预政治。在主恩教会，日常的布道不具体讨论政治问题上的孰是孰非，但牧师会在11月的各项选举临近时提醒教友别忘记去

---

[1] 根据香港圣经公会出版之现代中文译本，2003。以下译文皆出自此版本。
[2] 引自塞缪尔·亨廷顿《我们是谁》（程克雄译），新华出版社2005年版，第74页。
[3] 引自刘澎，"宗教与美国市民社会"，朱世达主编，《美国市民社会研究》，第四章。

投票，没有登记注册成为选民的教友也别忘记去登记。2006年，最吸引悠然城居民关注的投票是议案A，投票日之前的两天，在一场周日礼拜仪式结束后，牧师菲利普斯提醒了众人投票日期之后就接着说到："人们是多元的，意见是多样的，但在教堂、在上帝面前大家是统一的。"

主恩教会建筑的规模与布局为其多种多样的活动提供了空间。教堂整体建筑为一个中空的长方形院落，建筑的西南角是礼拜厅，其西面和南面各有一门，门前有几级台阶连接街道。礼拜厅内空间挑高，可以同时容纳大约400人参加仪式。其中布置简洁，既没有彩色玻璃，也没有耶稣圣像，只在布道坛背面的墙壁上挂着一个一米多高的木头十字架。一位教友说，教会不打算把钱花在繁复的装饰上，因为内心的信仰和其他事务更有意义。每周日上午8：30、10：00和11：00[1]，教会分别举行三次礼拜仪式，内容以牧师宣讲圣经为主。为了方便年轻父母，教会设有周日幼儿园，三个月到五岁的儿童按年龄段分为几个小组，有专人照看；五岁以上的儿童可以参加儿童主日学校，一到三年级的孩子为一个班，四到六年级的孩子为一个班。更大的孩子也有适合他们的主日学校。周日幼儿园里照看孩子的都是教会里的志愿者，几个人错开礼拜时间，这样整个上午都有人手。如果父母想抱着孩子参加礼拜仪式也可以，在礼拜厅内部的东南角隔出了一间隔音室，称为"family cry room"，声像设备可以使屋里的人聆听牧师布道，而屋里的声音则不会传到屋外。

礼拜厅东北角有一扇对开的木门，由那儿可以通向内庭。内庭的面积大约有2、300平米，错落有致地放了几棵绿植；到了周末，便有教会工作人员支起两张圆桌，摆放上咖啡与各式甜点，等待结束了礼拜仪式（Worship Service）的教友来此小聚，这被称作"庭院团契"（Courtyard Fellowship）。《哥林多前书》第一节中说道："上帝是信实的；他呼召你们，使你们跟他的儿子——我们的主耶稣基督有了团契"。所谓团契指的是信徒之间相互的分享与联合，教会是信徒感受和实践团契的重要场所。

---

[1] 每年暑期（6月至9月）减少为两场仪式，因为这期间学生放假，不少家庭外出度假。

除了礼拜厅所在的西南角，教堂整体建筑的东、南、北三侧均为二层楼房，各有房间若干。一楼主要用作图书馆、周日幼儿园和主日学校，二楼主要用于教会日常办公以及主日学校。教会除了组织了各年龄段的主日学校外，还组织了男性圣经学习班、女性圣经学习班、成长小组等定期活动；室内篮球赛、年度家庭会议、女士沙拉聚餐、大学生乡村舞会等不定期活动。

此外，教会还定期组织中小学生露营、暑期大学生使团，以及"照顾和探望（有需要的人）小组"、"上门维修小组"等各种日常志愿小组。最近几年，教会也在组织人手去帮助受新奥尔良飓风影响的灾民重建家园、组织大学生到墨西哥农村帮助当地人建设房屋等。

为了吸引更多人参与教会，2006年9月，教会组织了一次名为"秋季开场"（Fall Kick off）的户外布道。Kick Off 原意指足球等中线开球，在口语中用来表示开始。九月是暑假结束、新生入学的日子，位于该城的一所州立大学迎来了不少新面孔，教会自然要在他们中间，顺便也在当地居民中争取更多教友。于是便在某个周日组织了这次别开生面的户外布道，地点就在教堂对面的米歇尔公园，布道结束后还准备了烧烤午餐和各项游戏。后来据牧师说，有1075人参加了当天的活动，包括250位新面孔，其中有70人是当地居民，180人是大学生。总之，教会活动既诉诸神圣也参与世俗，体现了它作为一个公民社团与社会互动的活跃与积极。

在采用现代传媒技术方面，教会也不落伍于世俗社会。为了满足周日不能亲自去教堂的信众的需求，也为了扩展其布道面，每次礼拜仪式都有专人负责录像，随后制作成数字文件，上传到教会网站供人下载。

教会作为自愿性的非赢利社团，收入多来自教友捐赠。2006年，因为人数增加、停车场租赁期将满等问题，主恩教会打算翻修教堂、扩大规模，并购买紧挨着教堂的一块空地作为停车场。如果要实施这一计划，教会需要筹集二百万美元的资金。有了这一想法之后，教会长老先后四次举办信息发布会，向众人解释教会扩展的必要性，并倾听成员反馈；同时也发放问卷，收集各种意见。令教会领导者们高兴的是，人们的反馈意见是积极的。于是，经过了2006年长达数月的讨论、交流之

主恩教会

主恩教会的内庭

主恩教会"秋季开场"时摆出的"成长小组"的分布图

第五章 教会生活：走出自我

每周日发给前来聆听布道的教友的小册子，上面有教会近期的活动信息。

主恩教会举办家庭会议，挂出了条幅。

主恩教会"秋季开场"时放置在公园里的一个展台，桌子上放有教会通讯录、介绍女性活动的小册子等。

主恩教会的儿童阅览室

参与者自己带来的沙拉

女士沙拉聚餐

第五章 教会生活：走出自我

主恩教会"秋季开场"时的户外布道

聆听牧师布道

布道结束后的娱乐活动

后，教会在 2007 年 2 月初正式拉开了筹资序幕，至 4 月底举办筹款晚宴进入活动高潮。筹资期间，信徒周日捐钱时可以指明款项专用于教堂扩建。同期，牧师还给每一位在教堂通讯录上登记了地址的教徒和慕道友寄信，详细解释教会此举的目的和意义以及工作的进展。4 月底，教会在悠然城著名的悠然旅馆举行了盛大晚宴，遍邀教友光临。席间教会筹得了该项活动的多数资金，随之落下了筹款帷幕。在短短的几个月期间，主恩教会一共筹集资金约二百一十万美元，大大出乎我的意料。假设捐款人数与通讯录上的人数大致相当的话，平均每人捐款就有一千四百美元，对于普通家庭来说，这不是一笔小数目。

三、礼拜仪式

信仰和仪式是宗教的两大成分，信仰发生在个人的心性当中，仪式则往往需要集体完成，通过集体参与来确认或强化超验的存在。个人信仰与集体仪式的交替也是当代基督教的表现形式之一。

在仪式风格与仪式音乐的选择上，主恩教会是一个介乎于自由与保守之间的教会。强调代际融合的主恩教会举行礼拜仪式时演奏的音乐既不过于传统也不过于前卫，喜欢传统圣歌的教友可以参加上午 11：00 至 12：00 的老年人主日学校；喜欢前卫音乐的教友可以参加同样是 11：00 至 12：00 的大学生主日学校，那儿有穿着牛仔裤，脚踩 flip-flops 的大学生弹着吉他领唱流行的基督教赞美歌。城里有专门针对年轻人的教堂，他们演奏的音乐以摇滚风格为主，同时伴有舞蹈，风格比较自由。城里也有更仪式化的教堂，牧师与合唱团成员全都穿着长袍唱传统圣歌。

相信《圣经》的启示与权威是主恩教会的根本信念之一，因此，每周日牧师讲道是礼拜仪式的重点。在讲道方式上，牧师基本上是顺着《圣经》章节走。听教会的一位朋友说，城里有的教会是选择圣经中的某些段落讲，有的教会则不讲圣经，专做慈善事业。下面以我初到田野调查点时参加的主恩教会的一次礼拜仪式为例来大概了解基督徒如何在礼拜厅里实践其信仰。

第五章 教会生活：走出自我

时间：2006年6月11日10：00至11：00

程序：

①众人起立，在四名领唱者[1]的带领下歌唱："*All Hail the Power of Jesus' Name*"（大哉，圣哉，耶稣尊名）。歌唱完毕，众人坐下。

②牧师致欢迎辞。

③众人起立，照着布道坛两侧的电子屏幕上显示的《诗篇》[2]内容齐声诵读：

上帝啊，我要一心颂赞你。

我要宣言你一切奇妙的作为。

我要因你欢乐歌唱，

我要颂赞你至高的尊名。

④众人坐下，合唱团开始歌唱。

⑤歌唱完毕，众人再次起立，并闭目低头，牧师开始祈祷。祈祷完毕，众人坐下。

⑥教友捐款。两位长老在长椅的两端传递筹款布袋，信徒自愿捐资。长椅靠背后放有专门放现金或支票的信封。多数人捐款使用支票，现金较少见。

⑦一名教友到布道坛上诵读牧师今天将要阐释的章节：《马太福音》第21节中"两个儿子的比喻"。

⑧诵读完毕，牧师开始阐释。内容大致是这样：一个人有两个儿子。他对大儿子说："我儿，你今天到葡萄园里去工作。"大儿子回答说："我不去。"过后自己懊悔又去了。他又来对小儿子说了同样的话。小儿子立刻回答："父啊，我去。"实际上却没去。牧师生动地讲述完寓言后请大家问一问自己，是不是第二个儿子。第二个儿子的内心拒绝上帝，没有从内心回应上帝，这是一类只有自我的人，他对上帝的遵从是

---

[1] 每隔一周有教会唱诗班的合唱，节日时也有。唱诗班成员还根据节日主题而穿着不同色彩的服装，例如复活节那天穿着粉蓝色、淡黄色、粉红色、白色等色彩明快的服装；圣诞节服装则突出红色与绿色。

[2] 每次礼拜诵读一段《诗篇》。《诗篇》是《圣经》中的歌集和祷文，由不同的作者在不同的时间写成，经以色列人收集编订，并在礼拜时应用，最终收录在《圣经》里。《诗篇》中的诗歌包含很多种类：赞颂、礼拜上帝的诗歌；祈求帮助、保佑、拯救的诗歌；恳求赦罪、感谢神恩的诗歌等等。

虚假的、表面的。第一个儿子一开始没有接受上帝，但他改变了想法、改变了内心，接受了上帝。牧师接着说，在座所有人都可以改变自己的内心，现在就回应耶稣。最后，牧师再次强调，让我们问自己究竟是哪个儿子。（牧师的讲解远比我所记下的内容生动丰富，简单归结，可以说在牧师的阐释中有两类人，一类是依赖自我而生活的人；另一类是依赖信仰而生活的人。[1]）

⑨领唱者再次歌唱

⑩祝祷

对于不少新教教会而言，灵性的牧养主要通过讲道和遵行圣经中上帝的话语而得到，因此，传讲上主的话语是常见的礼拜仪式，不需要每周举行圣餐礼。不过，圣餐礼仍然是基督教重要仪式之一，对于新教徒来说，圣餐礼中饼和葡萄酒代表了耶稣的身体和血，是更深层的属灵实体的外在符号。人们领受圣餐，可以促进对耶稣受死的思考。主恩教会的圣餐礼有两种形式：一种是由教会长老分发圣餐，盛有葡萄酒和饼的托盘由长椅的这头传到那头，信徒在座位上就可以领受；另一种形式则有更明显的自助色彩，即信徒起身到讲坛前的圣餐桌那儿自取，这种情形下信徒既可以在圣餐桌那儿领受，也可以取回到自己座位再领受。不论哪种形式，圣餐礼都具有强化信仰者身份的作用。每次领圣餐之前，牧师总会带领众人进行内心省察："领受之前请先沉默一会儿，想一想自己是否相信，如果你今天由于某种原因不领也没关系。" 话音落下，牧师便低下头来祈祷："上帝啊，今天早上我们再次意识到您是我们的主……我们为那些今早尚未认识您的人们祈祷"。这时，众人也都低头默祷。大概一分钟后牧师抬起头来，众人开始起身去领圣餐，音乐随之响起。同时，《诗篇》第 62 章的内容显示在布道坛两侧的电子屏幕上：

我安静等候上帝，
他是我唯一的希望。
只有他保护我，拯救我

---

[1] 田野期间，几乎每周日我都会去教堂，可以说两类人的区分几乎贯彻牧师的所有布道。

> 他是我的堡垒，我不至于惨败。
> 我的拯救和光荣都在上帝，
> 他是我坚固的堡垒，是我的避难所。

这样的时刻，我总觉得如果四处张望有没有人和我一样没有起身的话会有点不敬，于是只好看着人们安静地往圣餐桌那儿走，又安静地走回座位。有一次我小心翼翼地侧头看了一看，一位中年女士泪光盈盈，一只手正用纸巾轻轻擦拭眼角，另一只手紧紧握着盛有葡萄酒的小纸杯，一幅既柔弱又坚定的图像。每隔几周，教会的礼拜仪式中就有圣餐礼，这是一个追问"我是谁"、"我们是谁"的关乎身份的问题。在这样的时刻，作为研究者的我难免会感觉不自在，真切地感受到某种符号边界的存在。或许很多民族志工作者都曾经面临或将会面临这样的问题：单纯的观察无法获得对宗教或者更确切地说信仰的理解，有时需要在参与的过程中体验信仰所带来的马丁·布伯所谓"我"与"你"的关系。其实，参与并不困难，困难的是如何保持观察与参与的平衡以及如何警惕概念工具过滤掉自己的切身体验。

四、主日学校

主恩教会每周日上午组织的主日学校是一种基于《圣经》讲解的宗教教育形式，根据年龄分班举行，每次时间一小时左右，教师通常是由教会领导团队推选出来的平信徒。下面简单列举几次学习内容，透过它们既可以看到教会布道与日常生活的紧密关联，也可以看到宗教在很大程度上执行着心理咨询、道德教育等功能。

（一）某次以年轻夫妻为对象的主日学校，大概有十多对年轻夫妻参加。这一次的主题是探讨夫妻之间的关系如何持久，说明沟通在生活中的重要性。教师从圣经中引用来作为纲领的章节是《耶利米书》第33节："你呼求我，我就回答：我要把你所不知道的那伟大的奥秘的事告诉你。"教师先讲了两个发生在他朋友身上的小故事来开场：朋友去书店买一本讲述如何处理夫妻关系的书，书名叫《如何做一个好丈夫》。不过，这位朋友是女性，也就是说书是买给她丈夫的。另一个故事是：

> LORD'S DAY MORNING, JULY 23, 2006
>
> Why do you look at the speck that is in your brother's eye, but do not notice the log that is in your own eye?
>
> Matthew 23:37

主恩教会的一次周日布道围绕《圣经·马太福音》第7章第3段中"你为什么只看见弟兄眼中的木屑,却不管自己眼中的大梁呢?"展开。

第五章 教会生活：走出自我

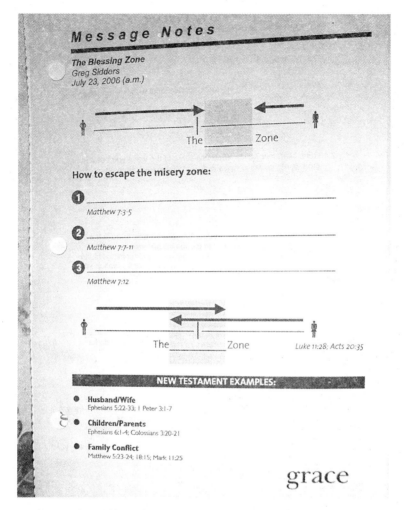

《马太福音》第 7 章第 3 至第 5 段以及第 7 至第 12 段讲到："你为什么只看见弟兄眼中的木屑，却不管自己眼中的大梁呢？你眼中有大梁，怎能对弟兄说'让我来去掉你眼中的木屑'呢？你这伪善的人，先把自己眼中的大梁移去，才能看得清楚怎样把弟兄眼中的木屑挑出来。""你们祈求，就得到，寻找，就找到；敲门，就给你们开门。因为凡祈求的，就得到，寻找的，就找到；敲门的，门就开了。你们当中有谁，儿子要面包，却给他石头？要鱼，却给他蛇？你们虽然邪恶，还晓得拿好东西给自己的儿女，你们在天上的父亲岂不更要把好东西赐给向他祈求的人吗？所以，你们要别人怎样待你们，就得怎样待别人，这就是摩西法律和先知教训的真义。" 牧师从此出发，阐述生活当中走出自我，与他人建立联系。

169

一对夫妻有了矛盾，关系不好，两人都找牧师寻求解决之道，不过每个人都是询问如何解决另外一方的问题。故事具体内容的真假无关紧要，讲述的目的只是表明换位思考与沟通的重要性。接着，教师阐述夫妻二人一起祈祷是沟通的重要形式之一。

　　夫妻关系的持续必须要有精神上的沟通。夫妻之间一起祈祷很困难，但非常重要。作为信徒，一方面要祈祷，另一方面要两人一起祈祷。祈祷可以增进与上帝的关系以及彼此之间的关系。对上帝敞开心扉也可以使得夫妻之间的关系变得透明，深度的感情需要彼此敞开心扉。祈祷可以恢复夫妻的心灵、精神及生活目的的统一。精神的关系如果破裂了，身体的关系也随之破裂。虽然两个人有矛盾时很难一起祈祷，但更需要在这样的时候积极交流，停下争吵，一起祈祷，认识上帝，认识彼此。

　　教师讲完后询问，谁需要同大家一起祈祷，不一定是夫妻之间的感情问题，所有和家庭有关的事件都可以说出来。于是，有人开始说自己与子女的关系紧张；有人说自己的母亲去世了；还有一位妇女说生活在这个后现代的世界，不知道该做什么；也有人说家庭氛围有助于下一代选择信仰，但孩子们得自己选择，家庭氛围只是给他们提供机会。一般而言，夫妻之间的感情自然不会拿出来与众人一同祈祷，但其他一些具有普遍性的家庭问题就比较容易说出来。有人说话时，其余的人就仔细听着，教师则用笔记着每一个人的发言内容，等大家说完之后便带领众人一起祈祷，祈祷内容则是刚才的发言内容。一个人的事或一个家庭的事在众人的祈祷中似乎变成了大家的事，某一件事似乎变成了某一类事。课后教师留给大家回去思考的问题是：

　　1 为什么一起祈祷就是如此之难？
　　2 为什么停止争吵一起祈祷就是如此之难？
　　3 是否与你的圣经学习班的教友一起祈祷比与你的配偶一起祈祷更容易？为什么？

第五章 教会生活：走出自我

（二）某次成年人主日学校。主题是"什么是金钱不能买的：在这个被物质主义侵袭的环境里，如何在家中培育满足。"显然，这次的主题是教导身处消费时代的美国人为自己所拥有的感到满足。欲望越少，满足则越多，而这就是快乐的秘密。其间，教师以调侃的口吻讲述自己身边发生的事：人们的车库越来越大，但不是用于停车而是堆放杂物，被各种广告包围的人们无所适从，买了这个又想买那个。随之穿插圣经中的相关章节，包括《传道书》第2节1-11：

我自言自语："来吧，试一试享乐。来享享福。"可是，这也是空虚。我发觉嬉笑是狂妄，享乐毫无益处。被追求智慧的心愿所驱使，我决心借酒自娱，寻求快乐。我想，也许这是人生在世的短暂岁月中最好的方式。我大兴土木，为自己建造房屋，栽种葡萄。我修造庭院果园，种植各种果树。我挖掘水池，灌溉树木。我买来男女奴隶，也有家生的。我拥有许多牛羊，比任何在耶路撒冷住过的人都多。我为自己积聚君王的金银，各省的财宝。我有许多歌唱的男女，也有无数的妃嫔，随心所欲。不错，我强大，胜过任何在耶路撒冷住过的人；并且，我始终有智慧。我要什么，就有什么。我尽情享受，不受拘束。我从自己的辛劳得到快乐，这就是我的酬报。可是，当我回顾自己的成就，思想所付出的辛劳，我领悟到一切都是空虚，都是捕风，一切都没有益处。

《路加福音》第12节15和33：

于是，他继续向大家说："你们要谨慎自守，躲避各样的贪婪；因为，一个人无论怎样富裕，他的真生命不在乎他有多少财产。"

《希伯来书》第13节15：

不要贪慕钱财，要满足于自己所有的。因为上帝说过："我永不离开你，永不丢弃你。"

《腓力比书》第 3 节 8 和第 4 节 11-12：

不只这样，我更把万事当作朽损，因为我以认识我主耶稣基督为至宝。为了他，我丢弃了一切，当作垃圾，为要赢得基督。

我这样说，不是因为我缺少什么；我已经学会对现状满足。我知道怎样过贫困的生活，也知道怎样过富裕的生活。我已经得到秘诀，随时随地，饱足好，饥饿也好，丰富好，缺乏也好，我都知足。

（三）每周日上午 11 点有专门针对大学生的主日学校，教会希望通过主日学校的学习使大学生们得以沐浴福音而有所改变。通常，参加主日学校的大学生人数在 30 至 50 人之间。某天的教师是一位医生，引自《圣经》用作阐述生活的纲领性文字来自《加拉太书》第一章中"愿我们的父上帝和主耶稣基督赐恩典、平安给你们。基督为了要救我们脱离这邪恶的时代，遵照我们父上帝的旨意，为我们的罪献上了自己。"教师是一位土生土长的悠然城人氏，在本城的州立大学读完本科之后又去往加州大学旧金山分校继续深造，毕业后回到悠然城。简略地讲述了自己的学习经历之后，教师话题一转就说到了年青人中的同性恋、吸毒等社会问题，接着说这些年轻人并没有意识同性恋或吸毒到会发生什么，而那就是病毒的传播。感冒、发烧这样的小病可以通过注意饮食、锻炼身体来预防，然而那些可怕的病毒需要一种生活方式来预防。因此，年轻人需要通过接近真理来给自己免疫，而宗教信仰就是真理。最后，教师教导教导大学生学习圣经，过一种"纯洁的、简单的福音生活，当然，这样的生活并不是刻板的或教条的。"

五、悼念逝者

（一）小记一次追悼仪式

几乎所有的宗教都在回答一个永恒的问题，即人从哪儿来，到哪儿去。在基督徒看来，信仰带来永恒的生命，天堂是他们的最终归宿。基督徒对生命的认知使得个体产生了一种对其存在所怀有的生命意义感，也带来了信徒之间的归属感和共契感。

第五章 教会生活：走出自我

一天，安妮在报上看到讣告，得知一位多年前的朋友去世了，便决定开车去圣巴巴拉参加朋友的追悼仪式。去世的那位女士生前患病影响了脑部，继而引发了精神方面的疾病，从此对他人甚至自己的家人都充满怀疑和妄想。

去圣巴巴拉的头天晚上，我问安妮我应该穿什么样的衣服比较合适，是否要穿黑色衣服。她说无所谓，舒服就行。我说在中国穿红色衣服去参加葬礼是非常不合适的，但安妮却表示她没听说过类似说法。在她看来，虽然有人会穿黑色，但多数人只要舒服就行。那天一大早，我们就开车出发去圣巴巴拉。路上，我再次和安妮说起亲人的去世对于中国人来说是一件非常悲伤的事，人们往往会以痛哭的方式来表达哀思。安妮则说："我不会哭，我要去庆祝和喜乐，因为她要去和上帝在一起了。去世对于家人来说是件难过的事，不过对于死去的人来说是喜乐的，因为是和上帝在一起。对这位朋友来说尤其如此，她这十多年是承受着病痛的，现在不再有痛苦了。我知道她接受了耶稣作为救世主，我知道她会去哪儿。但是那些没有接受耶稣作为救世主的人们，我不知道他们死后去哪儿。"[1]

追悼仪式首先在去世者生前所去的教会举行，早上10点开始。当天大约有一百来人参加，由教会的一位牧师主持。当时是一月初，教堂礼拜厅门前作为装饰用的圣诞树还在，只是系上了白色的蝴蝶结，礼拜厅里也有同样装饰的圣诞树。在礼拜厅门前，逝者的亲人递给每位来宾一张精致的卡片，封面印着："庆祝回家/玛丽·方达/1927年5月22日-2006年12月28日"。内页上面印有摘录自圣经的章节、仪式的程序以及去世者手写的读经感悟。牧师致欢迎辞之后，众人低头祈祷。接着两位女士领唱 "Praise Him! Praise Him!"。接下来是逝者的儿媳念死者略传，再接着是亲友发言。

众多亲友回忆与死者的交往，回忆她做的可口饭菜，为她的无私而感动。回忆的都是日常生活中的一些小事，有时，人们说话时会哽咽一

---

[1] 其实，这段话可以从三个层面理解：第一，这其中的确有文化差异的成分；第二，为了引起话题，我所言也有夸大或普遍化的成分；第三，安妮在向我传递信仰给人带来确定感的信息。

下，接着又会说几句幽默的话，听者也会笑起来，似乎不像是一场追悼仪式。最后，逝者的小儿子开始回忆母亲，虽然难过，但还在以幽默的口吻说自己的母亲："我是她迄今为止最小的儿子，……妈妈最后十年有了精神疾病。但这不是苦难。耶稣基督承受了痛苦，妈妈也承受痛苦，因此她和他一样，这是值得高兴的事，上帝选择了她。"……众人发言结束，牧师再次强调：现在她与上帝面对面了，与上帝在一起了。接着，众人又开始齐唱"*In the Garden*"，最后再次以祈祷结束。

11点左右，室内仪式结束，人们前往离教会不远处的墓地进行最后告别。玛丽祖上从苏格兰移民美国，按照传统，一位男士穿着苏格兰裙子，演奏苏格兰传统乐器。临近正午的阳光洒在绿色的草坪上，前来参加仪式者或远或近地站在墓地周围，看不出过度的悲痛与忧伤。牧师与逝者的几位近亲围在棺木旁最后祷告，音乐声中，逝者的棺木入土。

告别仪式完毕后，人们前往死者家中聚会用餐，这一时段被称为"团契时刻"。到了家中，众人并没有忙于用餐，而是与逝者的亲人絮说往事缅怀故人。逝者的女儿说道："妈妈的去世令人难过，不过对于她来讲却是一件喜乐的事。"屋里放了几大本相册，安妮一页一页地仔细翻看，还找到了一张数十年前与去世者和另外几个朋友的黑白合影，并指着照片中的人物一一向我介绍。一如美国人家庭中常见的聚餐，这次"团契时刻"也采取了自助餐形式。来宾自个儿取食物，自个儿找地方坐，屋里或院子里都行。待到下午三点左右，安妮和我告辞出来，开车回悠然城。安妮和逝者多年未联系，但一看到讣告，耄耋之年的她不顾路程较远（单程约160公里），还是决定开车前往，这既是与朋友告别，也是为朋友即将与上帝在一起而喜乐，最终信徒还将在天堂相遇。

（二）悲欣交集

不过，我们不能以为基督徒在亲人离世时只有喜乐而无悲痛。当年在梯伯河口，奥古斯丁的母亲溘然长逝，他顿时觉得失去慈母抚畜之后灵魂受到重创，生命犹如分裂了一样。其实，当亲人的生命走到尽头，温煦生活骤然决裂时，哀恸是再自然不过的了，只不过对于天国的信念能够或抑制或缓和内心的痛楚，慢慢解除忧伤的郁结罢了。

第五章　教会生活：走出自我

感恩节前二十天，安妮的大女婿因病去世了。在大女婿重病期间她就赶过去照看了，一直到参加完追悼仪式才回来，那时离感恩节已不到一周。当安妮坐在沙发上微笑着向我转述追悼会上有多少朋友前去帮忙，以及大家是如何回忆女婿在世时的欢乐时光时，我还是能从她紧扣的手指、来回绕的拇指和眼里泛着的泪光感受到她在尽力抑制心中的痛苦。

周日早上，安妮去到教堂，不少朋友都走过来安慰她，安妮也拿出葬礼的卡片给大家看，告诉众人葬礼如何温馨。卡片的封面是美丽的森林小屋；内页是大女婿的照片以及从圣经中摘录的章节："因为父亲的旨意是要使所有看见儿子而信他的人获得永恒的生命；在末日，我要使他们复活。"（《约翰福音》，6：30）；封底则是："如果你口里宣认耶稣为主，心里信上帝使他从死里复活，你就会得救。因为我们心里这样信，就得以成为义人，口里这样宣认就会得救。圣经上说'信他的人不至于失望'"。（《罗马书》，10：9-10）

安妮的大女儿住在华盛顿州，那里的冬天要比加州中部冷得多。大女婿去世时正是冬天，城里经常会飘起雪花。安妮每天拿到报纸或打开电视，都要关注那里的天气，担心女儿雪天驾车不安全。不过，每当提起女儿时，她总是说一些温馨的事情，比如每到傍晚，女儿住的那个街区的邻居们就会打开屋前的门廊灯，这样女儿饭后散步遛狗就很方便。

大女儿也时常给她打电话，叙说周围的朋友是如何关心自己、生日时与同事们外出吃饭是如何温馨等等。圣诞前夕，安妮的大女儿给亲友们寄去了圣诞信。信中写到，她希望亲爱的丈夫在这个世上能有更多的日子，但她知道上帝在他出生之前就已经定好了他的时间，"我出生之前，你已经看见了我；那为我安排尚未来到的日子都已经记录在你的册上"（《诗篇》：139：16）。"他们尽了一切努力挽救他，但我知道那是我的真爱走的时候了。我感谢上帝所赐予的礼物——让我信仰他。我知道上帝没有弄错，他根据他的意愿、智慧和爱回答了我们所有的祈祷。"……最后，她再次引用圣经，以"上帝那么爱世人，甚至赐下他的独子，要使所有信他的人不致灭亡，反得永恒的生命"（《约翰福音》3：16）结尾。

亲人的离世自然会带来哀伤，但信仰可以抚慰个人内心的创伤，纵然生命不过像是一口气息，还有天国能给脆弱的心灵带来莫大慰藉。过分的哀伤与信仰相违背。我们可以看到，在抚慰人心之外，信仰也在规训人的身体与情感，基督徒克制内心苦楚的同时也完成了一次对自己身份的确认与维系。

第三节 感恩与喜乐的节日

感恩节和圣诞节是美国的两个重要节日，这时是基督徒体验团契并集中思考和确认身份认同的时刻，也是美国人家庭团圆的时候。不少人平时没有明确的基督教信仰，但在这期间也会到教堂去倾听牧师布道、参加教会组织的各种活动。

一、感恩节

（一）教会聚餐

2006年11月19日，感恩节前的周日，主恩教会组织了节日晚餐，地点就在教会的多功能活动室。教会负责准备甜点，教友带自家做的面包和汤，相当于一个大型的聚餐(potluck)。五十多岁的艾娜擅长烘焙，遇到教堂有什么活动，她一般都会负责准备甜点，这次也不例外。那时我在悠然城已经待了半年，每周去教会也认识了不少朋友。艾娜知道我想了解美国文化，也在帮伊莎贝拉准备无家可归者的午饭，就邀我帮她准备甜点，我自然很高兴地答应了。

下午2点艾娜开车来接我，我们要去教会厨房准备晚上的南瓜蛋糕——感恩节的传统甜点。原料几天前就买来了，我们只需要直接去厨房准备就行。艾娜的好朋友莫妮卡也来帮忙。要准备够二、三百人吃的甜点并不轻松，还好南瓜泥是罐装的，不需要当场捣碎新鲜南瓜，所以制作过程不算繁复。把一定比例的南瓜泥、面粉、牛奶、鸡蛋、黄油、糖混合在一起，搅拌成糊，放入预热好的烤箱烤制就可，出炉之后再切成小块就可上桌了。

第五章 教会生活：走出自我

我们在厨房忙活的时候，又来了两位女士帮忙布置餐桌。大厅里早已摆放好圆桌和椅子，现在需要做的是把寓意收获的小南瓜和红叶放在桌子中央作装饰，然后再给每位来宾准备一张精美的信笺，其上印有《诗篇》第138章的内容。

5点左右已有教友陆续来到。不一会儿，盛着浓汤的锅和搁着面包的藤篮就一个挨一个地摆满了两条长桌。汤锅不好布置只能作罢，藤篮里却是铺垫着各色苏格兰格子花布，一派温馨。我不会烘烤面包，只好到超市买了现成的，请安妮帮我带来。正餐一般不吃切片土司，人们带来的多是短棍或餐包。各家配料有别，味道也就不一样，但都没有夹馅。一开始我买了切片土司，被安妮告知不合适，才换成短棍。粗心的我只是把袋装的面包搁在家里，安妮来时已帮我把它们放在一个竹编的小篮子里，篮内铺了一块墨绿色的格子花布衬底。

大厅里渐渐坐满了人，多数是一家子，也有独居老人和年轻大学生。戴碧是一位离异的退休女性，女儿一家远在华盛顿州，参加教会聚餐就是她最重要的感恩节活动。6点整，牧师走上讲台带领大家祈祷，接着众人齐声吟唱圣歌，之后才开始排队取食物，回到座位边吃边聊。

用餐完毕，在牧师的带领下，众人齐声诵读《诗篇》第138章：

上主啊，我一心感谢你；
我在诸神面前歌颂你。
我面向你的圣所下拜，
我颂赞你的名；
因为你信实，有不变的爱，
你显明你的名和应许超越一切。
我求告的时候，你回答我；
你用你的力量鼓励我。
上主啊，地上的君王都要颂赞你，
因为他们听见了你的应许。
他们要歌颂你的作为，
颂赞你的大荣耀。
上主至尊无上，但他看顾卑微的人；

狂傲的人无法在他面前藏匿。
我被患难围困，你却保守我安全。
你击打狂怒的仇敌，
用你的力量救了我。
你必定成全你对我的应许；
上主啊，你的慈爱永远长存。
求你完成你亲手开始的工作。

一时诵毕，人们又开始齐声同唱赞美上帝、表达感恩之心的圣歌。不少人还向上举起手臂，或是双手相捧放在胸前，完全沉醉于与上帝的交流之中。歌声才落，人们又开始急切地表达感恩之心。感恩不需要引经据典，就是说自己的生活。有人说感谢上帝的照顾，今年夏天他动了手术，现在身体恢复了。有人说感谢上帝，几天前接到自己妈妈的电话，得知她也成了一名基督徒。有人说感谢与家人生活在一起，生活是美好的，感谢这美好的生活。甚至还有几个学龄前的儿童也以稚嫩的声音说感谢上帝，众人莞尔。最后，聚餐在充满希望的优美歌曲声"美好的那一天"（*Better Is One Day*）中结束：

你的住所是多么美妙
啊，万能的上帝
我的灵魂期待着你甚至为此昏厥
在这儿我心满足
在你的光耀之下
我在你的庇护之下歌唱
美好的那天是在你的宫廷的那天
美好的那天是在你的大宅的那天
美好的那天是在你的宫廷的那天
在那儿比在任何地方更美好
我思索和寻求的是
见到你的美
在你荣光的住所见到你

第五章 教会生活：走出自我

感恩节大餐

感恩节大餐

我的身心在哭泣
因为上帝
你的圣灵注入我的灵魂
我尝到了 我见到了
我将靠近你
我将靠近你

(二) 家庭团聚

11月的第四个周四是感恩节,自美国独立后感恩节便成为了全国性的节日。这是一个合家欢聚的重要节日,参与成员囊括至扩大家庭。那天,安妮家济济一堂,聚集了20多人。除了小儿子一家去了儿媳的父母家外,安妮的另外几个子女和他们的孩子都来了。此外,安妮的姐姐和侄儿、侄儿媳也都来了。他们当中有人从华盛顿州赶来,有人从加州南部圣地亚哥赶来,也有人从圣巴巴拉赶来。

火鸡是最有名的感恩节食物。20磅重的火鸡几天前就买回来了。烤火鸡的制作并不麻烦,在火鸡肚子里塞进简单的调料,放进烤箱烘烤就行。安妮有一把电动的切肉刀,刀片大概有30厘米长,专门用来切烤好的火鸡。此外,家庭成员分工合作,各自带来了焖云豆、土豆泥和南瓜派等传统节日食品,因此不需要临时费劲准备烤火鸡之外的食物。看样子不仅朋友之间有聚餐(potluck),家人之间也有。

对于基督教家庭来说,感恩节最神圣的一刻就是餐前祈祷了。所有人手拉手地围站在餐台周围,闭目低头。安妮的大儿子带领众人祈祷:"主啊,我们感谢你让我们聚在一起来感恩。感谢你赐给我们的美好生活。我们也感谢家庭,现在我们在一起就是一个证明家庭重要性的最好的例子。感谢你赐给我们丰盛的食物。以耶稣的名义,阿门。"随之默祷的众人此时齐声念诵阿门。祈祷完毕。接着开始享用大餐。因为人多便采取了自助餐的形式,把食物放在厨房中间的橱柜台面上,喜欢吃什么自己拿。一家人边吃边聊天,正餐过后是甜点和咖啡,一顿饭吃了足足有两三个小时。饭后安妮的孙子和孙女帮忙洗了碗,虽说只是冲洗一番就放进洗碗机,还是让安妮念叨了好一会的感谢。

节后,安妮的屋子又恢复了平静,等待着一个月后的圣诞团聚。

二、圣诞节

（一）圣诞习俗：圣诞信与圣诞装饰

基督教日历把基督降临节的第一个星期日作为一年的起始（11月最后一个星期日），从这天起开始的一段日子被称为降临节（Advent）。Advent 来自拉丁语 adventus，意思是 coming，这一季节谕示着基督耶稣的降临，降临节持续四周，直到圣诞节那天结束。降临节期间，主恩教会在周日礼拜时点燃了白色蜡烛，用以象征耶稣的诞生。

此时，城里的各大商场也都推出了规模浩大的打折活动，购物者顿时激增，人们既给自己购置东西，也为亲友准备礼物。近些年来，不少人耗费大量的金钱购买礼物，既增加了自己的负担，又使得节日沾染上过多的消费主义色彩，并掩盖了节日本应有的神圣性。田野调查期间，我在两所教会聆听牧师布道时都听到类似批评。

圣诞临近的一个习俗是写圣诞信（Christmas Letters），即把一年来生活中发生了什么写下来，以信件的形式寄给远方的亲友，让他们知道自己这一年来的生活——分享是人们生活中的一个重要主题，在圣诞期间显得尤为突出。安妮每年都要寄出大概一百封这样的信，当然是写一封，其余的复印。安妮的丈夫在世时是他写，因为特纳先生的文字幽默风趣，现在安妮来写，她总说自己写得不好。12月初安妮就开始写信，写了改，改了写，花了几天的工夫总算写好了。接着，安妮又到专卖办公用品的商店（Staples）去复印。精挑细选一番之后她决定用绿色带暗纹的信纸，绿色、红色与金色等是圣诞节的颜色。来自中国的我还成了安妮今年圣诞信里的主要人物之一。

圣诞信的内容可繁可简，大多会附上一张全家福或者家中小孩的照片。最简单的圣诞信大概这样：一张漂亮的卡片上印着寥寥数语：

玛琳在上高中，指导5、6年级的女孩练篮球，计划上大学。

本现在是大学3年级学生，攀登运动的爱好者，参加了在华盛顿州的露营。

克琳和大卫，愉快地度过了夏天的钓鱼旅行，教3、4年级的女孩篮球。

卡片下端摘引《圣经》中的句子：

"你们要因为与主联结而常常喜乐。我再说，你们要喜乐！"《腓力比书，4：4》

12月中旬，阿戴尔已经收到不少亲友寄来的圣诞信了。这时，她也正忙着写信，并且还要等儿子一家的那部分也写好了，再凑成一封家庭圣诞信寄给远方的亲友。后来我收到了她以邮件形式发来的圣诞信，信中附了一张全家福，照片上还有阿黛尔女儿的爱犬。信件的开头写有如下内容：

来自埃蒙斯家！我们感谢从你这儿得到的友谊！
埃蒙斯家希望你有一个被祝福的2007！
写给我们爱着的、每天见到的朋友，
写给我们爱着的、住在远方的朋友，
写给对于他们来说友谊意味着太多内容的朋友，
也写给我们平时没有联系的朋友。

接下来，阿戴尔、她丈夫、她女儿和她儿子各自写了一段自己的生活，这里略过不提。

琳达是我参加教会女性圣经学习班的小组长，这一两周来也是在家写信。课间她曾说收到朋友从远方寄来的信件很高兴。伊莎贝拉是我在悠然城认识的好朋友，跟随她去邮局寄圣诞信时，她拿着厚厚的一摞信还说这不是全部，已经寄走一些了。出乎我意料的是，邮局里排队寄信的人很多，我还以为都用电子邮件了。

进入12月就算是圣诞开始了，准备圣诞树、用彩灯装饰屋里屋外、购买礼物、烘焙甜点、参加圣诞聚会等，人们忙得不亦乐乎。装饰是用来表达喜悦心情的，装饰越多说明喜悦越多。圣诞树可以到Costco这样的大型超市购买，那儿的树很多是从加州北面的俄勒冈州运来的；如

第五章 教会生活：走出自我

街上的圣诞装饰

一所教会大门上的圣诞装饰

林场种植的圣诞树

"基督诞生"

"基督诞生"

第五章 教会生活：走出自我

家庭内的圣诞装饰

家庭内部的圣诞装饰

教会为圣诞音乐会准备的甜点，桌子上有"基督诞生"作为装饰品。

果想要新鲜的、有松木味儿的，也可以自己去林场挑，看上了哪一棵就现砍。离悠然城大概三十多英里外有个小镇，那儿就有一个圣诞树林场，圣诞前我跟朋友迈克去那儿挑树。林场不是很大，大概四、五英亩，专门种植圣诞树。根据树的出售期林场被划分成了几个分区，这一块是今年就可出售的，那一块则需要明年或后年。一般家庭用的圣诞树不需要长得很高大，树龄也就较短。根据树的形状和大小，价格从20美元到40美元不等。其实树本身不算花钱，贵的是挂在树上的那些彩灯和彩球，不过多数人家买一次都要用很多年，有时自己也制作一些小玩意儿挂在树上。安妮和我装饰圣诞树时还找出了多年前她孙女用彩珠串的链子。对于基督徒来说，圣诞装饰当中最重要的就是"基督诞生"（Christmas Nativity），即以人物造型来讲述基督诞生的故事。人物造型的身长从2厘米到10厘米不等，有用木头制作的、有用树脂制作的，也有用人造水晶制做的。与其他装饰品一样，"基督诞生"也要保存和使用多年。

（二）圣诞音乐会

圣诞期间最让人心动不已的要数圣诞音乐会。多数较大的教会都会组织自己的音乐会。圣诞音乐会面向所有人免费开放，有的教会在音乐会结束时会请听众自愿捐款，也有教会不作此安排。田野调查期间，我有幸听了两场，一场在主恩教会，一场在悠然城南面二十英里外格兰迪市的Grace Bible Church。Grace Bible Church建立于1876年，是方圆上百英里内规模较大的一所教会。每年它都要举办几场高水平的圣诞音乐会，引得附近城镇的居民慕名前往。

9月份的"秋季开场"之后，主恩教会的合唱团就开始了排练，这可比感恩节前开始的商业圣诞还要早。圣诞前两周的周六晚上，音乐会拉开了帷幕，今年的音乐会名为"喜悦的圣诞"。教堂早在几天前就已装饰一新，讲台前两侧安放了一米多高的烛台，象征着希望、爱、喜乐与和平的白色蜡烛闪烁着柔和的火苗。十字架上挂上了绿色的花环，两侧分别布置了两棵圣诞树，树身摇曳着金黄色的光芒。礼拜厅两侧的墙上也悬挂着以绿色为主调的圣诞花环。入冬以来，悠然城虽然不算寒冷，可也躲不过丝丝寒意。音乐会举行的当天傍晚，雨水不多的悠然城下起了大雨，即便如此，礼拜堂里不到 7 点就已坐满了人。有熟悉的面孔，也有陌生的面孔，人人脸上洋溢着喜悦的笑容。

让人不得不佩服的是一个小城教会乐队的专业水平。合唱团一共有 57 名成员，包括 29 名成人和 28 名儿童。乐队由 26 名成员组成，从小提琴、中提琴、大提琴、低音提琴到克拉谢竖琴、低音电吉他、钢琴等应有尽有。指挥艾伦先生是教堂平时的礼拜牧师（worship pastor），学音乐出身。礼乐队成员全都身着黑色套装，合唱团成员身着黑裤或黑裙，红色、蓝色或绿色的上装。儿童全是黑色裤子或裙子，白色衬衫，系红色围巾。

音乐会开始前资深牧师菲利普斯先简略致词："圣诞是耶稣基督的生日，众人在此刻是满怀喜悦，让我们大家在这个已经变得疯狂的季节（商业化的圣诞节）慢下来，放松自己，感受圣诞。"圣诞音乐会既是一个喜乐的场合，也是一个确认身份的场合。菲利普斯接着说："上帝尊重每个人，他并不强迫你去信仰。就像我的孩子，我可以传授知识给他们，但我不能决定他们的生活。信仰要由你自己做决定。上帝经历了我们的经历，作为婴儿降生，成长，与父母相处。但上帝从未向罪恶妥协，他是完美的，而我们不是。上帝降临，建立与我们的个人关系。今天的音乐会让我们思考一个问题'我是谁以及你是谁。'"话音落下，指挥艾伦开始致词"让我们体验希望、爱、喜乐与和平的意义，建立与上帝的个人联系。" 随即演奏开始………

当天的演出曲目有"*The Most Wonderful Time of the Year*","*Better Days*","*I love the Lord*","*O Holy Night*","*Hallelujah Chorus*"等一共 19 首歌曲，音乐会过后，我忘了歌曲都唱了什么，只记住其间有两次众人起立一同歌唱，合唱团的成员也手持蜡烛，走下台来，一人挨着一人站在过道上。音乐刹那间让人产生了灵魂向上飞扬的感觉，在优美空灵的歌唱声中，我已忘记了自己正在做田野调查。

小结

基督教信仰以个人虔信为基础，历史上个人主义的兴起就与宗教改革有着密切关系[1]。新教要素之一便是取代了横亘在个人与上帝之间的教会，受托为自己的精神趋向负责的正是本人自己，每个人的命运都将被单独决定。在当代美国，信仰与否以及信仰哪个教派是一种个人选择，与上帝的对话是纯粹个人的信仰体验，为信仰者强调的是"我与上帝的关系"。由此，可以看到"个人"在信仰领域的体现。不过，信仰中的"个人"又充满了张力，对此我们至少可以从两方面来理解。

第一，个人一方面独自面对上帝，另一方面又放弃唯我独尊的虚妄自我追随上帝。从信仰者的角度说，执著自我和此岸无从接近上帝，疏离邻人和世界亦无从承仰上帝。信徒与上帝建立的个人联系是一种神圣关系，但这种神圣的关系也会以世俗的形式表现出来。例如，对团契的强调促使信徒积极编织和维系社会关系、公益活动的组织促使信徒参与到公共生活之中，有时还会走出悠然城，与外面更广阔的世界联系起来。就此而言，基督徒的生活世界中不存在孑然一身无所倚傍的信仰者，因为他/她既通过耶稣建立与上帝的联系，也通过耶稣建立与他人的联系。

第二，万有之中无处不可觅见上帝。按照《圣经》的指示，基督徒必须在每天的生活中为耶稣的降临做准备[2]，这种准备既不能传递给他人，也不能与他人分享。因而，虽然信仰者个人与上帝之间的中介已被摒弃，但这并不意味着个人脱离了权威的羁束。当基督徒说"上帝指引着我们的日常生活"、当他们极力克制亲人离世带来的痛楚、当他们进行内心省察以及以各种方式将信仰展示出来的时候，我们皆可看到，作为个人的基督徒依然嵌入在神圣框架之中。

总之，基督教自身蕴含了既培育又限制个人主义的心理机制，个人主义在信仰领域遭遇缓和它的力量而不致无限蔓延。

---

[1] 例如查尔斯·泰勒、路易·迪蒙等都讨论了基督教作为现代自我形成的一个主要影响因素（泰勒，2001；Taylor,1989；迪蒙，2003）。

[2] 例如《圣经》中说到，"所以，要警醒，因为你们不知道主要在哪一天来临。要记住这一点：一家的主人要是知道小偷晚上什么时候要来，他一定会警醒，不让小偷破门而入。所以，你们也应该随时准备好，因为人子要在你们料想不到的时间忽然来临。"（《马太福音》24：42-44）"耶稣说：'所以，你们要警醒，因为你们并不知道那日子、那时间会在什么时候来临'。"（《马太福音》25：13）另外，《马太福音》中"可靠和不可靠的仆人"、"十个少女的比喻"（《马太福音》24：45-25：13）说的就是要在每天的生活中为耶稣的降临做准备。

第六章 社团生活：普通公民的日常参与

第一节 多样的参与

2005年8月,"卡特利娜"飓风袭击了新奥尔良市,造成了大量房屋毁损。直到2006年夏天,主恩教会还在组织暑期志愿者团队到新奥尔良修建房屋。这让我觉得有点吃惊,忍不住问房东安妮:美国国力强大,飓风都过去一年了,政府怎么还没把房屋修好?安妮的回答令我感到有点惭愧,她说:"如果所有人都等着靠政府,永远也恢复不了。"在那儿生活久了,我才发觉自己先前是因为不了解美国社会才会提出那样的问题。政府有其职责,也有其限度,办事不力自然会受到民众严厉的批评,甚至赶下台来。不过,美国人也不指望政府操办一切。如果政府负责操办一切,那么权力也会相应增大,这不是多数美国人民乐意见到的。他们期待同时也在实践的是小政府大社会的模式,活跃的公民社团网络是其具体体现。安妮所在的主恩教会作为自愿性的非赢利社团,为新奥尔良灾区筹集资金及人力、物力仅是其中的一个小例子。

根据美国劳动统计普查局(U.S. Census Bureau of Labor Statistics)2007年对十六岁以上的人群进行的调查[1]显示,2006年9月至2007年9月间,约有六千零八十万人参与志愿者工作,占全国总人口的26.2%。其中,女性志愿者与男性志愿者分别占总人口的29.3%和22.9%。志愿者平均每年花五十二个小时做志愿工作,六十五岁以上的志愿者所花时间则为每年九十六小时。这个数字所指的只是通过或为某一组织所做的志愿工作,并不包括个人的或非正式的志愿行为。

我们知道,公民社会通常指涉一个由志愿者网络和个人之间的非正式联结构成的领域。志愿者网络作为个人与国家之间的中介性结构,是民主社会的关键要素。实证研究亦指出,对于民主制度的绩

---

[1] http://www.bls.gov/news.release/volun.nr0.htm

第六章　社团生活：普通公民的日常参与

效来说，至关重要的要素是普通公民在公民社会中充满活力的群众性基层活动（帕特南，2006：中译本序）。那么，美国社会群众性基层活动究竟是什么样的？下文举例介绍小城的几个社团及志愿者组织的日常活动，希望透过地方性语境中普通公民的日常参与来窥见美国社会的一个缩影。

一、帮助无家可归者

第二章曾提到，二十世纪七十年代末、八十年代初以来，随着无家可归者数量的不断增加，无家可归成为了当代美国社会关注的复杂问题之一。在相关学术与社会讨论不断涌现的同时，出现了针对无家可归者的各种帮助形式。

在政府拨款资助的项目外，民间社团及志愿者也积极参与到对无家可归者的日常帮助中。"经济机会委员会"是 S 县的一个致力于社区服务的私人性非盈利组织，为了帮助镇上的无家可归者，该组织设立了专为无家可归者提供午饭、自助洗衣机的"大家的食堂"和一所每晚能容纳七十五名住客的夜间留宿站。

"经济机会委员会"为无家可归者提供的服务需要与当地其他自愿性社团合作才能完成。以"大家的食堂"为例，"经济机会委员会"提供场地、设施和餐具，另外约有三十个志愿者小组（其中多数来自当地教会，也有部分来自学校和医院）各自负责每月提供一次午饭。

通常情况下，每天中午十二点之前志愿者要把沙拉、主食、甜点、饮料等食品以及餐具、餐巾纸等整齐地摆放在厨房与餐厅之间的操作台上，十二点一到便开始为排队等候的就餐者提供食物。每次开饭时，总有一位无家可归的胖老头来领取第一份，接着他就坐到门口，记录当天来用餐的人数。在"食堂"用餐的无家可归者人数并不固定，一般在七十到一百二十人之间。通常在十二点五十分左右无家可归者就已用餐完毕陆续离开食堂，这时如果还有食物剩下，几位志愿者就会分一下打包带回家。

田野调查期间，每月第三周的周四，我都跟随朋友伊莎贝拉到"食堂"给无家可归者提供午饭。因为要准备百余人吃的食物，而家中又没有足够大的炊具,伊莎贝拉总是到主恩教会使用那儿的厨房与厨具。多年来,伊莎贝拉都是准备番茄肉丸意面,每一次大概需要支出百余美元。另外几位与她合作帮忙的朋友分别准备蔬菜沙拉、面包、水果罐头、糖果及牛奶、橙汁等饮料,因为不需要使用大型厨房,他们都是直接去食堂。准备上百人吃的饭可不是件轻松的活儿,伊莎贝拉与我从早上九点开始一直要忙到十一点半,剩下的时间还得匆匆忙忙地把食物搬上车,赶在十二点之前送到食堂。开饭时,每位志愿者都是微笑着将自己准备的食物盛到无家可归者的餐具中。提供面包的那位老先生还要问每一位用餐者要白面包还是全麦面包,每种面包他都准备了足够多的量并抹好了黄油,就等用餐者选择自己喜欢的。

我也曾跟随琳达[1]到"食堂"提供服务。琳达小组准备的食物与伊莎贝拉小组的又不一样,但也不离沙拉、主食、甜点、饮料等种类。另外,琳达小组的成员在开饭前会一起祈祷,感谢上帝提供的食物,并祈祷前来就餐的无家可归者能够认识上帝。

由于"经济机会委员会"设立的留宿所容纳不了所有无家可归者,并且女性和儿童也不愿意住到男性居多的留宿所,城里有九所基督教会联合起来提供扩展留宿所。提供留宿服务是信徒按照耶稣基督提供的榜样实践其信仰的表现,也是教会展示自身形象的一种具体方式。扩展留宿所主要为女性无家可归者及无家可归家庭提供夜间住宿服务。一般而言,每所教会服务一到两个月,一年之后再度轮流。轮到某所教会提供服务时,它便会腾出空屋供无家可归者过夜,并招募志愿者分别为无家可归者准备早餐、值夜、辅导儿童功课。主恩教会是我在田野调查期间参与观察主要场所之一,每年它都会与城里另外一所规模较小的教会 Calvary Chapel 合作,共同提供为期两个月的扩展留宿所。届时,主恩教会提供场地并招募部分志愿者,Calvary Chapel 没有自己的场地,故只负责提供人手。

大概提前一个月的样子,教会就开始在教友中间招募志愿者。报名的程序很简单,志愿者在日历上选定自己方便的时间,注明愿意参加哪类服务,并留下姓名和联系电话即可。通常情况下,每位志愿者只需要服务一天,六十天的周期内由不同志愿者相继提供服务。每个

---

[1] 琳达的个案请见第四章第一节。

第六章　社团生活：普通公民的日常参与

人需要承担的任务不重，不会耗尽志愿者的热情，因而也有利于教会服务可以长期持续。

一般而言，住在扩展留宿所的无家可归者需要在 7 点 30 分之前离开教堂，因此志愿者一大早就得把早餐准备好。当我做志愿者时，早晨 5 点半就需要赶到教堂，与另外两位志愿者一道工作。志愿者之一的约翰是一位厨师，这一阵子是"专职"志愿者，每周都会有几个早晨来帮忙。另有一位无家可归的中年男子也来帮忙提供早餐，并向约翰学习烹饪技术。我做志愿者的那天早晨就遇到了他，后来在主恩教会举办的一次户外活动中，我又见到了那位男子忙碌的身影。遗憾的是，由于种种原因，我未能与他进一步交流。我只能猜测，以自己的服务换取他人的帮助是他这样做的一个原因。

教会为无家可归者准备的早餐以烤鸡蛋饼、面包为主，配有水果及咖啡、牛奶等饮料，与普通家庭的早餐没什么两样。教会厨房备有各式炊具和一次性餐具，不论是为无家可归者准备食品，还是教友聚会时准备食品，用的都是同样的炊具。每天早餐开始之前，志愿者还会细心布置餐桌，每个桌位都摆上漂亮的餐垫和餐巾纸。无家可归者用餐时，头天晚上值夜的志愿者也会过来喝杯咖啡。马格利特(Margalit,1996) 为我们勾勒了一幅体面社会 (decent society) 的图景，尊严与羞辱是其中的关键概念。生活在意义之网中的人们不仅会因为分配的不公受到伤害，也会因为分配方式带有羞辱性的姿态而受到伤害[1]。不难设想，如果为无家可归者准备食物时使用另一套炊具（已使用一次性餐具保证卫生）、餐桌上没有如教友聚餐时那样摆上餐垫和餐巾纸，那么，即使食物本身没有发生变化，附着在食物上的意义也会发生变化，对无家可归者的不可见的伤害亦由此出现。[2]

"经济机会委员会"的日常运作依靠人们的捐款。社会慈善或捐赠的活力来自于日常生活中普通人的积极参与，因而捐赠不一定需要一大笔数目，其宗旨更在于日积月累汇聚点点滴滴。另外，捐赠能够成

---

[1] 马格利特提出，在体面社会里，制度不羞辱社会成员；而在文明社会(civilized society)里，社会成员之间不相互羞辱。在其著作中，马格利特讨论了羞辱与福利社会、慈善社会、贫困和失业等方面的关系(Margalit, 1996)。
[2] 在这些"不羞辱"的细节背后是对人与人之间的友好互动的期待，也是对人应该如何生活的期待。

早餐采用自助餐形式，桌子上放着咖啡、果酱、奶油、香蕉等食品，拍照时主食还在准备中。

第六章　社团生活：普通公民的日常参与

为一种日常行为也有赖于配套的制度安排，每年捐资多少，到了报税时都会有相应的减免政策。在美国，就公民社团接受社会捐助的形式而言，包括捐资者直接捐资和捐资者捐给公益信托（Public Trust）或社区基金会（Community Foundations），再由其进行投资以及持续拨款两类[1]。例如悠然城就有一个致力于服务本地非盈利组织的"S县社区基金会"（County Community Foundation）[2]，该基金会承诺有效投资、合理分配，并且在合法范围内为捐资者提供最大的税收优惠。个人捐资5000美元或以上即可在"S县社区基金会"建立一笔专门基金。

每年感恩节到新年的这段时间是民间社团筹集资金、食品、衣服和礼物的好时节，有的组织大概半数的捐赠物都是在这段时间收到的[3]。2006年的这一时段里，"经济机会委员会"收到了七万二千美元的捐赠，占其年度收入的半数以上。这笔钱专用于"大家的食堂"、"无家可归者留宿所"和老年人健康服务等项目。另外，在感恩节与圣诞节期间，除了"大家的食堂"，S县的各种社团组织也多会为低收入者和无家可归者提供免费的节日午餐或晚餐。

日常生活中，我们较难辨析社会对无家可归者或其他边缘人群的帮助是出于道德考虑还是出于实用考虑，或者兼而有之。例如"经济

---

[1] 社区基金会是美国流行的公益慈善机构，据统计，全美目前有600多个社区基金会，遍布各州及主要城市，资产总额约230亿美元。2001年，美国社区基金会捐助教育、卫生、环境、艺术和社区帮助方面的数额达到26亿美元。美国社区基金会规模大小不等，最大的社区基金会"纽约社区信用社"（New York Community Trust）资产总额超过19亿美元，而有些小的社区基金会资产不过10万美元甚至更少。参见潘小松，《社区基金会在美国社会中的作用》，见朱世达主编《美国市民社会研究》，第215页。

[2] http://www.sloccf.org/

[3] 悠然城的情况并非个案，有研究曾指出美国人对无家可归者的同情态度具有季节性。感恩节至圣诞节期间，人们对无家可归者的同情心上升。这时的美国人最乐意慷慨解囊，不再介意无家可归者是否因为自身怠惰和不负责任才流落街头。纷纷显露出来的友爱、同情、慈善等情感稀释了平时渗透在社会生活里的个人主义特别是其消极、功利的一面。圣诞节后同情心随即下降，社会似乎又选择对无家可归问题视而不见。总之，同情心既不持续也不随意，而是受到社会文化的深刻影响（Bunis et ,1996）。真诚的帮助、友好的互动、有季节的同情、空间的排斥等等都是事实的不同方面。

机会委员会"的宗旨认为：所有人都应该得到平等的机会从而过上自足与自主的生活；与此同时，唯有人人得到平等机会，社区及其居民才可以从这样一个具有生产能力的、有能力承担责任的、可持续发展的社会中获得最大利益。又如民间社团"联合道路"（United Way）的执行主任曾说起："我们已经看到很多人捐出了金钱和时间。我们也看到越来越多把家搬到 S 县的人比较富有。他们深知，如果自己希望 S 县能够一如既往地提供高质量的生活环境，他们就得支持那些未能拥有他们所拥有的物质的人们。"这位执行主任的言下之意就是社会稳定离不开社会公正，只不过他是用相当日常的语言表达出来，目的则在于呼吁更多人出钱出力。还有不少人赞同政府和社会出资帮助无家可归者的出发点是希望通过一定的付出来避免更大的付出。如有人就担心政府一旦减少资助无家可归者的预算，更多的无家可归者便会出现在街头，从而带来更多的社会问题，反而会花去纳税人更多的钱。其实，实用主义的行动有时也可能蕴含着道德意义，因为它可能恰好就属于托克维尔笔下与利己主义相对抗"正确理解的个人利益"（托克维尔，2004：651-655）。[1]

总之，无家可归现象是后工业时代美国社会面临的一个复杂问题，但就我的田野经验而言，我并没有看到因此而引发的社会紧张。当然，这背后有诸多原因，但有一点不能否认的是，社会自组织的发达及人们对于友好互动的相互期待与实践为缓解复杂社会可能出现的紧张关系提供了有效机制。可以说，美国社会一方面塑造了作为内部他者的无家可归者，另一方面又避免了社会内部的断裂。

---

[1] "正确理解的个人利益"主张个人量力而行地为他人付出，这虽然不能带来惊天动地的德行，但容易为人们接受，能持续影响社会。长远来看，日常的、细小的付出既有利于公共利益的实现，也有利于自我利益的实现。当然，这不是市场意义上的等价交换，付出多少就收回多少，亦不表明对社会生活本应有的情感维度的抹杀。从"正确理解的个人利益"中我们也看到，利他作为社会过程的结果与强制性地将利他作为社会生活的出发点是两回事，仅有后者不一定能实现前者。另外一个值得思考的问题是，"正确理解的个人利益"更多来自社会生活的实际经验而较少依赖对完美人性的想象，那么，社会能够承受完全缺乏对完美人性的想象的成本吗？很难有简单的答案。因此，这里的解释仅仅是一个层面、一个角度的有限解释。

第六章 社团生活：普通公民的日常参与

历史博物馆

二、历史学会

我们在第一章已经大概看到，悠然城是一个有"个性"的小城。"个性"的显现需要悠然城居民去生产和维系城市的历史身份与文化认同，作为自愿性团体的历史学会就是在做这样的工作。S县历史学会是一个致力于研究和保护S县历史与文化遗产的私人性非盈利组织。1950年二月，为了庆祝S县一百周岁的生日，小城居民举办了一次为期一周的历史展览。当时，历史学会尚未成立，展览没有一分钱的预算，所有陈列品和人力全来自志愿者。到了1953年，一位名叫达利特的当地居民提出了建立永久性的历史学会的愿望。达利特祖上来自法国，是加州早期的定居者，在本地经营葡萄酒业，给达利特留下了一栋建于1830年的泥砖房。达利特提出，希望能成立一个非盈利的历史学会，为此，他愿意将这栋古老的泥砖房捐出，条件就是在他有生之年他能继续生活在这栋屋子里。随后，S县历史学会得以成立。

1956年，历史学会开设博物馆的计划得到了市议会和S县主管委员会的支持与资助。依靠每年从县里得到经济资助，历史学会从市里租了一所位于市中心的原本是图书馆的房屋用作博物馆，专门展出与S县相关的各种史料与文物。为了便于居民认识或研究本地历史，历史学会还在博物馆的地下室设立了资料室，每周周三到周五从早上10点开放到下午4点。如居民有需要，还可和历史学会联系，由学会安排志愿者在其他时间进行接待。达利特去世后，其家人继续住在那栋泥砖房里，但那儿同时也是历史学会的一个活形态博物馆，保留了以往的所有陈设，每周五对外开放三小时，每月第二周的周日对外开放三小时。此外，历史学会还设有专门服务于中小学生的导游和讲解项目，公立学校、私立学校或家庭学校学生均可参与，只需要由教师或父母填妥表格即可安排。所有这些活动均为免费。

为了吸引更多市民参与其中，历史学会面向所有人招募会员。只需填妥入会表格并缴纳会费即可成为历史学会的会员，会员资格不能转让。入会表格很简单，只有姓名、电子邮件、通讯地址、电话、传真等几项内容。此外,会员身份分为五类:个人会员、家庭会员、持续会员、商务会员和个人终生会员,各自缴纳的会费分别为25、40、100、125、1000美元。所有会员均可收到《历史学会通讯》、获得投票资格以及在历史博物馆的商店购物时享受九折优惠;持续会员、商务会员和个人终生会员还可参加预展览和招待会;商务会员可以在学会通讯上免费刊登广告;个人终生会员则可获得一份装裱精美的印有历史学会标记的版画作为纪念。

历史学会雇有为数不多的正式职员,更多的工作是靠志愿者完成。例如我在主恩教会图书馆做志愿者时认识的朋友贝蒂就也是历史学会的志愿者。贝蒂每周有两天上午在教会图书馆做志愿者,两天上午在历史博物馆做志愿者。我还遇到过一位中年女士南希,她居住在十五英里外的一个小镇,每月来历史博物馆工作一天。南希从小就在悠然城长大,在这儿参加了三份志愿者工作,历史学会的工作只是其中之一。她说,回家乡做志愿者令她开心,并且在她的腿受伤后就不能再接着全职工作,政府资助是她的经济来源之一。不过,她不愿意待在家里,于是就想做点事情作为回报,这样能令她感觉好一些。

三、和平游行

2006年9月21日是国际和平日。当地的两个公民社团CodePink和Mothers for Peace在市中心组织了和平游行。CodePink是一个非地方性的公民社团,最初是2002年11月7日由女性发起的民间和平运动,旨在结束伊拉克战争,并制止新战争的爆发,该运动力求促成将社会资源重新导向医疗、教育和其他相关事务。成立之初,四名组织者和最初的百名女性在华盛顿特区游行,并在白宫门前进行了长达四月之久的守夜(vigil)活动。此后,CodePink发展成为一个致力于和平与社会公正的国际性的网络,目前已有200多个地方社团[1]。我做田野调查时,S县CodePink的成员已经超过300名,其中也有不少男性。2006年,S县的CodePink邀请了CodePink的创始者之一戴安娜·威尔逊[2]来悠然城与众

---

[1] http://www.codepink4peace.org/index.php
[2] Diane Wilson是一位捕虾人,家中四代都以捕虾为生。Wilson也是五个孩子的母

人交流并在县图书馆签名售书[1]。威尔逊逗留悠然城期间，CodePink 还在其成员洛琳家中组织了一次晚宴，每位宾客支付 30 美元，开销之外余下的资金用于该组织的环保项目。

  Mothers for Peace 是地方性公民社团，成立于 1969 年。当时，一位年轻的母亲给当地报纸写信，寻找与她一样在为越战中逝去的生命感到悲伤的同胞，她希望大家能有力地组织起来。随后，在此基础上成立了社团。该社团以女性成员尤其是身为母亲的女性成员为主，不过关注点已从最初的和平扩展到了社会公正与环境问题。目前，该社团的关注的核心焦点是 S 县的一座核电站，置疑它在环境和安全等方面存在的诸多问题。CodePink 的成员洛琳也是 Mothers for Peace 的成员，这几个社团都在关注核电厂的问题，信心满满的洛琳曾说计划七年之后就让它关闭[2]。六十多岁的洛琳是一位社会行动者，年轻时曾经是嬉皮士、共产主义者、托洛茨基分子。洛琳曾亲眼目睹 1970 年 5 月 4 日发生在俄亥俄州肯特城州立大学（Kent State University）的校园枪击案[3]，看到国民警卫队的士兵向示威学生开枪，导致四名学生死亡，

  亲。当她发现自己的家乡竟是全美国污染最严重的地区时，便决定以抗议来追求正义，由此走向了环保行动者的道路。在 Wilson 的抗议过程中曾采取过非暴力不合作行动、直接行动及绝食抗议等方式。

[1] *An Unreasonable Woman: A True Story of Shrimpers, Politicos, Polluters, and the Fight for Seadrift, Texas*

[2] 反对者们认为核电站会造成环境污染或者至少存在污染的可能性。不过，也有不少悠然城的朋友表示，社会不可能退回到过去的时代，利用高科技进行发展是不可避免的。

[3] 1970 年 4 月 30 日，美国总统尼克松在电视上宣布美军进入柬埔寨。当时，持续的战争早已激起年轻人的愤怒，社会冲突已经箭在弦上。大学校园里的抗议行动之强烈前所未有，到了 5 月底，共有 415 所大专院校停过课，这是美国历史上第一次全国学生总罢课。大学生的强烈反应中最令人难忘的是发生在俄亥俄州肯特州立大学（Kent State University）的惨案。其实，比起哥伦比亚大学和加州大学，肯特州立大学向来没有学生运动的传统，然而事情就是发生了。5 月 1 日，俄亥俄州肯特城肯特州立大学举行了抗议游行，愤怒的大学生还放火燃烧了美国宪法。午夜时分，喝醉酒的年轻人骑着摩托车向停在街边的车辆和路边的商店橱窗扔啤酒瓶，人群聚集了起来，既有摩托车手，也有大学生，还有来市区酒吧消费的年轻人。骚乱持续了大概一小时，警察来了之后慢慢平静下来。第二天，肯特大学少数政治上的激进分子得到校方同意在晚上举行一次群众集会。在注册入学的近两万名学生中，约有八百名来参加了大会。当天，肯特城市长宣布城市进入紧急状态，下午请求俄亥俄州长向肯特派驻国民警卫队。当天晚上国民警卫队进驻时，人群已经把聚会转变成了示威，行动失去了控制，抗议者纵火燃烧校园一栋建筑，

第六章 社团生活：普通公民的日常参与

准备出发的游行者

带着和平鸽来参加游行

九名学生受伤。愤怒的（洛琳自己的原话）她本来就不满专制和权威，目睹惨案之后更加不满政府的所作所为，更积极地投入到和平、环保等公民社团的活动中[1]。

当天的游行吸引了悠然城和其他邻近城市的不少市民前来参加。组织者计划让整个游行队伍从市中心的教堂广场出发，经过蒙特瑞街、橄榄街，到达农夫市场所在的棕榈街，接着穿越整个市场，最后回到教堂广场。下午5点左右，我赶到教堂广场，近百名参与者已经在那儿集合了，每人手中拿着一面白色小旗，上面写着在伊拉克战场上失去生命的战士的名字与年龄。参加者之一的莎莉是一位友善的中年女性，她说自己的孩子虽然没有参军，但作为一位母亲，她也为那些失去了生命的年轻人感到难过。住在尼莫城的肯特看到了报纸上有关游行的消息，就带了一幅自己画的和平鸽来参加游行，他说希望自己的画能向路人传达这样的信息：民主是需要的，人权的问题也是重要的，美国支持世界任何地方的人权，但不是以武力的方式，而是和平的方式。5点半左右，游行者们走到路边，高举旗帜在那儿静立，其间无人交谈。一直等到6点，游行者才开始按照事先定好的路线缓慢行进。

所幸没有人员伤亡。不过，就在消防员灭火时，遭到了抗议者所投掷的石子等物品的袭击，示威学生又用刀砍断了水龙软管，房屋竟被烧光。国民警卫队使用催泪瓦斯并逮捕了一些抗议者。5月3日，进驻肯特州立大学的国民警卫队队员已达千人。当天的一次会议上，俄亥俄州州长称，抗议者是"反美的"（un-American），其行为相当糟糕，"我们将采用执行法律的一切手段把他们从肯特大学赶出去……他们比褐衫党、共产党、夜间骑士和自卫团都更坏。他们是我们在美国庇护的最坏的一类人"。几天来，抗议者的行为也引起了部分市民和市中心商人的不满，市长不得不宣布实行宵禁。5月4日中午，抗议者部署了当天的游行，大约有一千名学生聚集到校内广场举行反示威，另外有大约两千人在观看。无奈的是，国民警卫队与示威者之间的紧张关系已经埋下伏笔。就在学生集聚时，担心游行事件升级的国民警卫队开始驱散示威者。警卫队员用扩音器高喊："撤出广场区，你们无权聚会"；示威者则作出侮辱性手势，向警卫队员扔石头，大叫："猪，滚出校园去，我们不要你们的战争。"双方对峙和冲突演越演越烈，这时候，警卫队的催泪弹也用完了，紧张的气氛下悲剧发生了，子弹从国民警卫队的士兵那儿飞出，造成了四名大学生身亡，九名学生受伤。年轻的尖叫声响彻校园："我的上帝啊，他们要打死我们！"十三名被射击的学生中有人正在示威游行，也有人不过是在一边观看。参见 http://en.wikipedia.org/wiki/Kent_State_shooting以及《光荣与梦想》，第928-930页。

[1] 我们可以在谢里·奥特纳的《追梦新泽西》中依稀看到洛琳的身影。在该民族志中，一些受到五、六十年代嬉皮士文化影响的58届高中生在随后的人生经历中转向了更广的社会关怀和政治关怀（Ortner, 2003）。

第六章 社团生活：普通公民的日常参与

9.11 烧烤午餐

9.11 烧烤午餐

半年过后，2007年3月16日，全美各地反对伊拉克战争的基督徒聚集到了位于华盛顿特区的国家大教堂（National Cathedral），表示对美军入侵中东国家的抗议。第二天，美军入侵伊拉克四周年，全美各地举行了规模不一的抗议游行。CodePink和该城另一个公民社团Blowin'In The Wind再次组织抗议游行。"Blowin' In The Wind"出自美国著名的民谣摇滚歌手鲍勃·迪伦创作的同名歌曲。歌中唱道"要多少炮火，才能换来和平？那答案，我的朋友，飘零在风中，答案随风飘逝"[1]。

或许人们早已习惯各种名目的游行，两次游行都没有令路人觉得惊诧。路人遇到游行者便让出一条道来，待到游行者走远了，有人仍在张望，有人则转身忙别的事去了，看上去一切都很平静。参与者所做的就是把自己的声音表达出来，并不一定产生实质性的作用。当然，如果参与者众多，那他们的声音就成为了民意。

四、爱国烧烤

关于美军在海外的军事行动，市民们也有其他观点或表达形式。乔治是一位会计师，看样子有五十多岁。9.11之后，每年9月11日之前的周日，乔治都会在市中心的米歇尔公园组织烧烤午餐，邀请社区居民参加，以聚会的形式来表达对美军士兵的精神支持。同时，把聚餐的收入用于给美军士兵购买和邮寄礼物。参加者只需预先给乔治发邮件报名就行，届时，每位到场者支付10美元作为午餐费用，军人免费。除了餐费之外，活动还接受其他捐资。筹款餐会在美国相当常见，形式多为参与者购买餐券或是席间捐款。由于这样的活动很多，人们并不打算一次活动就能筹集无数资金，目的多在于持之以恒地进行下去。以购买餐券为例，一般情况下每人花费大概就是10块、20块或者30块，并不会

---

[1] 该歌为民权运动的圣歌，完整的歌词为：一个人要经历多长的旅途，才能成为真正的男人？鸽子要飞跃几重大海，才能在沙滩上安眠？要多少炮火，才能换来和平？那答案，我的朋友，飘零在风中，答案随风飘逝。山峰要屹立多久，才能沧海变桑田？人们要等待多久，才能得到自由？一个人要回首几度，才能视而不见？那答案，我的朋友，在风中飘零，答案随风而逝。一个人要仰望多少次，才能见苍穹？一个人要多么善听，才能听见他人的呐喊？多少生命要陨落，才知道那已故的众生？答案，我的朋友，在风中飘零，答案随风而逝。

第六章 社团生活：普通公民的日常参与

旧金山华人青年基督会组织的新年长跑，所筹款项用于社区青少年项目。

基督教非营利组织Lifewater International的地方社团在市区公园进行宣传筹资活动。

带来太大的经济负担，同时还可以享受一顿美餐。当被问到寄送包裹与美国政府的对外政策是否有关系时，一位当地朋友说，他支持的是美军士兵，并不代表支持政府政策和战争。

安妮和我参加了 2006 年的活动。乔治为安妮做报税等财务服务，因此二人认识。烧烤会的宣传单就是乔治在农夫市场上递给安妮的。当天，米歇尔公园聚集了大约二百来人，其中有一些军人家属和退伍老兵，年纪最大的是两位二战老兵。为了烘托气氛，乔治还把公园中央的亭子周围插上了美国国旗。因为布什政府对伊拉克的政策早已在国内引来越来越多的质疑之声，"美军士兵"有时候就成了敏感的字眼。为了减少政治色彩，避免引起争议，乔治解释说"尽管大家政治理念不同，但对于所有人来说，孩子们对父亲的想念、妻子们对丈夫的想念，都是一样的。希望你能加入，我们一同表达对英雄们的感激。"多元社会人们政见不一，避免由此带来冲突的机制就在于承认差异的存在。我想，CodePink、Mothers for Peace、Blowin'In The Wind 的成员大概不会参加乔治的午餐会，乔治或许也不会参加和平游行。当然，不是说生命在谁看来更重要，而是说他们对美军是否应该奔赴海外持不同看法。

本书无意讨论美国对外政策这样一个相当复杂的议题，这里叙述的只是一两个日常生活中普通公民参与社会的小例子。在同一个城市空间里，不同的声音都在自由地表达，没有人强迫他人接受自己的观点，每个人所做的就是寻找同道一起表达。即使背后有议论，持不同观点的人之间也没有面对面的冲突，每个参与者自己决定采取什么行动。由此也可见民主社会通过尊重个人自由表达的权利来促成并保护个人的独立与自主；独立自主的个人又反过来保障民主的有效运作，而这不仅有制度保障，也是一种民情。

其实，悠然城居民自愿组织或参与的活动远不止上面提到的这些。小城虽然人口不到五万，但几乎每周都有自愿性社团或志愿者组织的各种活动。名目各异的登山、远足、赛跑、游行，以及清理小溪垃圾比赛、为无家可归者集资的公园烧烤、为环保项目集资的家庭宴会、在县图书馆观看纪录片并讨论全球是否正在变暖等等，可说是不胜枚举。维护社区秩序、改善社区环境、关爱贫弱群体、针砭时事政策等都可能成为活动主题，有的与政治有关，更多的则无关政治。这些地方性语境内的自愿参与即使规模不大，也因其数量众多而具有不容忽视的公共性。

另外，我们也可以看到，虽然人们参与社会的形式、内容或主题都是多种多样的，但几乎所有参与都有一个特点，即参与不要求个人忘我地付出，它所要求的只是每个人付出小部分时间与金钱，从而不会耗尽个人的热情与精力。同时，多样化的参与形式与内容为个人表达观点、发展爱好、实践信仰、追求自我实现提供了环境，并在照顾个人兴趣与志向的同时呈现出服务、关爱、团结等社会情感与道德，在此过程中自然而然地形成了连接个人的纽带。总之，社会活力多来自社会的自组织能力，而自组织能力又具体体现在纷繁多姿的自愿性社团以及普通公民的社会参与上。

第二节 在日常生活中实现"社会"

托克维尔当年已对美国社会普遍的结社传统颇多关注（托克维尔，2004）。相关领域的当代研究者延续了这一关注。例如主张美国"例外论"的李普赛特认为，政教分离、个人主义价值观以及拒绝政府控制等因素使得在别的国家由政府执行的慈善活动在美国多由民间自愿社团执行（Lipset,1996:67-69）。阿尔蒙德和维巴指出，比起其他工业化国家的公民，美国人更多地参与各种公民组织，并且选择参与多样化的志愿者组织（阿尔蒙德和维巴，2008）。相应地，众多研究也已对自愿性社团之于民主政治所具有的重要意义（例如培育相互合作的公民、建设充满信任的社会网络、促使公民形成以团体策略影响政府的习惯、为有效自治提供前提等等）作出了透彻论述，毋须赘述。我们在后面两章还会从经验的层面看到日常生活中形成的参与意识与合作精神如何作用于地方政治生活。

自愿性社团的活跃自然要求落实于日常生活中的表达自由与结社自由等政治权利，悠然城的经验从个案的角度再次表明了这一点。此外，除了制度性原因为个人参与社会开拓了空间，文化鼓励个人从家庭中独立出去[1]、信仰推动个人走出自我[2]等因素也可解释参与的活跃。

不过，小镇居民自愿参与的图像给我带来的最大感受还是在日常生活中实现"社会"。

西方现代道德理想的一个表现是对自我实现的肯定，每个人都被召唤去遵循自己的内在自我（参见特里林，2006；Taylor, 1991）。于是，我们也许会问，当自我实现被赋予了道德意义之后，社会纽带如何在日常生活中实现？上一节的经验叙述或许会给我们一些感性认识，更深的理解则需要我们回到经典去找寻，莫斯关于礼物交换的研究就为我们提供了线索。虽然我们未必能从小镇居民自愿参与的个案中直接发现主体间给予、接受与回报的过程，但我们仍能感受到参与者对友好互动、社会秩序以及美好生活的期待与付出，而这也是让我们联想到莫斯的一个原因。

不过，在转向莫斯之前我们需要简单回顾一下涂尔干关于人性两重性以及社会显现于集体欢腾时刻的相关论述。[3]在涂尔干（2006）那里，我们可以看到，我们每个人身上都有一种对立的存在，即扎根于有机体之内的纯粹个体存在与作为社会扩展的社会存在，这两种存在相互矛盾、相互否定。[4]恰如汲喆（2009）所言，这种二重性带来的问题是，个体与集体的关系既是密不可分的，又是高度紧张、极不稳定的。从而，个人与社会的沟通总是充满困难，甚至混合着个人的痛苦不安。虽然在集体欢腾的时刻，社会在个体身上得到了充分的展现，然而，集体欢腾意味着与日常的断裂，甚至暗示了集体欢腾以外的社会不是完全

---

[1] 请参见第四章。此外，许烺光对中美在社会组织方面的差异所做的比较也可说明这一点。他指出，美国社会以个人为中心，个人不像在中国那样在亲属团体中获得支持与情感寄托，这样个人就会自己找到一个非亲属团体，在其中满足其社会需要。中国社会的亲属纽带则阻止了个人全力以赴参与非亲属组织，或阻止个人作为一名公民不遗余力地参与国家大事（许烺光，1989：340-344）。

[2] 请参见第五章。

[3] 关于莫斯的礼物交换研究如何化解涂尔干理论中神圣—社会与凡俗—个体的二元对立带来的紧张的透彻论述，请参见汲喆《礼物交换作为宗教生活的基本形式》。这里的分析受益于该文的启示。

[4] "我们的快乐从来不可能是纯粹的；其中总会混合一些痛苦；因为我们不可能同时满足自身的两种存在。正是这种不一致之处、这种我们自身的永恒分裂，同时造就了我们的伟大和悲哀。"（涂尔干，2006：181）

的社会。由于这样一种二元对立的处理以及对社会的外部特征的强调，"在回答'社会如何可能'的问题时，难免就要诉诸社会决定论，贬低日常生活，并把社会突出地理解为对个人的约束。"可见，日常状态下个体存在与社会存在如何贯通依然是一个悬而未决的问题。

无论如何，社会成员不可能总处于欢腾状态，那么，社会如何得以持续运作？通过对礼物交换的道德的分析，莫斯揭示出在强制与自愿彼此互不化约的原则下、在主体对给予、接受和回报的期待、信任与实践中，社会得以组织并持续运作。

生活贯穿着一条兼容了由于义务和利益，出自慷慨或希图，用作挑战或抵押的送礼、收礼和还礼的持续之流。（莫斯，2005：56）

只要社会、社会中的次群体乃至社会中的个体，能够使他们的关系稳定下来，知道给予、接受和回报，社会就能进步。（莫斯，2005：182）

从而，"在涂尔干那里，社会是本质的、外在的、断裂的、疏离的，而在莫斯这里，社会是关系的、内在的、连续的、切近的"。"社会存在的自我更新主要依靠的不是断裂式的集体聚会，而是主体间可持续的日常交流。"（汲喆，2009）

"送与取"之得以持续进行，既因它为主体的自由意愿预留了空间，也因为"给予却不必牺牲自己"。社会生活的原则要求个人走出自我并给予他人，不过，

过分的大方就像我们当代的自私自利和我们法律中的个人主义一样，无论对个体还是对社会而言都是有害的。在 Mahabharata 中，一个林中恶魔向一个施舍太多而且施舍不当的婆罗门解释说："这就是你枯瘦苍白的原因"。僧侣的生活和夏洛克的生活同样都是应该避免的。（莫斯，2005：161-162）

莫斯说，个人要走出自我，要给予。那么，对于现代个人而言，在情感和道德的因素外，给予的起点是什么？或者说，个人怎么走出给予

这一步？原因之一或许还是要回到个人的有限性。任何个人都不能超越自身的有限性，意识到这一点的个人就不得不走出自我，不得不给予。其实，自我实现既是社会过程的产物，亦可能成为促成社会团结的积极因素。可以说，社会团结在相当程度上取决于社会协调个人目标的能力。承认个人自由及个人自我实现的正当性便为普通人参与社会提供了积极的伦理环境，而当个人在参与的过程中体会到自我实现有赖于广泛的公共背景时，付出更有可能成为"心灵的习性"。

实际的生活中，不是每个人都乐意给予，也不是所有给予都能得到回报。毕竟，给予、接受和回报既是关于社会纽带之形成的抽象表达，也是关于社会生活应该如何的道德箴言。不过，在一定的社会环境中其发生的可能性会更大。换言之，社会要为促成个人主动给予提供条件。

第七章 地方自治：民主的微观表现

第一节 参与城市治理

一、树木会议与参与权利

作为民族志者,我自然喜欢看到尽可能多的政府与市民合作治理小城的例子,不过,我也曾嘀咕为什么细枝末节的小事也要大张旗鼓地讨论一番。7月初的一天早上,市议会组织了一次特殊的,其实也是再普通不过的会议:评估市中心行道树的步行会。此前,市里的树艺专家提出,市中心有六条街道上的十三棵树分别因为树龄、疾病及枝蔓延伸等潜在地威胁行人等问题,需要移植或砍除,因此现在要开会讨论是否可行以及具体实施的细则问题。会议前一周,市政府网站就公布了会议议程。参会者将由树艺家、议会成员和公众组成,所有参会者将从市中心西北角的历史博物馆开始,步行到奥斯街与蒙特瑞街的交叉口结束,现场考察树木状况。我没想到移植树木这样再小不过的事美国人还要开会讨论。或许参与是一种习惯?或许移植树木的拨款来自纳税人?

开会的那天早上,天空飘着淅淅沥沥的小雨,我去到博物馆时还差几分钟才到九点,已经有几位政府职员在那儿等着了。我忍不住问其中一位女士,为什么这样一件小事还要开个会,让专家决定不就得了?是不是这样的情形在美国很普遍?她说:"有的城市这样做,有的城市也不一定这样做。悠然城是一个小城市,人们喜爱这个小镇,市民觉得市中心的树木是属于他们的,如果贸然移植人们会不高兴的。"那位女士想了一会儿又接着说:"悠然城就是一个社区,人与人之间联系稍微多一些,政府职员与居民也有日常的人际交往,大家平时要打交道,更需要得到理解和支持。"

不多时,参会者陆续来了,有市长、议员和相关职员,普通市民就只有两位。市长兰德尔先生是一位白头发老头,个子不高,身形显胖,穿着一件墨绿色的外套。退休之前，他是悠然城的市政总工程师。女议员丽贝卡女士瘦高个，天热时总爱不停地摇着手中的扇子。我几次在讨论议案 A 的公众会议上见到过她，她是该计划坚定的反对者。市民来得不多让我有点失望，市长兰德尔解释说，虽然市民来得不多，但是人们会打电话询问。对于议会成员来说，尽管树艺家已经提交了详细的报告，但亲历现场可以让这个问题讨论得更透彻，市民提问也才能回答好。参加"树木会议"之前，我还想或许只是走个过场，现在看来即使是走过场也得作好市民询问质疑的准备。

参会的市民中有一位是准备 11 月竞选市议员的中年男子，但他说来开会和竞选没关系，就是想了解知识。这位先生的父亲以前也是做树艺方面的工作，因此他有一些背景知识。

几天之后，我再次问安妮为什么这样一件不重要的事都要邀请居民共同讨论。安妮回答：不少居民很爱惜这个城市，自然也重视市中心的树木。安妮虽然觉得有趣，但用她的话说她不是一个积极分子，一般不去参加市政府组织的会议。话音才落，安妮瞥了一眼《论坛报》就笑起来，连说有趣。原来是有市民因为县长（county supervisor）取消了一个关于野生动物喂养方面的公众听证会而表示不满，他们认为自己的声音没有被别人听到：

县主管委员会是人们选举产生的团体，是市民聘用了他们，他们是为我们县工作的。他们取消了公众会议就是滥用权力。让我们开会吧，我将志愿帮忙。有谁想参加吗？我可不愿意坐在那儿，听四个人告诉我说我不需要了解任何相关事宜。选举出来为公众服务的官员可以在听取任何公众讨论和专家建议前做决定是令人难过的！

安妮笑着说："我们正说着移植树木要开会，就看到这个消息。人们就是对各种各样的事情感兴趣，事无巨细一定要有个公开讨论，要发表自己的意见。"

田野调查进行了一段时间之后，我偶然看到一句话："觉察到一段距离的存在可以作为一项研究工作的起点，最不透光的地方就是穿透异文化最理想的入口处"（达恩顿，2006：79-80），这使我突然发觉自己

步行会议,参加者在一棵大树前讨论其去留。

对于步行会议的思考拘泥于既有经验。其实,开会讨论的内容是什么并不要紧,关键在于,为市民提供参与机会是政府应尽的义务之一,而参与本身既是市民的义务,也是市民的权利。如果没有知情的、积极的公民,政府就可能滥用权力。因此,关于讨论树木命运的步行会议,我不应该仅执著于一件小事是否值得开会,还应想一想如果政府不为市民提供参与机会,它是否还能自我标榜为民主政府;如果市民不积极参与,政府是否还能一如既往地民主。

二、塑造城市社区学习班

决不要怀疑一小群有思想、负责任的公民可以改变世界,实际上,这恰恰是一直发生的事。——玛格丽特·米德

在悠然城市政府招募志愿者工作的一份宣传材料里,印着上面这句话。为了让更多市民关注城市事务,悠然城市政府搬出了鼎鼎大名的人类学家玛格丽特·米德。现代西方民主制度要求独立的个人,不过,个人的独立性如果走到极端,就会导致社群主义所批评的政治视野狭窄化和道德价值相对化。因此,民主制度还要求参与的个人,当然,也要为个人的参与提供条件。李普赛特指出,美国社会的一个特点是,较低的政治参与比例与较高的公民社团参与比例共存(Lipset,1996),因此,要吸引民众的参与,政府不得不多花点心思,有时甚至让人觉得政府组织各种活动有同公民社团竞争的感觉。

2006年9月28日晚,悠然城政府行政部门组织的"塑造城市社区学习班"(The Making of a City Community Academy)开学了,乍一看这名字,我不由得想起了《英国工人阶级的形成》(The Making of the English Working Class)那本书,是不是说城市也"不会像太阳升起那样在预定时间升起,它出现在自身的形成中"?

学习班的内容主要是介绍城市各职能部门的工作,让学员深入了解城市如何运作,目的在于培育市民参与社区事务的基本技能与合作精神。学习班的教员由城市各部门的主管组成,学员则是普通市民。2005年市里第一次组织学习班,当时以政府各部门的实习者为对象。由于效

果不错，也为了促使更多人参与进来，今年对所有市民开放。9月中旬，我在城市网站上看到相关信息，抱着试试看的想法，就给组织者写了邮件询问是否可以旁听。我想自己不是美国公民，参加学习大概不行，旁听应该没问题。就在学习班开学的头两天，我收到了回信，得知我只要填妥报名表就可以成员身份参加学习班。就这样，我得到了一次参与观察市政活动的机会。学习班将持续八周，其间，每周四下午5点半到8点上课，地点在市政府会议室，最后一周的周六上午进行实地参观并举办毕业典礼。

第一节课是介绍课。每位学员得到了一本笔记本，上面印着："为悠然城居民提供一个认识公共政治过程的内部视角。这有助于培育一个居民与政府官员合作、共同提升大家生活质量的环境。""根据定义，公民责任意味着在社区生活里担当一个健康的角色。"

参加这次学习班的共有十一人，多是三十岁到五十岁的男性，职业有建筑师、软件工程师、摄影师、政府雇员等。女性只有三名：一位退休老太太，她在市政府做志愿者已经四、五年了，退休前在银行工作；一位学习商业的大学生，此外就是我。大家都表示想要参与社区，了解城市各部门的运作状况。市行政官做了一个总括性的开场白，感谢众人的参与，顺带批评了美国社会公民参与率低的现象："这次社区学习班的目的就是与大家交流互动，举办一个有关公民的活动。美国人的观念变了，以前大家认为自己是公民，现在认为自己是纳税人。公民强调的是参与，纳税人强调的是权利。但只强调权利是不够的，政府需要好公民以确保政府功能的执行。"随后，助理行政官、市律师与市办事员分别介绍了城市的工作以及各项法律条例。

此后几节课学习的具体内容虽然各不相同，但都是讲述城市各职能部门的运作。警察局、消防局、公园与绿化部门、财政部门等在内的城市机构分别介绍了各自的工作并回答了市民提问。为了提高学习者的兴趣，教员往往把课程弄得像竞猜游戏一样，并且每次课上都准备了饮料和零食，有时还有教员自己烤的小饼干。有一次的学习是通过角色扮演来了解各部门如何在公共活动中协作以保障活动顺畅进行。教员假设悠然城将组织一次独立日的庆祝游行，学员的任务就是根据场景布置警察、消防、协调等预备措施。其间，学员自由组合成两个小组，每个小组提出游行中可能出现的问题以及解决措施，最后评定哪个小组的计划最完备。

参加了几次学习之后，我感觉似乎与我以前所理解的政治无关，这里没有任何动人心魄的大事，有的只是一些程序或职能介绍，再加上角色扮演。或许政治本就应该是一件朴实的事，无非就是个人参与到公共活动中。

11月9日晚是最后一节课。那天的学习是在市政府会议厅模拟市议会开会，商讨一份发展计划并聆听公众意见。此前一周计划书就寄到了学员手中，要求仔细阅读之后准备好自己的问题。该计划是这样的：有人提出要开发悠然山下小镜湖边的野外开放空间，建立高层公寓和商业设施。市议会必须在综合专业意见和公众意见后回应该计划。课上需要模拟的是第一轮会议，不能做出任何实质性的决定。联系到11月7号才结束的市民投票决定罗伊农场能否进行商业发展的个案[1]，这节课就比较有戏剧性，透过它可以隐约看到日常生活里发生过的事情如何积淀在人们的经验里。

模拟开始之前，我问坐我旁边的另外一位学员这计划是真的吗，会不会以后就如此发展呢？他撇撇嘴说："哦，是吗？或许是。"接着就笑了起来——这样的发展在他看来或许就是天方夜谭。

五位学员分别坐在议员的椅子上扮演议会成员，我是其中之一。其他几位学员分别扮演秘书和公众。真实的城市行政官、市律师、市办事员等城市公职人员也来协助，分别扮演他们各自相应的角色。整个模拟有板有眼，参会者在会议开始前还需要对着国旗严肃宣誓："我谨宣誓忠诚于美利坚合众国，忠诚于它所代表的共和国。上帝庇佑之下的一个国家，不可分割。人人由此享有自由和正义。"[2] 行政官和律师分别阐述了计划内容和相应的法律章程。接下来，五名市议员分别就计划书提出问题，主要涉及交通、污水处理、投资费用等方面。扮演公众的成员

---

[1] 详见第八章。
[2] 其中的"上帝庇佑之下"的词语是冷战时期加入誓言之中的。历史学家方纳指出，冷战时期，宗教信仰的自由被视作是美国的社会生活方式与共产主义社会生活方式的区别，为了突出显示美国与无神论的俄国之间的对比，"加强我们对共产主义的全民抵抗"，国会在五十年代把上帝请出来作为冷战的盟友，在忠诚宣誓中加进了"上帝庇佑之下"的词语。参见埃里克·方纳《美国自由的故事》第378页。

则提出要建低收入者住房、开放空间不能轻易用于商业设施等问题。整个过程中，城市办事员都在一旁记录，与真实的会议场景别无二致。最后，会议决定现有计划书还需进一步完善，尤其是环境和交通评估部分，下次公众会议又再商讨。模拟就此结束。当时，现实生活中的投票不过刚刚落幕两天，我们究竟是在表演，还是在建构城市，很难划出一个清晰的边界。

某次课程间隙，我与邻座的伍迪先生聊了起来。伍迪是一位软件工程师，妻子在大学工作。下文引用部分对话内容。

我：似乎不少人也不怎么关注这个活动，人们很少提到"公民"这个字眼。

伍迪：我还记得第一天行政官说的话，人们认为自己是纳税者。就我个人的观点来看，过去十几年来这种看法开始普遍起来。在这个消费社会，人们认为政府就是消费品的提供者，我付了钱就要得到好的东西。不只是政府，教育也这样。我家里有几个人在学校工作，学校就是提供消费品的，小孩没学好不会找自己的原因，只是说学校教的不好。政府就是消费品的提供者，我这样说你明白吗？

我：明白，就像市场一样。

伍迪：是啊，就是这样。我不了解中国政府的运作以及人们的参与情况。是什么样的呢？

我：中国人口很多，我们的城市很大，每个人都参与比较困难。

伍迪：哦，我明白了，就是说你们参与不多。

我：在你看来公民与纳税者有什么区别呢？

伍迪：只讲纳税者的话就是完全强调权利，一个良好的政府的运作需要有好的公民，这是第一天行政官说的，的确这样。你只注意权利忽视责任是不对的，政府与个人之间的关系应该是平衡的，既有权利也有责任。当然，只讲对政府的责任也是不对的，需要的是一种平衡。

我：现在你有兴趣参与公共工作了吗？

伍迪：我们六、七年前搬来这个城市，我觉得我有兴趣参与。这次学到了不少东西，看到了政府运作的各种细节。我想我会更多参与进来。

第七章 地方自治：民主的微观表现

最后一周的周六早上，我们乘大巴在市里旅行，参观污水处理厂、足球场以及历史遗迹等。其实城市不大，这些地方人们都知道，不过听了讲解之后就知其然也知其所以然了；当然，这也是塑造城市的方式之一。中午是简单的三明治午餐和毕业典礼。市长兰德尔先生与另外两位市议员丽贝卡女士和盖特先生来给大家颁发毕业证书，并鼓励学员说："今天的参与者或许就是明天的市长。"我也得到了一份颁发给"熟知并参与市政工作的社区成员"的精美证书、一件印着城市徽章的套头运动衫。回到北京后，我开始了民族志的写作，偶尔也会上网看一看悠然城的相关报道。2007年和2008年都看到当年度"塑造城市社区学习班"的信息。看样子，组织者希望能把这样的参与形式延续下去。

第二节 城市"大选"

简单地讲，地方自治就是地方上的所有人作为平等的个人联合起来共同管理地方事务。地方选举是地方自治的核心体现，个人通过投票在与自己休戚相关的公共问题的筹划与决策中表达意见。悠然城的注册选民有27828人，市长和市议员就是由这些选民的选票所决定的，选举产生的政府具有唯一的合法性。候选者必须满足两个条件：第一，身为注册选民；第二，选举前至少在悠然城居住了三十天，并且在任期内将一直居住在此。根据悠然城的宪章，市长任期为两年，其他议会成员为四年。田野调查期间，我正好赶上了悠然城市长与市议员的换届选举，现任市长兰德尔与市议员盖特的本届任期将于2006年11月的选举揭晓后结束。

一、竞选前的准备

7月初的一天，我在市政府网站上看到15日将召开城市选举一般会议，内容是为有意向参选的公众提供相关信息，包括竞选规则与日程

219

安排等。因为知道会议面向公众开放，我就决定去看个究竟。当天参会者不多，除了现任市长、城市律师、城市办事员外，就是另外六名有初步意向打算参选的市民和我。在其他衣着整洁的市民的对照下，一位穿着油渍斑斑的工作服的中年男子看上去比较显眼。会后我在市政府门口遇到了这位先生，他名叫科恩，是位焊工，打算竞选市长。听了他的自我介绍之后，我有点嘀咕他能否当选。我曾问过市政府工作人员库珀女士，通常而言哪一类职业的人士参与竞选市长较多。在不同城市的市政府工作过20年的库珀说："没有什么所谓的通常是谁参加竞选，任何人都有可能参与竞选。不过，竞选需要资金的支持。"我不知道科恩的经济状况如何，但他似乎不善言辞，如何打动选民呢？但谁知道呢，人们不是说在美国人人都可竞选总统吗？何况只是一个小市长。

由于办事员库珀女士早已为与会者准备好了《加州政府法规》(California Government Code)、《加州选举法规》(Californai Elections Code)、《城市竞选条例》(City's Elections Campaign Regulations)、《候选人指南》(Candidate's Guide) 等书面材料，各项内容事无巨细都可找到规章与依据，因此会上只是扼要说明注意事项，告知有意参选的市民一定要仔细阅读上述材料，整个会议持续不到半小时。末了，城市办事员强调"如果有意参加竞选，请一定记住，竞选过程是透明公开的。一旦登记竞选，候选人及竞选信息就会成为公开记录，除了指南有特别说明之外，所有信息面向公众开放。"

最初到市政府咨询城市信息时，库珀女士曾说，竞选城市层面的公职是普通人进入政界的途径之一，最初在城市层面参与公职，做得好了再进到县一级，然后又到州一级，一步一步向上发展。库珀相信，只要有工作能力，有坚强的个性，就能成为领导，带领众人一起改善社区面貌。

过了几天，现任市长兰德尔、市议员盖特和市民科恩分别领取了市长竞选提名表。到了月底，市议会现任女议员丽贝卡也表示要竞选市长职位。于是本届市议会五名成员中有三位成员参加了竞选，加上科恩，2006年一共有四位候选人竞选悠然城市长一职。与另外几位候选人相比，科恩资历尚浅，这是他第一次参与公共官员选举，并且以往参与过的市民服务并不多。

第七章 地方自治：民主的微观表现

树木掩映下的市政府

Foundations of Governance

If our democracy is to flourish, it must have criticism; if our government is to function it must have dissent.
— Henry Steele Commayer

In a democracy both deep reverence and sense of the cornic are requisite.
— Carl Sandburg

"Boum Commune"
For the common good

We hold the view that the people come first, not the government.
— John Fitzgerald Kennedy

Democracy is based upon the conviction that there are extraordinary possibilities

市政府前一个雕塑作品的基座上刻着："如果我们的民主要繁荣就得有批评，如果我们的政府要起作用就得有异见"、"我们认为排在首位的是人民而非政府"等名人名言。

市政府前的布告栏，所有会议、活动的通知都可以在此看到。

二、展开竞选

随后的几个月,竞选人逐步展开了他们的竞选工作。9月初,兰德尔给安妮发了邮件,问她是否愿意在自家门前的草地上放置他的竞选牌。安妮认识兰德尔很长时间了,安妮去世的丈夫曾经和兰德尔同事,不过那时的兰德尔还不是市长。安妮觉得兰德尔为城市尽心尽力,是个称职的市长,就答应了。不久之后,有人到安妮家门前插上了兰德尔的竞选牌。[1] 那一阵子,我每天出去散步,基本上每条街都有一两户人家的屋前立着兰德尔的竞选牌。看样子,这位在悠然城生活并担任公职已有五十年的老先生是既有经验,又有号召力。毕竟,他本人在小城的历史就占了城市一百五十年历史的三分之一,堪称"乡镇长老"。

不久之后,写着丽贝卡名字的竞选牌也渐渐多了起来,盖特的竞选牌不多见,科恩的则是一个也没见到过。一般说来,树立竞选牌、邮寄资料、在地方媒体上刊登广告、建立宣传网站等是最常见的宣传形式。有时,竞选人也会选择步行宣传,与市民面对面的交流。盖特就认为自己的步行宣传有很好的效果。他与他的竞选班子上街散步,与市民直接交流,见到婴儿也不忘抱起来亲一下。更多的时候,盖特选择与人们一起遛狗,在轻松的氛围中交谈。狗可以说是提升美国人人际关系的法宝,牵着狗的陌生人路上相逢,可能就会以狗为话题聊几句,而后没准就能进一步聊点别的话题。兰德尔则认为步行宣传不是有效的方法:"当我说我是兰德尔的时候,人们说'我认识你',他们已经知道自己是否喜欢我。不过我有竞选班子替我上街宣传。"[2] 可惜的是,我一直没见到科恩的任何形式的宣传材料。小城镇的竞选尤其需要经验、业绩、口碑和人际关系,宣传可以帮助竞选者把它们呈现出来。不难看出,科恩已经明显处于劣势。

城市层面的竞选与政党无关,民主党、共和党的字眼从未在宣传材料中出现过。竞选者强调的是社区事务,选民关注的也是社区事务,例如市中心如何发展、是否应该改变楼房高度的限制等。

---

[1] 根据竞选规定,树立于居民区的竞选牌大小不能超过3平方英尺,树立于非居民区的竞选牌大小不能超过10平方英尺。

[2] 引自当地《论坛报》。

小城今年需要投票选出的除了市长、市议员外，还有两项议案需要市民决定。一项是本书开头提到的罗伊农场能否进行商业发展的议案A，另一项是城市是否可以增加零售税（sales tax）——使之由目前的7.25%增加到7.75%的议案B。

在美国，政府要人们多交半厘的税[1]都会引起一番争论，议案B讨论的恰恰就是这"取之于民，用之于民"的税收。早在7月中旬市政厅就召开了一次市议会的例会，讨论并表决是否打算将零售税由7.25%增加到7.75%。例会面向公众开放，不愿亲临会场但又感兴趣的市民可以选择在家收看电视直播。当天的会上，市议员向公众解释，目前零售税为7.25%，其中6.25%上缴加州，0.25%用于县交通，只有0.75%用于该市。过去十五年，悠然城已经上缴加州零售税两千两百万美元，今年上缴额度约为三百万美元。可惜，市里所剩不多，而很多公共设施需要维修，因此最可行的方法是增加零售税。五名议员一致指出，提高零售税不是为了政府，而是为了这个城市。大家如果喜欢这个社区，自然也希望保证在此地的生活质量。而生活质量的保证就需要在这样的情形下提高零售税。最后经过市民发言，市议会全票通过将零售税上涨的方案付诸11月的投票，由选民决定是否能够实施。

随后，市政府成立了"同意议案B竞选委员会"，给每一户居民发

---

[1] "税"是美国人日常生活中的一个关键词，在多个层面作用于社会。下面举个日常生活中的小例子：有一次我跟随邻居珍妮去默瑞城的亚洲商店购买食品，路上就说起了罗伊商场项目。珍妮说现在县里投票，罗伊的农场位于县境内，如果议案通过的话，以后可能还涉及商场销售税在县、市的分配问题，就此我们就说起了税收。珍妮说房子要交税，汽车要交税，政府在任何地方都收税。正好此前几天我与另外一位朋友戴碧聊天时也提到了税的问题。戴碧说她女儿所居住的城市那儿曾经有人提出政府应该给家庭教育拨款，教育经费只分配给公共教育不公平，因为每个人都上税。不过该提议没有通过。于是我就拿这个例子来问珍妮是怎么看的。她说："这没有什么不公平的，就像我只有一个孩子，而且现在孩子也不需要教育，我也一样上税。我在上税的同时也在享用别人上的税，因此没什么不公平。" 当然，美国税收制度相当复杂，涉及各种减免和退税政策，这里所说的只是一般的例子。通过"我在上税的同时也在享用别人上的税"可以看到，税将个人与个人、个人与社会、个人与国家联系了起来。当然，人们关于税的不同认识会从不同角度影响个人与社会、与国家的关系。例如本章第一节提到，纳税人概念的深入人心有助于人们正当地要求自己的权利，但如果过于强调个人身上的纳税人维度而忽视公民维度，则有可能使得人们过于强调自己的权利而忽视参与公共生活的义务。

出信件，希望居民投票赞成。信件指出，由于财政预算不足，社区街道的养护工作已经推迟；别的城市都有全职的消防员培训官，而悠然城由于预算不足只有兼职的；城市泄洪系统缺少资金等等。有意思的是，信件还指出一半的零售税实际上是在悠然城的游客支付的。不久之后，不少赞成该举措的市民在自家屋前立起了白底黄字的"同意B"的牌子，上面还写着"维护城市优美与独特"的字样。

为了争取相同观点的选民的支持，也为了说服不同观点的选民改变想法进而支持自己，各位竞选者均在不同的场合表达了他们关于议案A与B的观点。其实，陈述自己观点的同时也是在展示个人的工作能力。选民即使不同意具体的观点，也能看出竞选者是否逻辑清晰。在议案B的问题上，兰德尔、盖特、丽贝卡三人均持赞成意见。其中兰德尔是最坚定的支持者，他认为提高零售税是最简单也最公平的增加城市财政收入的方法。丽贝卡则强调如果议案获得通过，她会仔细留心收上来的钱被用到了哪儿。四位竞选者中仅有科恩一人持反对意见，他认为那会增加生活成本，减少城市零售额。

三、竞选中的关键议题：议案A

最关键也最有争议的话题还是议案A。竞选者的观点是什么、观点所代表的城市发展理念是什么等等都是市民关心的。几位竞选者在议案A的问题上持有不同意见，尤其是丽贝卡与兰德尔两人的看法构成了一组对立意见。丽贝卡非常坚定地反对议案A，好几次有关议案A的公众聚会或政府会议上，我都见到过她的身影。多年来，丽贝卡一直主张城市应该慢速发展，这一次她指出农场进行商业发展会给城市带来不少负面影响，并且也是对公民立法提案程序的滥用。丽贝卡也曾表示，自己参与竞选就是要让社区多个选择，通过竞选把不同的声音显现出来。从她已经是市议员就不难看出，丽贝卡的慢速发展观在悠然城有不少支持者。

兰德尔主张合理规划的发展不可避免，并且把城市扩张问题与中低收入者能够负担的房价问题结合起来。他认为农场主的商业发展规划将包括一个立交桥，而城市恰恰需要这样的立交桥来应付那个地区的日益增多的车流量，并且立交桥的建设可以在农场主、城市与 S 县之间协商解决。兰德尔表示如果议案 A 得到通过，他支持把该土地并入城市，寻求资金建设立交桥，并把该项目与诸如供水和排水等城市服务连接起来。"我已经同罗伊家族和两位县主管协商，我们会找到一个如何支付立交桥建设的好方法。"兰德尔说城市的发展是不可避免的，设计满足发展的服务措施是必须的。他表示"不能好好计划将会不可避免地导致社区居民生活质量的下降。"

盖特则是温和反对，他认为农场新规划并不尽善尽美，尚有不少潜在的环境、交通等问题；并且他认为关于规划的问题不应该由这样的投票来解决。不过，盖特也表示，如果议案得到通过，他会努力将该土地并入城市，并与土地主人协商如何减少项目对社区的负面影响。

科恩反对议案 A，表示会带来以投票形式决定土地使用的不良先例。

竞选期间，当地报纸《论坛报》对四位竞选者作了一番评论[1]。评论为选民提供了不少信息，字里行间也透露着评论人（或者还有报纸本身）的态度，传达出理解美国人公共生活的一些线索。

4 名候选人中有 3 人是市议会成员。其中现任市长兰德尔与市议员盖特在关于发展的问题上经常意见接近。另一位女议员丽贝卡则赞成慢速发展，她经常是市议会关于发展问题的表决中 4 比 1 中的那个 1，但这也是她一直坚持且颇为自豪的一件事。另一位候选人科恩很久以来一直对他所住的那个街区的规划不满。

市议员弗林特没有参加竞选，他是大学政治学教授，乐于预测，他说："丽贝卡加入竞选将获得某些因环境原因投给盖特的选票，获益者看上去会是兰德尔"。另外一位市议员高尔支持盖特。

议案 A 会是竞选的一个关键。议案 A 涉及的那块土地长期以来一直是市议会讨论的热点。经过 10 多年的协商，市议会在 2004 年的表决中决定合并那块土地，并允许它作为商场来发展。不过，2005 年 4 月市民的投票否决了该计划。目前的情形看，盖特和丽贝卡反对议案 A，兰德尔则是持支持态度。兰德尔指出，如果议案 A 通过，它最终会并入城市，有益市民。他还说在那里能否修建立交桥的机会也在于那儿是否能

---

[1] 当地报纸2006年8月20日文章。

够有一个大的发展项目。

丽贝卡说自己参与竞选是因为人们在盖特和兰德尔之间没有真正的选择。盖特认为自己是兰德尔与丽贝卡之间持温和态度的候选人："环境主义者和不发展主义者是有区别的。我是寻求解决之道的环境主义者，而不是找新的方式说不。"盖特同样表示自己和兰德尔有区别，兰德尔支持城市向外蔓延，而他不这样。

兰德尔说自己并不是人们所说的可怕的发展主义者。"如果你看一下这些年来人口的增长，你就会知道我们的发展比城市整体规划要慢。关于什么是城市蔓延有不同的见解。在我们市里就有工作岗位，但人们不得不住在别的城市开车上下班。"兰德尔倾向于让在本城工作的人也能住在这里。

科恩对城市事务多有不满。在一次访谈中，科恩抱怨城市官员总是试图压制他的声音，不让他在会议的公众评论部分有更长的发言时间。科恩经营一个焊接生意已有35年，他不像其他几位候选人那样为人熟知。但自从城市领导通过了在他生意附近的一个工业与住宅的混合项目后，科恩开始在城市会议上活跃起来。关于竞选，他说"我是那个阵营中唯一的外来者，我就坐在桌子的另一边。我是个市民。"

四、竞选资金的筹集与公职薪资

市长竞选需要竞选人自己筹集宣传资金。一方面用于统一交纳的费用，另一方面用于私人宣传。竞选时，城市并不收取注册费（filing fee），但统一印刷和分发的"候选人陈述"（Candidate Statement）需要每一位竞选者自己出资。印刷英文版本需要三百三十美元，印刷西班牙文版本需要四百九十美元。不过，如果候选人缺乏资金也可向城市提出申请。

按照传统儒家观念，国家治理主要依靠道德和礼仪，"其身正，不令而行；其身不正，虽令不从"（《论语·子路》）所表达的基本就是这个意思。现代西方的政治理念则与此不同。基于对人性中既有堕落倾向又有向善倾向的这种双重性的认识，西方社会设计了民主政治，并为其运作设计了严格的规范和限制。即使是小镇竞选，也在尽最大可能地排除"潜规则"（吴思，2009）运行的可能性。虽然悠然城的大选不可避免地会牵涉既得利益群体，但根据法律的规定，竞选资金来源与数目必须公布。

十月中旬，《论坛报》报道了各竞选者筹集资金的状况。现任市长兰德尔所筹资金最多，一共得到两万美元的资助用于选举，其中一百至两百美元范围的资助有91笔；一百美元以内的资助共筹集到五千八百美元；自己出资一千五百美元。报纸指出，在他的资金来源中有七百美元来自城里一所律师事务所的五位律师，他们代表了农场主罗伊。盖特筹集到一万一千美元，其中一百至两百美元范围的资助有62笔；一百美元以内的资助共筹集一千二百美元。盖特的资助者包括在市中心拥有大量地产的克鲁斯家[1]的两兄弟，他俩各自出资两百美元。兰德尔与盖特的资助者也有重叠：现任市议员高尔给他俩各自出资两百美元，罗伊的发言人也给他俩各自出资一百美元。丽贝卡共筹集资金一万美元，包括自己出资一千五百美元和一百美元以内的捐资。丽贝卡的资金中包括4笔两百美元的资助，这些资助者同样也资助了议案A的反对者。科恩则表示不会筹集资金用于竞选宣传。

竞选者筹集得资金看似不多，但是比起担任市长后能领取的薪资，那也是很大一笔数目了。不同的城市，公职的薪资标准并不相同。2006年时，除保险外，悠然城市长月薪为一千一百美元，其他议会成员为九百美元。在登记选民仅有7084人的S县海湾城，市长的月薪是七百十五美元，议会成员是五百二十五美元。城市其他公职的薪水大多从三千美元到七千美元不等，只有很少一部分公职可以拿到九千到一万美元。所有公职人员的薪资标准都可以在市政府的网站上查到。一千一百美元在悠然城大概支付完一套两居或三居房屋的月租后便所剩无几，幸亏市长与其他几位议会成员都是兼职，例如本届市议员中既有退休工程师、也有大学教授，还有城里的商人，否则要养家糊口可不容易。除了每月领取的薪资，市长和其他市议员可以享受的私人福利以及公务津贴都有细致明确的规定，例如根据悠然城《议会政策与程序》规定：

2.3.2 加州城市联盟会议

关于参加年度加州城市联盟会议的开支。城市为配偶共同出席提供

---

[1] 后文会讲到，克鲁斯家计划在市区发展一个包括旅馆、商店和民宅的中国城项目。

下列资助（鼓励配偶参加）[1]：双人房间；

配偶参加会议研讨班的注册费用（不包括娱乐性活动的费用）；

仅当城市公车不能使用而不得不选择汽车、火车或飞机时，资助旅程费用。如果官员使用自己的交通工具，仅提供一份资助；

配偶花销的与会议有直接关系的餐费。

2.3.3 略

2.3.4 启动津贴

用于职业发展的津贴上限为一千美元。该津贴仅资助新当选的市长和市议员，用于资助他们增进对市政管理以及法律运作的认识。

2.4 城市事务与旅行津贴

2.4.1 城市事务

与城市官方事务相关的包括餐费、门票、期刊、会费等种种杂项，市议员每人每季度的津贴是三百美元，市长的津贴是四百五十美元。

2.4.2 旅行津贴

S县境内的公务旅行，市议员每人每季度的津贴是三百美元，市长四百五十美元。

2.5 程序与限制

必须有适当的预算安排及账户控制以确保开支和津贴符合被批准的预算方案。市长与市议员应该在预算内制定其公务计划。特殊情况要求增加开支需要议会采取正式的程序。

……

美国建国之初，公职人员能否领取俸禄曾是个备受争议的问题。怀有古典共和主义理想的建国之父们认为，担任公职者必须与私利无涉，政府官员应该不计报酬地为公众服务。然而，建国之父们勉力实践的观念已经跟不上时代。一方面，人人都要劳动的平等观念深入人心，每一位自由的美国人都被认为从事着某项工作并以此获取报酬；另一方面，政治需要面向平民开放，不可能仅由享有赋闲生活的绅士担任公职。古典共和终究要完成向现代民主的转变，制宪会议最终规定为所有国家

---

[1] 家庭价值在美国的政治话语中具有不容忽视的地位，可以看出制度安排也在与之配合。

官员提供报酬（伍德，1997：297-306）。不过，虽然现代社会的公职人员领取报酬已是天经地义，从悠然城的情况可以明显看出，公职并不是一个获利的好途径。其实，在现代民主社会，公职不仅不应该是获利的快捷途径，也不必然与名声相关。因为当国家与社会分界相对明晰之后，社会权势就不一定产生政治权势，政治权势也不一定反过来强化社会权势。

五、其他市议员的选举

今年的选举除了要选出一位市长外，还要选出一位市议员。盖特作为市议员四年的任期将满，不论他是否当选市长，都会空出一个职位。这一空缺引来了三位竞争者：卡特、科纳和曼宁。比起市长竞选，三位市议员竞选者的宣传并不多见。

卡特是一家手机营销公司的经理，我在7月份的城市选举一般会议上见到过他。自1994年搬来悠然城以来，卡特在城里一直比较活跃，定期参加了市议会召开的各种会议。据当地报纸说，卡特曾在2005年时发现了城市污水处理账目中的一处财务疏漏，从而为城市节约了一百五十万美元，这使他为人所知。2006年之前，卡特就有过两次参选经历，但均以失败告终。他说自己所关注的一直是中低收入者能够承受的房价问题，"那是我优先考虑的问题，但需要三人才能成为多数。"卡特反对议案A，两个理由：立交桥支出不确定；土地使用的规划不应该由投票决定。

科纳是悠然城的老居民，经营着一个回收废纸的企业，目前还在城市"公园与娱乐委员会"（Parks and Recreation Commission）任职。噪音、绿化、开放空间、体育设施等等与生活质量有关的问题是他所关心的。作为老居民的科纳不仅支持增加税收，甚至还避免到城外消费，因为他希望税收用于当地。科纳反对议案A，反对别的城市的居民决定悠然城事务，因为议案A是在全县范围投票。不过，如果议案获得通过，科纳也认为城市应该积极应对，把那块土地并入城市范围。热爱这座城市的科纳得到了《论坛报》的肯定，但评论也指出他缺乏宽广的视界解决城市目前面临的最迫切的问题，即中低收入者的住房问题。

曼宁是一位卡车司机，来自东部，搬来悠然城也有 12 年了。"我的目标是代表没人代表的人"，曼宁认为普通居民对于城里发生的大事件所知不多。如果当选，他将传达更多信息给民众。曼宁反对议案 A，即使获得通过，他也认为城市不应该给这个项目提供任何服务。与竞选市长的科恩一样，曼宁也不同意增加税收。[1]

六、选举揭晓

投票前夕，《论坛报》再次评论了各位市长候选人，明确指出其支持对象及理由。

关于几位候选人，我们的看法是这样的：

科恩缺乏政策制定的经验，对城市相关事务也缺乏深度了解。他不是一个合适的候选人。

丽贝卡的观点一点儿都不含糊。她在市议会的任期内一直反对城市发展和成长。她的立场往往让她处于 4 比 1 中的 1。由于城市总会面临困难，能够细致且从不同角度思考问题的议会成员可以更好地服务于公共政策的制定。丽贝卡在议会的决策中很好地代表了慢速发展的选民。但市长的位置需要一个可以促进同意与折中的领导。

自从兰德尔 1956 年搬来悠然城以来，他一直对城市有影响。教堂广场、市中心树木、电线埋入地下等都是在他担任城市公共事务处主任时完成的。他一直是乐于参与的议会成员和市长。对于未来也有现实的考虑。兰德尔出色地服务了城市居民，但现在是时候来个新面孔了。

盖特任职的 8 年来已经证明了他的能力，并且也做好了担任市长的准备。就平衡环境与经济方面，他有良好的知识，并且思考周到。他的温和态度与成熟的领导能够帮助他应对城市今后面临的挑战。

看起来，《论坛报》的观点比较公允，但究竟在多大程度上影响了选民的投票难以确定。这不仅因为市民从多方面获得信息，也因为人们

---

[1] 以上三位竞选者的信息来自当地报纸《论坛报》。

会根据自己的利益与已有的观念作出选择。一位朋友就曾和我说："选民需要自己思考，不要街上随便看到什么广告，就想那就是他了，这样的话还不如待在家里别去投票。"

11月7日，选举的当天，从早上七点到晚上八点，市民可到投票点投票。另外，市民也可选择在10月9日到10月31日之间进行缺席投票（absentee ballot），即邮寄选票。11月8日早晨，选举结果揭晓，现任市长兰德尔获得2643票，占投票选民的50.25%，连任市长，进入他的第三任任期。毕竟，"乡镇长老"兰德尔在小城几乎家喻户晓，即使他的反对者也不得不承认这一点是他人难以企及的。而既没有筹集宣传资金，也缺乏社区工作经历的科恩仅获得141票，未能当选。作为市议员，盖特四年任期已满，既然没有当选市长，就将退出新一届的市议会。丽贝卡四年任期还有两年，因此虽未当选市长，仍然是市议员。卡特是新当选的市议员，接替盖特任满后留下的空缺。新的市议会将从2006年12月1日起执行工作，直至2008年12月，又一轮选举之后更换成员。至于议案B，投票结果3350人赞成，占64%；1884人反对，占36%。据估算，零售税提高后每年将给城市多带来约四百五十万美元的收入。

我曾经问一位当地朋友戴碧，增加零售税是否行得通，人们是否相信政府所说。她回答："这个城市居住的人们都比较富裕，增加0.5%根本不算什么。我们的城市建设需要资金，当然州里也会拨款，但还是需要资金，道路要维护，此外还有别的基础设施。不管怎么样，我还是相信政府已经尽力在做对人们有益的事。"可以说，正是由于政府工作的高透明度及其不遗余力地与民众沟通获得了选民的支持和信任。

小结

民主政治的一个具体体现是地方自治。简单地讲，地方自治是平等的个人联合起来自己管理自己，它的一端是基层政府，另一端是全体市民，连接这两端的则是主权在民的原则。如果社会成员不能参与和自己休戚相关的社区事务，不仅人民主权的原则变成一句空话，也无益于个人对高于地方政府的联邦政府的同意。早在民主社会的趋势

第七章 地方自治：民主的微观表现

初露端倪的时候，托克维尔就已指出，地方自治能够养成公民精神，从而防止集权专制。一旦地方性公民参与减弱，个人势必独自面对庞大的政党政治或中央国家（托克维尔，2004：65-108）。悠然城的"大选"让我们看到了美国民主政治的一个相对微观的层面。在整个选举过程中，竞选人和选民遵循普遍的民主程序。同时，我们也可看到，竞选人的陈述以及选民的意向又全都围绕"地方"而展开。参与和自己休戚相关的社区事务的市民身上体现出了地方主体的色彩，本书第八章将进一步揭示这一点。

第八章 公民投票：『这不只是私人财产权的问题』

个人主义作为一种伦理价值或意识形态，是对现代社会应该如何的一种表述，其根本预设是以个人为本位，突出个人的优先性。与个人主义的表述之间相对立的是社群主义的表述，它也同样是对社会生活应该如何的理解与解释，其根本预设是以社群为本位。个人主义表述与社群主义表述之间存在着明显的紧张关系，但由于二者皆指向应然社会，因而都不能穷尽社会经验。下文以一次市民投票决定私人农场能否进行商业发展的社会事件为例，表明以个人为本位的个人主义表述与以群己权界为出发点的实践逻辑相结合，舒缓了表述层面所存在的个人与社会的紧张关系。

第一节 复杂的投票过程[1]

一、历史背景与议案 A 的出现

1961 年，悠然城通过了第一份城市总体规划（general plan），后来在 1966、1972、1977、1994 和 2004 年又几经修订。该规划主要用于指导城市各种资源尤其是土地资源的使用与保护，目的在于寻求达到社会、经济与环境之间的平衡。该规划中的任何一项内容被通过或进行修订之前，城市规划委员会和市议会必须提供环境评估报告并举行公众听证会。此外，市民也可在任何时候对规划提出修订意见。因为城市的相关资料面向公众开放，作为民族志工作者，我也可以在市政府或其网站得到有关总体规划的信息。在 2004 年修订的城市总体规划中有这样一段话：

---

[1] 本章部分内容曾发表于《开放时代》2008年第4期《城市与市民内在关系的呈现——以美国加州悠然城为例》。

第八章 公民投票:"这不只是私人财产权的问题"

我们悠然城人怀有这样的看法:我们有权基于社区的价值来决定我们社区的命运;社区未来的生命力取决于我们每天所做的历史选择,而不是取决于超出我们控制的不可避免的力量;在这个位于我们北面、南面和东面的大城市的生命力被激增的环境恶化所破坏和文明衰退的年代,我们仍坚守为社区寻求另一种未来的愿望。因此,我们任命选民代表和城市职员来保护我们的自然环境,控制妨害社区长存的过度发展。

自第一份城市规划通过以来,悠然城公众越来越关注城市发展及其可能带来的社会、经济与环境后果。过去几十年来,悠然城的居民不断地以投票方式表达对土地使用和环境保护的意见。例如1978年,62%的选民以公民立法提案程序的形式修订了《城市宪章》,从而允许选民可以就土地合并(annexation)投赞成票或反对票;1983年,73%的选民投票指出城市应该考虑购买开放空间以保护易受破坏的山麓;1983年,69%的选民指出悠然城海港不应该进行近海石油勘探;1991年,正值悠然城历史上最干旱的时期,56%的选民认为城市不应该加入州水利工程(State Water Project);1992年,56%的选民以公民复决的方式废止了市议会所通过的加入加州水利工程的提议。

1988年,悠然城进行了一次与城市发展相关的民意测验。90%的受访者将自然环境列为生活质量的首要指标。测验请人们回答什么是本城最严重的问题,42%的被访者表示是过度发展,15%的被访者表示是交通问题。当被问到本城最有利的因素是什么时,53%的受访者表示是环境质量和社区意识。测验还请被访者为该城选择发展速度,15%的人选择不发展;51%的人选择慢于加州和S县发展速度;19%的人选择不快于县发展速度。多年来,悠然城一直在高速发展与完全不发展之间寻求平衡。

如本书开头所述,悠然城紧紧挨着加州南北向的101高速公路,在高速公路的西边与悠然城主干道之一悠然大街的东边,有一块占地132英亩(0.53平方公里)的私人耕地,其位置恰好在交通枢纽附近。早在二十世纪初期,罗伊家族就开始拥有并耕作这块土地。那时,土地属于罗伊的祖父母。1952年,罗伊从他父亲那儿继承了这块土地。耕种经营了几十年之后,罗伊发觉继续在这块紧紧挨着购物中心的土地上进行耕种已经不再现实——在土地的北面是由多家连锁大商场组成的一个大型购物广场，其中有办公用品商店 Staples、家居用品商店 Bed Bath&Beyond、服装商店 Gottschalks、超级市场 Ralph、体育用品商店 Big 5 等，此外，还有书店、糖果店、几家餐馆和两家银行。从上个世纪九十年代开始，罗伊一直在谋求发展这块土地，希望将其建成一个大规模的商业中心。

1991年，罗伊开始到市议会申请发展这块土地。当时，罗伊家族提出了一个折中方案：如果城市允许一半的土地用于发展，他们将把剩下的土地出售用作开放空间。罗伊家族的折中方案获得了市议会的欢迎，但多种因素却导致城市最终没有同意该项目。2001年2月，市议会否定了"罗伊商场计划"，罗伊便打算在 S 县范围提出公民立法提案程序，并且提出了更大的发展规划。如果项目得到 S 县的批准，那么城市将失去控制这块土地的机会、开放空间和所有零售税；此外，城市还将面临以下可能出现的负面影响：城市外观的改变和拥挤的交通。2002年，市议会敦促县政府把这一事件的权限交由城市处理得到了县政府的同意，但县里也提出了要求：城市需要与罗伊家族以及他们的合作伙伴公平地协商处理发展问题。

经过一系列的调查和评估之后，罗伊提出了 2004 年的方案：55 英亩土地用于开放空间，65 英亩用于发展，其余部分用于道路等设施。当时，许多全美流行的大型商场如 Target、Macay's 等都表示了将在此设店的意愿。为了打消部分市民的疑虑，罗伊一直都在表示商场计划中没有沃尔玛的加入——在不少人眼中，沃尔玛代表的是剥削工人、销售廉价商品的负面形象。[1]

2004年7月，城市议会同意了罗伊商场计划。从市长兰德尔先生的解释来看，市议会之所以同意是经过了一番深思熟虑之后作出的最佳选择：罗伊的这块土地被悠然城包围，但却不属于城市范围。城市如果想控制这块土地，就要把它并入城市范围。但是，没有财产主人的同意，土地就不能并入城市。如果城市不允许罗伊家在一定程度上按照他们觉得公平的意愿使用土地，罗伊家就不会同意土地并入城市。因此，城市需要与罗伊一家达成互惠局面。最初，罗伊家族和不少市民希望大部分

---

[1] 沃尔玛传递的另一个信息是，消费是社会区隔的明显体现。

第八章 公民投票:"这不只是私人财产权的问题"

土地用于发展,也有不少市民希望城市保护整块土地将其用作开放空间。但只要土地不属于城市境内,市政府就不能采取什么措施,而且市政府也没有资金购买这块土地来用作开放空间。即使暂时阻止农场的开发,也不能保证今后土地不会用作商业发展,至于到时候是否还有符合各方利益的方案就是一个未知数了。

然而,计划的通过在悠然城掀起了波澜。项目虽然得到了市议会同意,却遭到了部分市民尤其是以市中心协会(本身也是市议会的顾问委员会)[1]为代表的市民们的激烈反对。"高速公路沿线那些盒子般的购物商场和城市几乎是一个模子里出来的,难道悠然城要舍弃自身的独特,甚至变得像洛杉矶那样吗?" 反对者们既担心城市丢失其田园氛围,变得与美国其他城市没什么两样,也担心入驻的大商场冲击本地小型零售商业。部分反对者打出了"保护悠然城"的口号,并收集了足够的签名,要求公民复决[2],意在推翻该计划。2005年,悠然城选民投票进行表决。投票当天,当地日报《论坛报》号召大家前去投票:"如果你不投票,你就别抱怨"。据统计,当天约有13450人投票,反对票略占优势,计划随即被搁置。

不过,受到挫折的土地主人没有放弃,他提出这块土地属于县境内而非市境内,并决定在县境内收集签名,提交县政府"换个政府找出路"。从法律的角度说,这就是发起公民立法提案程序[3]。2006年春天,罗伊收集到18000人的有效签名。根据法律,全县选民将于11月7日再次对该计划进行投票表决——这就是议案A。这一次,开发项目不再叫做"罗伊商场计划",而是改名"罗伊农场项目"。

农场主人想了新法子,反对的市民也没有停下来,其中的积极分子成立了"地方控制联盟"来组织活动。随后的日子里,双方展开了一场持续

---

[1] 后来城市检察官指出市中心协会作为城市顾问委员会,从法律上来讲参与反对并不妥当,因此在2006年的公民立法提案程序中,市中心协会就没有表态。市中心协会的主要工作包括管理周四傍晚的农夫市场。它从市区七百多家商家那儿获得资助,城市则为其配备职员并提供各种服务。

[2] 公民复决主要是指对议会所通过的宪法案或法律案进行公民投票表决,然后根据表决结果决定是否可行。公民复决包括制宪复决和立法复决,此外还包括对其他事项,如一般自治问题进行公民复决。

[3] 即公民经过一定人数的签署可以提出法案的权利。公民复决的宪法案或法律案是由议会提出或通过的,而公民立法提案程序的议案是由公民草拟提出的。

数月的宣传活动，普通市民随之参与进来，在赞成或反对之间进行选择。

农耕土地还是购物商场？开放空间还是人工建筑？社会设施还是商业设施？外来资本还是地方控制？悠然城的市民面临着选择，换言之，他们要选择倚重哪些要素来组织日常生活与社会生活。从市民的反对声音不难看出，经济增长不是社会意识的唯一期待。从农场主、市政府以及市民之间持续多年的拉锯战来看，社会也不期待任何意愿皆可立竿见影地变为现实。

二、立法提案程序委员会会议

民主社会的政府官员应该对公民的意愿与行动作出积极响应，同时，政府的组织与运作也应该为协作性的社会互动提供资源。公民立法提案程序被发起后，S县政府组织了由两名县主管、两名悠然城市议员构成的罗伊农场公民立法提案程序委员会。委员会在2006年7月19日、8月2日、8月16日和8月30日四天分别组织了四次公开会议，向市民提供信息并聆听市民意见。会议在县政府召开，感兴趣的市民可以选择到场发表意见或在家收看实况转播。

简单地讲，会议的形式大致可以分为两部分，一部分是专业性的相关报告，内容涉及交通、环境、公共安全等；另一部分则是公众意见。虽说公众的意见并不统一，既有反对者，也有支持者，还有拿不定主意的人，整个会议却能够保持安静有序。每个提问的公众报上自己名字，然后简洁地表达自己的观点或是提出问题。

每次会议都有数十位市民到场。最初两次会议，提问市民较少明确表态，大多提出一些质疑的声音，例如：

1. 如果预计进驻的商业不成功，那怎么办？
2. 购物中心对S县和悠然城的影响不一样。
3. 交通拥挤的情况下如何保障消防安全？
4 如何保证公众尤其是儿童在该商业中心的安全。
……

第八章 公民投票:"这不只是私人财产权的问题"

一天会后,我与一位坐我旁边的老太太聊了起来。她自称是罗伊先生的朋友,因为不明白为什么发展一块土地对他来说这么困难,于是来看个究竟。"已经超过十年了,罗伊都在努力。城里也不是没有别的发展计划,偏偏这个就这么困难。他们一家住在悠然城有四、五代人了,一大家子都是很好的人,他不会不顾及这个城市。"老太太觉得罗伊一家世代居住在悠然城,因此他的发展规划不会给社区带来负面影响。

8月30日的会议是参与人数最多,同时也是投票前的最后一次会议,地点换在了县政府的大会议厅。当天约有60多位S县居民到场,包括积极反对者悠然城女议员丽贝卡、在大学研究交通问题的埃蒙斯等,还有那位自称是罗伊朋友的老太太。当然,农场主罗伊也到场了。

会议开始前,准备发言的市民需要填写一张写上自己姓名的申请单交给立法助理(legislative assistant),每人发言不能超过两分钟。大约有30位市民发表了自己的意见,观点举例如下:

1,不能问题还没有解决就开始建设。

2,我认识罗伊先生很多年了,他家土地的周围已经被商店包围,不可能再耕作。为什么就是不让他的计划通过呢?

3,我认为这不只是私人财产的问题,也不只是我们需要多少购物中心的问题。我希望政府部门给公众详尽的信息:整个投票的过程是怎样的,这个项目的不良后果会是什么。

4,我支持罗伊先生,媒体就是在捣乱。他不是什么发展商,他只是一个农夫,他们家人也一直是农夫。现在土地被包围,不可能再种植了。

5,我生活在这个城市20多年了。第一,我认为这不是所谓的关于家庭的投票。面对不可预料的后果我们必须谨慎。第二,我深深地认为私人财产权很重要,但在这样的问题上罗伊先生面对的不只是私人财产权的问题。

6,我珍视私人财产,但这样大的项目会影响到别人,对于县里另外80%的居民而言也受到影响。

7,我们听到罗伊家族的计划已经很多年了,现在这个项目可以使每个人受益,项目里包括了农夫市场等大家喜爱的东西。

8，我支持这个项目。购物会更方便，价钱也不会那么贵，这对年轻家庭来说更重要。

公众发言的最后是罗伊先生简短发言，他先是感谢支持者，接着请大家投票赞成他的项目。总之，诸多发言传达出一个明确的信息：罗伊农场项目不仅仅是私人财产权的问题。正是就此达成了共识，才有了争论与投票的可能性。

回到安妮家后我和她说起会议过程。她还在摇摆不定，不知道该怎么办："埃蒙斯是研究交通的专业人士，他不是出于个人原因反对罗伊，而是因为交通问题。不过，他们也说有无法预测的后果，那谁又知道呢？我也不知道该怎么办了。"

三、结成联盟表达声音

"你要找到和你相同意见的人一起改变"，一位投反对票的女士如是说，实际上，投赞成票的市民也是在这样实践。美国人深谙个人与多数的关系。在投票过程中，结盟成为了一种显而易见的互动方式。虽然个人是私人生活领域的中心，但一旦个人想要在公共生活领域实现某个愿望，个人就必须与他人合作形成多数表达民意，单独的个人总是少数派。恰如一位退休的农业专家布雷所说："我们认为每个人都是独特的，个人是最重要的。我们以个人为中心，向外扩张到家庭、朋友等，不像你们那样个人行为受到限制。但如果你过于独立，你就没有一个支撑你的圈子，你需要平衡。而个人主义在这个国家也被我们必须联合起来通过法律这样的事实所限制。我们需要合作决策谁上台、谁下台等等。"总之，联合起来竞争，把多数拉进自己的阵营，以多数的名义显示力量。前文已经提到，投票的本质在于一人一票，一人一票意味着主体的自我表达，它所体现的是不可让渡的平等权。不过，当投票过程中结成联盟表达集体的声音时，参与就会变得更加有效，因为此时个人观点已然相加而成为民意[1]。

---

[1] 结成社团也更能让人感受到个人、社会、国家之间的均衡状态，就此而言，结社表达集体的声音也比个人表达更具意义。

第八章　公民投票："这不只是私人财产权的问题"

（一）农场主和支持发展的一方

2005年，悠然城的公民复决曾使得农场发展计划被迫搁置，这让农场主罗伊先生看到了多数或者说民意的力量，这一次他自然也要把多数拉进自己的阵营，让多数同意他的行动。进入8月份，市民家门口的邮箱里多了一封寄自罗伊农场的宣传信。信的右上方是一幅罗伊先生本人的照片：头发灰白、身材魁梧、身着格子衬衫和蓝色牛仔裤的罗伊斜倚着停在农场中央的收割机，周围的野草长得几乎有一米高，远处则是紧挨着农场的大型办公用品商店Staples。照片似乎想表明罗伊是农场主而不是发展商，无奈土地已经被商业包围，无法再耕种。信上写道：

我们家在悠然城已经生活了125年。多年来我们居住并劳作在位于悠然大街和101高速公路交界处的农场里。我的祖父和父亲曾经种植中耕作物，我自己则种植大甜椒。然而，事情发生了变化。房屋、购物中心和其他一些商业包围了我的农场。事实上，这个城市才通过了一项将农场旁边的土地与南边连接起来新建三个汽车代理商场的计划。所有这些发展都使得耕种不再现实。我一直很努力地地保护我的土地以保障我的孩子、孙子们的未来。我们听取了社区的意见并提出了农场的新计划。这就是我们为什么要在11月7日对议案A进行投票的原因。如果县里选民投票通过的话，新计划将会把土地用于如下用途：

- 修葺并延长散步及自行车道
- 保护脆弱的溪边栖息地
- 13英亩的有机农场
- 7天营业的农夫市场
- 保存并修缮古老的谷仓和罗伊农舍，并将其用作社区设施
- 60个居住单位
- 9英亩的商业用地
- 与社区风格吻合的第一流的零售中心

我希望你能在11月的投票中投赞成票。这是一个有益于S县所有居民的计划。这是最好的解决方案。

美国的社会与个人——加州悠然城社会生活的民族志

W·罗伊

　　由于2005年市民的反对，罗伊意识到，要得到居民的支持首先得说服他们相信项目与"保护悠然城"并不矛盾。于是，他强调他家祖祖辈辈居住在此，他的子孙后代也将居住在此，他不会做出不利于社区的事。此外，规划必须得到改进。于是，新规划减少了零售中心的面积，增加了公共设施建设。例如修缮谷仓遗迹，增加一个占地13英亩的有机农场、开设每周7天都营业的农夫市场等。要知道，悠然城的农夫市场自1983年形成以来一直深受市民喜爱。阳光明媚的清晨或是夕阳斜照的傍晚，漫步在农夫市场，买点儿新采摘的西兰花和牛油果或是家庭农场出产的奶酪和蜂蜜，驻足街角聆听乐队演奏，与熟人寒暄几句……总之，农夫市场既是一个承载着生活方式的公共空间，也是一个生产地方认同的象征符号。可惜，如此恬淡温馨的农夫市场只有周四傍晚和周六早晨才有，每周7天的农夫市场自然令罗伊的新方案吸引力大增。另外，从小城历史学会[1]的活跃可知，历史因素在小城自我意象的再生产中占据重要席位，保存并修缮古老的谷仓和农舍也能赢得不少市民的好感。

　　不过，仅有新规划是不够的，罗伊要想赢得多数，还得与市民面对面的交流。一天，安妮收到了一封寄自罗伊农场的信：

亲爱的邻居，
　　今年11月将有一个名叫"议案A"的投票。你的投票将影响这个社区、我的家庭以及我们所拥有并耕作了近90年的农场。因此，我很乐意能够有机会与你及你的邻居会面，回答你们的问题并倾听你们的意见。
　　多年来，环绕着农场的环境已经改变。住宅和商业包围了农场，这使得在这块我们曾经耕作多年的土地上继续种植作物不再可能。关于罗伊农场的新用途已经研究并讨论了十年有余。议案A经由社区讨论和专家评估后已经得到改进，包括了两个全面的环境影响报告。议案A是一个平衡的计划，它既兑现我的财产所有权，又留出大片土地作为公共的、开放的和娱乐的空间。一个高质量的、小型的零售中心将会带来新

---

[1] 参见第六章。

的工作机会，并给全县范围的消防、救护、法律执行、道路及学校等带来财政收入。……

有人对于我们应该对自己的土地做什么有不同意见。我们试图创造一个公平的计划，从而使得每个人都能享受罗伊农场并从中获益。我在S县度过我的一生，我想做的是对这个社区有益的。我将乐意来到你的住所，坐下来与你们商谈，解释我们的计划，回答你们的问题，倾听你们的意见。如果你愿意安排我拜访的时间，请给我打电话（×××-×××），或者给我邮寄信中附带的明信片。我希望我们能尽快见面。

W 罗伊

如果商业中心的规划纯粹只是一个私人财产权的问题，估计就不会在悠然城引起这么大的波澜了。但问题在于，这么大一个发展方案必然给社区带来影响，因此，罗伊除了强调其权利的兑现之外，还强调公众将从该项目中受益、强调项目的公平性。"公平"意味着既对公众公平，也对土地主人公平。此外，世代居住在此的罗伊还习得了某种"地方性知识"，他知道社区是如何运作的，于是他还要向市民表明自己的"土著"身份，换言之，展示他的"象征资本"。总之，他力图描绘一个既符合理性又契合情感、私人利益与公共利益之间完美平衡的新图景。

为了方便市民与他联系，罗伊还随信附带了一张邮资已付的回邮卡片，卡片的背面印有选项供市民选择：

[ ] 我支持罗伊农场项目
[ ] 你可以在同意人名单中使用我的姓名
[ ] 请来给我和我的邻居们解释你的计划
[ ] 我愿意在院子里树立宣传牌
[ ] 我愿意参加一次信息发布会
[ ] 请给我邮寄更多的信息

不久之后，家住山谷路西边半山坡上的市民弗雷泽夫妇写信邀请附近街区的居民到她家与罗伊先生见面、听取信息。信是这样写的：

亲爱的邻居，

　　你或许知道，在过去的几个月来关于悠然城的罗伊农场有很多讨论。今年11月，人们将就议案A投票，以获得罗伊农场新计划的通过，这的确是一个有利于我们社区的计划。

　　新计划包括……（略）

　　新计划激起了我们的兴趣。此外，我们想要了解更多关于它将带给我们县好处的信息。我们将在家里举办一个与罗伊先生的非正式讨论会。罗伊家拥有这个农场已经近90年了。他将详细解说计划以及这个计划如何使得包括学校、道路以及公共安全在内的社区受益。我们希望你能抓住这次机会来听取信息并提供你关于罗伊计划的想法。聚会将在10月15日下午三点举行。地点是×××，如来请回复×××-××××（罗伊农场办公室电话）。希望能见到你。

诚挚地
弗雷泽夫妇

　　如果你不能参加请告知我们，或许会有别的社区会议更方便你参加。

　　按照信里的信息，我参加了那天的见面会。除了弗雷泽夫妇、罗伊及规划师外，还有十二位感兴趣的社区居民前往。

　　罗伊首先感谢各位居民的到场，并说他希望能够让大家得到真正的信息，同时也想听到公众的意见。他强调土地已经被包围，并且这是一块位于S县境内而被悠然城包围的土地，因此他才寻求在县里解决。接着规划师就设计图作了解释，并强调除了罗伊没有人会为毗邻购物中心的立交桥的建设付钱。渐渐地，气氛活跃起来，罗伊也展开了话题，说起购物中心的发展涉及市与县的力量关系，有时他也很难理解发生了什么。在他看来，反对者自称是草根社团，但却有很多来源不清的钱用于宣传，并且社团究竟是哪些人构成谁也不知道。罗伊说其实就只有那么小部分人是核心的反对者，市民们则受到他们的片面信息的误导，其实，城市还有别的连锁商场，只不过在宣传中被省略了。

　　弗雷泽太太接着说那些人不想看到任何新事物出现，就只想人们居

第八章　公民投票："这不只是私人财产权的问题"

住在这里，到别的城市去购物。罗伊还准备了不少宣传材料，其中一份是"议案 A 事实清单——事实对虚构"。在这份宣传材料中，"地方控制联盟"提出的观点被划为"虚构"，罗伊自己的解释则是"事实"。与反对方针锋相对，农场主也在打"地方"牌。例如反对方说议案 A"将使来自其他城市的发展商决定 S 县的命运"，罗伊一方则说"这块土地的命运取决于本县选民。这块土地属于罗伊家族已经八十七年了。恐惧战术和个人攻击与解决个人财产权和公平议题没有任何关系。" 反对方说议案 A"滥用公民立法提案程序，使得发展商能够自己制定规则。"罗伊则说"每一位本县的选民都有法律权利投票"。

当天来的人多是住在小镜湖一带的居民，他们关心的问题多是污水排放会不会影响附近的小溪、购物车辆会不会影响周边交通、购物中心所得的税收如何使用等等。基本上都是技术问题，得到的回答也都很详细。

有意思的是，见面会快结束时罗伊先生讲了一个发生在咖啡馆的小故事：

我与妻子到星巴克喝咖啡，听到坐在旁边桌子的两个人谈话，内容恰好是关于议案 A 的。其中一个人支持议案 A，另一个人反对。后来支持者先走了，反对者还坐在那儿喝咖啡。我就走过去说我就是罗伊，然后就说很好奇为什么他反对。反对者说他听说这个计划不好。但我发现根本不是他说的那回事，就接着问他为什么不好。而反对者后来的回答表明他其实并不了解实情，也就是道听途说而已。

故事的真假并不重要，我们既可将其理解为一个实际发生过的小插曲，也可将其理解为土地主人为了争取公众支持而使用的小叙事策略。不管怎样，新的发展计划及宣传是有效的。从弗雷泽家出来，一对老年夫妇告诉我，他们在 2005 年的公民复决中投了反对票，今年了解了新计划后打算投赞成票。

投票前几天，罗伊在其竞选网站上发了一封致所有居民的感谢信。

议案 A 就要接近尾声，我在此感谢所有曾经邀请我去到他们家里和

247

参加社区会议的 S 县居民。回应是令人欣喜的，对过去几个月来大家的支持我们深表感激。

这次立法提案并不是我们选择的。然而，在经过了十五年的研究、协商、妥协、公众会议、悠然城市议会的批准和公民复决之后，我们已经别无他法。我们诚挚地相信，除了让您——S 县的选民来决定之外没有别的选择。

我们也相信，您面前的这个项目——由社区意见塑型和地方设计师设计的罗伊农场发展方案将会是社区为之骄傲的项目。我们尤其为那些令人倍感舒适的事物而激动，例如有机农场、每天营业的农夫市场、蝴蝶观察点、散步和骑自行车的小道等等。

最后，我想说，不论你的选择是什么，我和我的家人感谢你花时间倾听。

致谢
罗伊

临近投票，罗伊再次诉说自己的困境，立法提案程序是他无奈的选择，最后不忘强调选民面对的这个项目乃是"社区意见塑型和地方设计师设计的方案"。

（二）"地方控制联盟"

"地方"向来是美国政治文化的关键词之一。8 月以来，反对议案 A 的市民组织起来的投票联盟"地方控制联盟"紧锣密鼓地展开了活动，听一位议案 A 的积极反对者说，该组织的主要成员大概有二十人。所谓地方控制就是强调当地事务应该由当地人做主，暗指土地主人罗伊与来自其他城市的发展商联合。反对者打出"地方"的旗号可以说是一种态度，同时也是一种策略[1]。毕竟，"地方"具有足够的弹性，它既蕴含着情感维度，又意味着分类体系，同时还指向地方主体的权利[2]。当反对者借用"地方"时，便顺理成章地把关乎私人权利的话题转化为了关乎文化认同的话题。

---

[1] 双方都在使用这一策略。
[2] 关于"地方"详见本章第二节。

第八章　公民投票："这不只是私人财产权的问题"

在农场主人罗伊忙着给 S 县居民寄信件阐述自己的规划时，反对方也没闲下来，他们也在寄信件、打电话。其中一封信这样写着：

什么是议案 A？听起来太好了就未必是真的。议案 A 是一个关于 56 万平方英尺的购物中心的公民立法提案程序，它将允许发展商自己制定规则，而让 S 县的纳税人为开支将达到四千九百万美元的高速公路立交桥的建设买单。据估计，这个发展所需要的立交桥的建设需要四千九百万美元，但发展商只愿意支付四百万美元。剩下的部分就得纳税人自己掏腰包，不仅如此，纳税人还要为如此之大的一个商业中心带来的交通问题买单。这个巨大的商业中心会给 101 高速公路、山谷路带来恶梦，每天将会多出两万辆汽车。以立法提案的方式同意这项计划还会给我县设置一个危险的先例，以后的发展商[1]也会如此照做，避开规范的规划程序来任意发展任何规模的项目。所以，投票反对吧！

随信同样附有回邮表格，其中印有如下选项：

请与我联系，我愿意
[ ] 帮助处理信件
[ ] 参与交流
[ ] 继续给我相关信息
[ ] 志愿到周围邻居那儿与他们交谈
[ ] 提供资金或其他帮助

8 月 28 日，我收到埃蒙斯群发的电子邮件，通知大家第二天下午 4 点半到 6 点半，在蒙特瑞街"地方控制联盟"办公室举行会议，阐述反对理由。办公室是一间临街的铺面，大概一百多平方米左右，可能是临时租用，也可能是某位反对者自己的私人财产。为了统计参加人数以及便于进一步联络，来宾都要签名。来宾还要在一张背面有不干胶的纸片

---

[1] 我随朋友开车到附近城市时，偶尔也在私人农场或公路边的山坡上看到过支持罗伊农场项目的宣传牌，反对的牌子基本上没见过。当然仅从宣传牌不能得出任何结论。

上写上自己的名字贴在胸前，方便他人认识。几位组织者还穿起了印有"No A"字样的体恤。

当天到场的居民大概有50人左右，整个会议持续了两小时，主要内容是阐述反对理由。其间，一位组织者说到："人们选择在悠然城生活是因为这里的生活质量，这里不是洛杉矶……大家今天来这里不是为了个人利益，而是出于热情，是为了生活质量，我们的行动是为了整个S县人民的生活幸福。"我身边的一位女士告诉我，她在镇上住了20多年了，悠然城不需要那么多的商店，但别的城市的人不这样想，或许会因为不会影响到自己而支持该计划。当天我还遇到一位曾经搬走后来又搬回悠然城的中年男士，他说自己就是希望能够维持城市现有面貌。

反对方在一份宣传材料上详细地陈述己方的理由：

一个计划听起来太好了，就未必真实了。发展商回避了以下问题：
· 转嫁了发展商的成本，纳税人支付立交桥等交通设施的成本；
· 允许发展商在社区附近建立大型购物中心，在本县设立了危险的先例；
· 带来交通问题；
· 颠覆地方社区把握自己未来的权利；
· 使得其他城市的发展商[1]决定S县的命运
……

总之，在组织者的理由中，地方把握、自治等是"情感的"；交通、纳税等是"理性的"。针对立交桥的建设，他们提出"发展商支付有限费用，纳税者支付无限费用。"换言之，即使你不住在这个可能建成的购物中心附近，你的生活不会受到直接影响，但你缴纳的税会被用于这个项目，如果不用于这个项目则可用于别的或许对你有利的项目。虽然不能排除有人出于利益考虑而排斥新建商业中心的规划，但组织者表述给公众的理由背后始终有一个将私人权利扩展到公众利益的转化逻辑。

虽说投票要到11月7日才进行，但10月9日至31日间选民便可

---

[1] 罗伊与洛杉矶和德克萨斯州的发展商签订了发展罗伊农场的意向书。

第八章　公民投票："这不只是私人财产权的问题"

选择缺席投票（absentee ballot）[1]，因此时间对于任何一方来说都相当紧迫，必须在10月之前就尽可能地说服选民。就在"地方控制联盟"在其办公室举行会议的当天傍晚，支持议案A的居民马丁先生邀请了自家附近的居民到家里举行一个非正式的讨论会，与农场主罗伊面对面交流。可惜因为我参加了反对方的会议，就赶不上这个会议了。

几天之后，我又溜达到"地方控制联盟"位于蒙特瑞街的临时办公室。一位年轻女性在那儿工作，听说除她之外还有另一位男士在此兼职，而她则是全职工作，当然11月投票结束后她的工作很可能就结束了。下面是与她的对话：

她：人们得到的信息是有限的，我们提供信息给大家，让他们知道会发生什么。

我：很多人不上网，或者不关注的话怎么办？

她：所以电视是最好的方法。

我：你们与他人交谈时就只提供信息，由选民自己决定，不劝说选民吗？

她：有的人是想得到双方的信息，然后自己选择；有时会劝说并得到认可；也有这样的情况，你说服不了他们，他们会说我们要投支持票。

我：尽管意见不一致，大家还是挺友好地相处吧？

她：可能吧，我希望是这样，但有时也不一定。

我：如果议案通过会有什么影响呢？

她：很多市中心的小商店会倒闭，因为人们到购物中心去，市中心也会难以维持。

我：听说罗伊先生一家住在这里很多年了。

她：他住在这多年不代表他有权利发展，或做自己想做的事。

我：我看到电视上罗伊的广告了。

她：那是误导人的。

---

[1] 美国社会设置了诸多方法来使投票更为便利，缺席投票即指无法或不愿到投票点的选民邮寄选票的投票方式。关于缺席，我问过几位朋友，是否与隐私有关。他们的回答是主要是方便，尤其是对于出门不容易的老人来讲。"隐私的成分很少，即便去投票，那么小一个亭子，谁也不知道你投了什么票。"

我：为什么呢？
她：交通问题等等都没有解决。
……

总之，在各方陈述的理由中，我们可以清晰地辨识出争论的焦点在于项目是给社区带来正面还是负面影响。市民们讨论的不是农场主罗伊究竟对土地有没有权利，而是权利的边界究竟在哪儿。反对者的理由纷呈：担心城市丢失其田园氛围；担心大商场冲击本地小型零售商业；担心开放空间减少，影响生态；担心发展规划没有考虑修建廉价房[1]；担心商业中心带来交通拥堵等等。赞成者同样理由纷呈：改良后的项目可以让社区居民受益；大商场的引进可以减低物价水平等等。

四、地方传媒以及其他社团的参与

进入竞选季以来，写着"赞成议案A"、"反对议案A"以及市长竞选人名字的牌子几乎处处可见，从居民家门前的草坪到公路边，甚至车子的后窗上都有。不时可以看到左右两户邻居，左边的写着"赞成议案A"，右边的写着"反对议案A"。由于议案A是市长竞选的一个关键词，赞成或反对的牌子有时也会与写着竞选人名字的牌子放在一起。

《论坛报》是悠然城唯一的地方日报，8月以来，基本上每周都会有一篇关于议案A的报道，此外还有很多市民写信前去表达自己的观点，反对者、支持者都有。9月以后双方的活动还扩展到了电视媒体，各自都在电视台做了大量广告，广告词也是针锋相对、互不相让。悠然城电台也在10月的一天下午展开了听众参与的辩论。此外，双方还设立网站宣传己方的观点，阐述发展给社区带来的益处或坏处。

9月份的第三周是位于该城的州立大学的迎新周。大学生社团

---

[1] 贫富差距的拉大催生了廉价房政策的实施。廉价房政策是社会采取一定的倾斜措施照顾相对弱势的群体，它背后则涉及到的观念之一是现代社会的核心观念：权利，这里是贫穷者免予匮乏的权利。

第八章 公民投票:"这不只是私人财产权的问题"

"大学生共和党人"(The College Republicans)[1]在米歇尔公园招募新成员。支持罗伊农场项目的现任市长兰德尔的竞选牌子也立在他们那儿的草坪上。扎克和杰茜是大学老生,今天他们来这里欢迎新生,鼓励学生登记成为共和党党员,顺便表示支持罗伊农场计划。我问他们为什么支持。杰茜说交通问题可以解决,而罗伊农场的发展计划包括不少有益的项目,并且给这个城市带来更多的购物机会。扎克的回答是:"作为一个保守群体,我们支持私有财产权。除非财产权的行使会给社区带来很多负面影响,否则的话在私人的土地上做什么应该是私人自己的决定。因为这个立场,我们把它作为一个我们参与社区的议题。"

S县的扶轮社(Rotary Club)是国际扶轮社(Rotary International)的一个地方性社团,一直以来都是社区公益活动的积极组织者和参与者。扶轮社每周三都会在悠然山旅馆召开例会,会议的上半部分是午餐,下半部分讨论议题。10月25日中午,扶轮社例会专为议案A双方提供了辩论平台,同时方便扶轮社成员了解更多信息。例会一般只对成员开放,会员出席时需要在签名处签到、支付午餐费、领取并佩戴写有自己名字的圆形会章[2]。我不了解其规则,在网站上看到有会议就跑去了,幸运的是遇到一位热心的女士,帮我找到扶轮社主席说明情况,因此才得以留下观察。农场主罗伊、农场发展规划师和两位"地方控制联盟"的成员均出席了会议。除去扶轮社例会惯有的宣誓[3]、祈祷之外,当天会议程序与其他的场合举行的公众会议一致,即双方陈述观点、质疑对方;听众提问、得到答案。在当天的会议上,

---

[1] 在一封电子邮件里,社团成员扎克介绍到:"'大学生共和党人'是一个完全由学生运行的全国性的组织,宗旨是促进与帮助共和党候选人以及共和党的各项议题。虽然我们不是真正意义上的共和党,我们也尽力向大学生宣传共和党候选人、共和党的各项议题以及我们支持共和党的原因。我们也支持几乎所有的地方保守组织。我们从当地的个人捐助者与政治家那儿获得资金。我们与政党联合的原因是他们需要年轻人的选票,即使不是现在,也有未来的选票。多数学生在大学时期就确立了自己的政治信念,因此很多未来的选民始于大学。"
[2] 美国的公民社团多种多样,有的相对开放,吸纳社会各个阶层、职业、年龄和性别的人参加,也有的会员范围相对有限。例如加入扶轮社需要老会员邀请,并且预计加入的成员一般都是管理者、专业人士或军界人士等。
[3] 我谨宣誓忠诚于美利坚合众国,忠诚于它所代表的共和国。上帝庇佑之下的一个国家,不可分割。人人由此享有自由和正义。

扶轮社作为社团持中立态度，其成员依然是一人一票，投票时表达各自意见。

2005年时，市中心协会（Downtown Association）也在积极反对罗伊农场的发展计划，不过后来市检察官指出市中心协会作为城市的顾问委员会（Oofficial Advisory Board）之一，如此参与政治性活动是不恰当的，因此2006年的公民立法提案程序过程中就没有听到它的声音。

五、市民的解释

前面我们看到了人们如何结盟发出声音及其主要观点是什么，下面我们再来更具体地听一听市民是怎么解释自己的参与和选择：

达茜

有一次，我问在教会图书馆做志愿者的达茜：罗伊的那块土地是私人财产，怎么会引起这么多争议？她回答说：

一旦那块土地发展为商业中心，就由私人的变为公共的了，它面向所有人开放，也影响周围的人，这样就需要得到别人的同意。举个例子吧，你喜欢养马，但你住在市中心，你能去买两匹马吗？它们需要运动的场地，人们路过会闻到它们的味道，你能养吗？你做有的事情时不能不考虑到别人。

默尔特

默尔特先生是本书第六章提到的社会行动者洛琳的丈夫，一位退休的大学教授。2006年，默尔特最积极参与的一件事就是反对罗伊农场计划，为此他打了数百个电话给城里的居民，试着告诉他们农场发展计划会引起的相关问题。不过，令默尔特感到遗憾的是，仅从人们的回应他就知道反对者的希望渺茫，但他还是高兴自己参与其中："至少我做了点事。"投票结束后，他给我解释了为什么投反对票的原因：

我积极投入反对议案A，因为我反对在农业土地上进行不必要的发展。此外就是它会带来交通问题，财政支出和那里将要修建的商店的类型也是我反对它的原因。没有什么益处而坏处却很多。另外还有一个原因就是史无先例地由发展商一手操控，而政府介入则少之又少。还有就是农业用地用于挣大钱却不为之做点什么。

在纯粹的资本主义里没有任何公共利益。企业的唯一任务是成长、赚钱，给它们的股东赚钱。谢天谢地，美国没有纯粹的资本主义。政府的管治限制着企业的非道德性，但有的时候这一点也未能执行。消费者也有很大的权力。企业唯一做好事的时候是当它们唯恐失去生意的时候。这是非常有力且行之有效的。很多企业现在是"绿色的"，因为消费者这样要求。

我依然想表明的是，我不是社会主义者也不是共产主义者。我认为这两种制度从未真正运行过，很多这样的国家现在也是资本主义了，包括中国。所以最行之有效的是调控的资本主义（regulated capitalism）、公平的税收结构、涵盖所有人的医疗保险以及病患和残疾人士的保障网络。社会也应该有激励，但不是一个企业 CEO 即使工作很糟糕也能挣亿万美元那样极端。

佩林

佩林是一位积极参与各种志愿者工作的退休教师，我们已经在第二章里听到了她的故事。她反对罗伊农场发展成为商业中心，反对的理由在于：

这涉及两方面的问题。当人们有私人财产时，美国是保护私人财产的，这是这个国家的基本信念之一。人们有权利使用他的财产，只要是在社会接受的范围里。但在那之上，还有对开放空间的重视。那块土地可以由城市买下来作为开放空间，或者可以用于建设低收入者的房屋，这个地区房子很贵。不过罗伊不想这样，他想做的就是建设一个购物中心，持续赚钱。当你把土地卖了之后就没有收益了，不过商场的话就还可以接着收益。另外一个我反对的原因是影响生态。第三是交通问题，城市需要支付解决高速公路方案的费用，他只想付很小一部分，他想要城市付钱。这些都是错误的。他有权利处置他的私人财产，他可以在那块地上做没有破坏的事，不过现在问题摆在了公众面前。

布雷和汉娜

布雷与汉娜[1]是一对退休夫妇，每年冬春两季来加州生活。他们在科罗拉多州有很大一片地产：一所大屋子加上周围大概占地一百英亩的山林。他俩最近的邻居也在一英里之外，要去镇上的话还有十二英里远。退休后，听广播、阅读、在自己的土地上耕种占据了每天的大部分时间，二人乐在其中。布雷还喜欢在自家的山林里打猎，有一次我在他们家做客，主菜就是布雷打的麂子。基于自身的生活体验，他们对私人财产以及由此引申出的个人自由有着独到的见解：

私人财产非常重要，种植你自己的食物很重要，你不需要他人来领导你，告诉你种植什么。当然你要遵守规矩，不能污染你的土地以及周围的土地。虽然拥有自己土地的人是独立的，但独立还需要与他人合作。人是依赖他人的，独立是有限制的，没有谁独自一人生活在孤岛之上。**有时候，独立是一种想象**。我的感觉是，独立有利有弊。好处是你成为个人，发展自己的自由观点。**如果一个社会认为自己是由个人组成的，个人就有自由**。因此，社会怎么回应个人是一件重要的事。

私人财产由其所有者独立自主地支配，物质的财产体现着抽象的权利。不过，"独立是一种想象"，这也恰恰是本书一再要表明的观点：个人主义是对社会生活应该如何的一种价值表述，它叙述但不全然等同于日常经验，一个纯粹个人至上的社会是不可能存在的。

珍妮

珍妮[2]是一位六十多岁的老太太，生活在这个小城已经三十多年了。田野调查期间我们几次聊起投票活动，她的讲述为我们理解存在于市民经验中的城市提供了一个细致的例子。最初，珍妮说很多人不喜欢发展，想要保持城市原貌，所以这么多年一直没开始建设。某天，她还指着不远处的山坡说，当年她们家搬来时，山坡上还没有房子，可现在已经形成了一片住宅区。接着又说她很喜欢这个安静的小城，

---

[1] 布雷和汉娜的个案请参见第四章第二节。
[2] 珍妮的个案请参见第四章第二节。

第八章 公民投票："这不只是私人财产权的问题"

环境优美,邻居都是相识多年的熟人,就像她左右两边的邻居住这里都有三十年了。珍妮表示悠然城是安全的,出了这个城市则有危险的可能。大概两个月后,恰好在我去县政府参加会议之后,我再次有机会和她聊起议案A。看样子,她一直留心事件的发展,这一次她的观点有所改变。

不少有钱人从大城市搬来这里或者附近的海边,就是打算生活在一个小城市。但也有不少人希望能有更多商业,使价格降下来。市中心的商店是为旅游者和有钱人服务的,多数人喜欢到购物中心购物。在市中心停车超过一小时还得付钱,总要但心地看手表。去购物中心则不用付停车费。至于我自己就一个人,买东西不多,所以这方面考虑不多。

珍妮接着说商业中心会带来交通问题,但也不会严重到哪儿。不过她也表示不知道究竟会发生什么,只有等到11月再看了。珍妮一直希望更多的人去投票:"投票才能有所改变。""是多数就有用,你不是多数你就接受。这一次不是多数,那下一次就可能是,如果你不说你永远不是多数。"投票结果揭晓后的第二天,我去找珍妮聊天。她最终投了支持票。

我:不怕这个城市变样吗?

珍妮:三十多年来一直在改变,我才来的时候屋子就只到加油站那里。山谷路对面的山坡上根本没有房子,现在有了房子,但城市也没扩张到哪儿去。有变化,但没有很大的改变,城市还是这个城市。交通我不认为是大问题,即便堵车,也就是几分钟的事。这里开车5分钟或10分钟上下班,能堵到哪里去?不像是在洛杉矶,你要在车里等一小时。再说了,这个城市本来就有很多商场,人们为什么一定要来这里,你可以去别的商场购物。开放空间吗?这块地已经不适合做开放空间,我的意见是反对者想要开放空间的话就把这块地买下来。我邻居问我意见是什么,我就是这样说的,如果想要,那就买下来。我认为罗伊有权利发展这块土地。……去年49%的人支持,51%的人反对。今年倒过来了,人们支持了。

我：不过去年的反对还是好的，罗伊改变了计划，增加了农夫市场、自行车道、蝴蝶馆等。

珍妮：是这样。

6月初的时候，珍妮没有明确表达她的意见。在我看来，城市的扩张是她关心的一个问题，也可以说那时的她面向不同意见开放。从6月到11月，土地主人以及反对方都在不遗余力地拉选票，尤其是9月以后，市民们几乎每天都能看到相关信息。在这一过程中，珍妮渐渐选择支持该计划。私人财产权的兑现、改进了的规划以及农场主人解决问题的承诺在她看来是有道理的。"有变化，但没有很大的改变，城市还是这个城市。"在悠然城生活了三十多年的珍妮觉得新规划里商业中心的建设不会给社区带来多少负面影响，一向拥护私人财产权的她最终投了支持票。

爱德华

爱德华是县历史学会的工作人员，他在悠然城工作但居住在别的城市，因此2005年公民复决时他只是旁观者。2006年11月将是全县范围投票，不过爱德华没说自己究竟会投赞成票还是反对票，但从他的观点来看似乎赞成的可能更大：

这是一个热门话题，有争议的话题。你知道沿海岸一带是加州最适宜居住的地带，很多人搬来这里，移民也不断涌入加州，城市是会发展的，尽管我们喜欢保持城市的小规模。去年镇上投票时是有很多人反对，但你能反对，你能延迟，你不能改变这个发展，最终还是会发展。这个趋势你看加州的发展就知道，不可能阻止，最多你延迟它，这是不可避免的。

两位网民的声音

收入差距的存在或多或少会影响人们对待大型连锁商场的态度。一般说来，大型连锁商场卖的东西要比小型地方商店便宜，如果家庭人口多，衣食等用品消耗大的话，去大商场购物一年下来要省下不少钱。一位市民曾在《论坛报》的网站上说过一个有关本地物价太高的小故事：

第八章 公民投票："这不只是私人财产权的问题"

几年前，我侄儿弄弯了我女儿的呼啦圈，为了不让她哭闹，我只好答应再给她买一个。几天后我们去逛农夫市场，我女儿在玩具店看到呼啦圈，她提醒我欠着她一个。那要卖 4.99 元。又过了几天，我们去沃尔玛，同样的呼啦圈卖 0.88 元。我可以多花一点钱买东西，但能多花五倍吗？

悠然城里有 Alberstons、Longs、Ralph、Costco 等大型连锁超市，不过要想到沃尔玛这样的商场购买更廉价的商品，那就得开车到十多英里外的其他城市。罗伊农场的商业发展计划要是能够通过，就会有不少大型连锁超市进驻（沃尔玛不在其中），或许其中有价廉物美的商场，或许竞争可以降低现有物价。总之，不少人期待购物中心的兴建可以降低家庭生活成本，部分市民就是出于这样的考虑投了赞成票。

来看一位网友的留言：

贫富差距存在于这所城市，这就是为什么不论你喜欢与否，我们都需要庞大的盒子商店、连锁商场和更多的竞争。这可以降低每个人的生活成本。只有市中心的本地商业是奇怪的，如果你只有一个购物选择，你就得付高价。

在我看来，悠然城已经有很多非地方性的连锁商场，不过议案 A 的赞成者倾向于忽略掉它们。当然，关于多少算是足够的消费场所，不同的人有不同的理解。

总之，不论是持何种具体观点，市民之所以参与的前提是他们就"罗伊农场项目"不仅仅是私人财产权问题达成了共识，在此基础上才有赞成方与反对方的较量和公众的投票行动。在人们的讨论中，公共利益并非抽象不可见的口号或标语，它既是居民可以具体感知的利益，也是通过协调诸多私人利益而得来的。归根结底，投票的起点是私人土地，其结果则是对公共利益的讨论与呈现。

多年来，每次选举之前，古稀之年的安迪都会在共和党的办公室做志愿者，给市里的选民打电话，提醒他们别忘记投票。安迪认为这样做是她的责任。"我们每天都要谨慎地面对，这个小城的投票、州的投票、国家的投票，这么多的投票，你必须清楚到底是怎么回事。"有一次我问安迪，如果投票结果不是自己想要的会不会感到沮丧，甚至从此放弃投票。她回答说："是会有点不开心，但没有争吵。投票之前就辩论过了，那时有竞争，结束了也就接受了。最多就是这次失败了，但那是人们想要的，你就得接受。"

安迪的朋友梅丽安也是一位尽职的选民，她说："很多次结果并不是我所投的，但我一样接着投票。虽然我可以寄信投票，但我还是要去投票点。有人为不能投票而悲哀，我有权利投票为什么不投呢。"过后她又给我寄来一封信，解释了她为什么始终参与每次投票：

荣荣，今天早上我们分手之后我又想了想了我为什么投票以及你朋友关于投票的感受[1]。若干年前，美国女性是没有投票权的[2]。我的记性不是很好，如果我没记错的话，女性是经过了很多斗争才使得法令通过妇女享有投票权。我想很多国家今天依然不赋予女性投票权。这就是我为什么觉得投票非常重要。很多女性付出了很多我们今天才能去投票。最初，选民必须达到二十岁，现在十八岁就可以投票了。周二我去投票时，很高兴地看到排队的人很多，我等了十来分钟才轮到。

"如果你不投票，你就别抱怨"，这是人们普遍认同的一个观点，言下之意就是鼓励你去参与，去改变，结果如何另当别论。[3] 此外，一人

---

[1] 选举之前我去圣地亚哥旅行，遇到一位华人朋友，便问她有没有去投票。她说："上一次投票去了，也没什么用，这次不打算去了。"回到悠然城后我就把这位朋友的观点说给梅丽安听。需要说明的是，受挫不再投票的观点存在于所有族裔、阶级当中，单凭这个例子并不足以作为华人政治参与率低的证据。
[2] 在美国历史上，经过了数十年的不懈斗争，妇女选举权运动才在二十世纪头二十年成为大规模的群众运动，最终也才带来了1920年第十九条宪法修正案批准允许妇女投票。
[3] 我们可以看到，一方面，人们并不执著于某一次的投票结果，另一方面，人们又对自己的一票能够影响结果怀有信心。在议案A之外来看，这种态度或意识的意义恰如阿尔蒙德和维巴（2008）指出的那样，对自己的参与能力怀有信心的公民更有可能是一个积极的公民，比之于没有要求的消极公民，政府官员更有可能对积极公民做出回应。简单讲，民主政治要求公民具有这样的能力意识。

一票的原则里没有所谓的人微言轻，但个人要接受多数的选择。

六、暂告段落与风波再起

悠然城是一个嵌入在更为宽广复杂的历史与社会结构之中的现代城市，城市空间交织着各种力量的较量和博弈。2006年11月7日晚，投票结果揭晓：全县范围内49933人赞成，占投票人数的64.81%；27117人反对，占投票人数35.19%。悠然城内则是6303人赞成，占投票人数50.79%；6109人反对，占投票人数49.21%。不难看出，悠然城与非悠然城的市民在选择上有明显差距。但无论如何，历经多年的努力，农场主人罗伊终于以付诸全县选民投票的方式获得了发展许可。投票结果揭晓的第二天，《论坛报》引用S县一位县主管的话说："议案A现在已成为事实，每个人要做的就是适应它，学习如何找到好方法来使它有益于本县的利益。"

在整个拉票过程中，农场主改进规划、斥资宣传；反对者募集资金、成立社团；政府则提供平台、发布信息。为了争取到市民的支持，农场主和反对方都在使用各种策略来使市民相信自己更符合社区利益。投票有时会被人们批评为在非此即彼之间进行选择，不过如果考虑一下由于2005年公众的反对，土地主人便不得不在2006年修改规划取悦市民，那么非此即彼的选择其实也可在一定程度上形成非此即彼之外的第三种结果，尽管对于市民而言这种结果未必就是完美的。当农场主或发展商希望兑现其私人财产权，而该财产权的兑现又会影响社区生活时，普通市民也可采取行动促使结果趋近更有利于公共利益的方向。最终，一场持续数月、引得众多当地人参与其中的关于私人财产和社区利益的集体表述落下了帷幕。

按照新通过的方案，未来的悠然城将出现一个既有购物中心又有农夫市场、既有零售商店又有有机农场的大型商业中心。位于耕地西南角的那座年代久远且标示着悠然城曾经是一个农业社区的谷仓和维多利亚风格的农舍也将保存下来，并对公众开放。总之，2005年的公民复决与2006年的公民立法提案程序在一定程度上改变了农场发展规划的面貌，使得即将出现的购物中心抹上了一缕地方色彩。

美国的社会与个人——加州悠然城社会生活的民族志

投票点之一

第八章 公民投票:"这不只是私人财产权的问题"

没想到,不久之后风波又起。2007年2月,一起诉讼把罗伊农场项目推向法庭,"负责规划的公民"(S县的一个公民社团)和"S县环境中心"提出市民没有权利以政治的立法提案程序来决定农业用地的用途,于是对S县以及罗伊和发展商提起诉讼[1]。在长达27页的诉状书里,议案A违法的理由包括:不符合S县总体规划;回避了规范的公众和环境评估;针对交通拥挤和空气污染的解决方案不充分;纳税人需要支付额外的基础设施建设费用等。2008年2月,[2]S县高等法庭宣布否决已经由投票同意的规划,指出同意某项特定的发展计划属于裁决行为而非立法行为,也就是说决定应该由法院而不是城市或县里的选民做出。罗伊农场项目再次中止。[3]

法庭判定之后,罗伊与他的合作者开始与地方投资者协商[4],打算出售农场,由新投资者来发展这块土地[5]。2008年8月,新投资者(其中包括与罗伊农场毗邻的购物中心的投资者)与农场主人签订了意向协议书。据说,在新的意向投资者的缩小了规模的初步规划中,这块土地将用于发展零售业、旅馆和低于市场价的廉价房。因为土地与悠然城毗邻,需要用到城市市政设施,新发展商也将寻求将土地并入城市,这样一来,悠然城也将有权要求发展商改善由此带来的交通问题。意向协议书仅表示买卖双方谈妥了价钱,而这笔资金将在买方获得发展批准之后支付,在此之前,土地的所有权还是属于农场主人罗伊先生。

---

[1] 罗伊一方的发言人说,诉讼是一小部分声称代表全县选民的人群的专横傲慢的体现。"负责规划的公民"的一位成员说,议案A在悠然城的投票结果是一半对一半,这表明城里有很多人并不满意这样的投票。该组织的成员还表示,反对的原因还在于如果议案A获得通过,将会留下发展商通过公民立法提案程序来进行发展从而规避正常程序的先例。(引自《论坛报》。)

[2] 这时我已结束田野调查,相关信息来自上网浏览当地报纸。

[3] 2008年3月,《论坛报》的网络版又做了一次民意调查:"罗伊应该放弃他的农场发展计划吗?" 901位参与调查者中510人选择"是的。计划明显不可行";316人选择"不应该放弃。那是他的土地,他有权发展";43人选择"罗伊应该大规模缩减方案,这样才可能行得通";32人选择"这个话题还在讨论吗?"

[4] 在议案A所争论的方案中,罗伊则是与洛杉矶和德克萨斯州的发展商签订了意向协议书。

[5] 2008年10月,我的房东安妮来北京旅游,说起罗伊农场一再受挫,她同情地说,自己也不知道可怜的罗伊为什么就是不能如愿。

第二节 "群己权界"与"地方"

一、投票体现出的群己权界

私人财产权是一个涉及政治、法律、经济和社会伦理的复杂问题。它意味着个人有权使用、安排、支配和处置自己的财产。不过，私人财产权的神圣不可侵犯并不意味它可无视公共利益。[1] 就私有土地而言，个人也不是想做什么就做什么。

现代自由主义理论的鼻祖洛克认为，在政治社会尚未确立之时，财产所有权就已经存在[2]，人们结成政治社会的主要目的就是为了维护财产的私人占有及其安全。在洛克看来，自然状态与政治社会的区别在于：自然状态中不存在一种既定的、稳定的、众所周知的法律；缺少一名有名的、公正的裁判者；缺少权力来支持正确的判决；尽管在自然状态中每个人都可充当自己的裁断者，但他们生活的条件非常恶劣。政治社会中则存在着共同的同意所接受和承认的明确的是非标准，以及判定人们之间的一切纠纷的共同尺度。人们在自然状态中享有做他认为合适

---

[1] 有学者指出，美国财产权的宪法保护，其制度的核心不在于禁止政府对私人财产权的规制，而在于设定征用补偿这一条件性的阻却机制。参见林来梵，《美国宪法判例中的财产权保护——以Lucas V. South Carolina Coastal Council为焦点》，《浙江社会科学》2003年第5期，第76-83页。美国联邦宪法没有明文规定财产权的保护条款，但在其第5修正案中规定，[任何人]不得不经由法律正常程序（Due Process of Law），即被剥夺生命自由与财产；私有财产不得不未获公正补偿即遭占取。关于宪法条文请参见张千帆著，《西方宪政体系》（上册·美国宪法），中国政法大学出版社2000年版，第708页。关于私人土地与公共安全、公共卫生、公共福利等的关系，美国有诸多复杂的法规作出了界定和限制。毫无疑问，这个个案可以从法律的角度进行分析。不过，这本民族志无力也无意从此角度出发进行讨论，更多关注的是普通人是如何用为社会所接受的日常语言来叙述与解释这个既涉及私人利益又涉及公共利益的事件。

[2] 例如洛克说到：每个人对他自身享有一种独占权，除他之外的任何人都没有这种权力。我们可以说，他的身体所从事的劳动和他的双手所进行的工作，属于他是正当的。所以只要他使任何东西脱离自然提供的状态或者是使它脱离自然状态，他就在这个东西里掺进了自己的劳动，也就是附加了他自己专有的东西，那么这个东西就变成了他的财产（洛克，2009：第二篇，第27节）。

第八章 公民投票:"这不只是私人财产权的问题"

的任何事情的权利,也享有惩罚触犯自然法的行为的权利,但是,为了更好地保护自己的人身、自由和财产,人们把这两种权利交给了政治社会,由立法机关根据社会福利的需要进行处理。这样一来,社会单个成员拥有的私人裁判权就被废除了,社会成了天下所有人的仲裁者,它利用明确固定的法规公平公正地对待每位成员。洛克提出,在政治社会中,人的自由是指除了遵守经人们一致同意而在国内建立的立法外,不接受任何其他立法的管辖;除了立法机关根据全民的委托制定的法律外,不接受任何其他法律的约束。由于每个人都有相同的权利,政治社会的一个明确要求就是个人权利的行使要免于侵犯其他人的权利,免于相互之间制造伤害(洛克,2009:第二篇)。

其实,这也就表明了自由不是想做什么就做什么,想怎么做就怎么做。换言之,自由不是"不受限制的自由"。可以再看一下洛克去世百年之后的另一位自由主义代表密尔的观点。密尔致力于划清个人与社会之间的权力界限。密尔指出个人思想绝对自由,但个人行为自由必须加以适当限制。关于行为自由,密尔提出了著名的两条基本原则,第一,个人的行动只要不涉及自身以外什么人的利害,个人就不必向社会负责交代。第二,关于对他人利益有害的行动,个人则应当负责交待,并且还应当承担或是社会的或是法律的惩罚(密尔,2008:112)。并且,在为了保卫社会或其他成员免于遭受损害或妨碍而付出的劳动和牺牲中,个人必须担负自己的一份义务。当事情对个人或公众有了确定的损害,或者有了确定的损害之虞,它就被提自由的范围之外而被放进道德或法律的范围之内了(密尔,2008:66,89,97)。可见,自由在密尔那里也不是无限制的,个人自由必须以不使自己成为他人的妨碍为条件。同时,自由不是单独出现的,它与义务成对出现。

上述可知,不论是洛克还是密尔,二人强调的一个相通之处正是个人和集体之间应该明确分界。按照秦晖所说,这一点乃是西方自启蒙运动以来的"重叠共识"。在此共识之下,个人领域的原则是自由,不能让所谓公共权力乱干涉;群体领域的原则是民主,不能任由个人或未经公众委托的少数人专断。另外,人们对群体领域与个人领域各指什么达成了基本共识,达不成共识的模糊区域则定期让公众重新划定(秦晖,2006:18-19)。

不过，此"重叠共识"在中国社会向来就不是不言自明的。

在中国近代思想史的脉络中，第一个系统译介西方社会政治理论著作的是严复。严复最初把密尔（旧译穆勒）的名著《论自由》（On Liberty）译为《自繇释义》，出版之际又改为字面意义上与原名并不对称的《群己权界论》[1]，即把自由的要义用中文阐述为"群己权界"的划分。

> 贵族之治，则民对贵族而争自繇，专制之治，则民对君上而争自繇，乃至立宪民主，其所对而争自繇者，非贵族非君上，贵族君上，于此之时，同来于法制之中，固无从以肆虐，故所与争者乃在社会，乃在国群，乃在流俗。穆勒此篇，本为英民说法，故所重者，在小己国群之分界，然其所论理通他制，使其事宜任小己之自繇，则无间君上贵族社会，皆不得干涉者也[2]。

---

[1] 民族志在此并不打算重新叙述或继续探讨严复的阐述与穆勒原意之间的距离及其产生原因，详细讨论可参考史华兹和黄克武等人的论述。史华兹指出，在穆勒那里个人自由本身就是一种目的，它与个人本身密切相关，而不是为了发现或追求物质利益甚至国家富强的必由之路。穆勒关于"思想自由和言论自由"的观点总的说来符合严复的目的，但严复主要还是通过翻译来阐明自己的观点，把自由变成了一种促进"民智民德"以及达到国家目的的手段。参见史华兹，《寻求富强》，江苏人民出版社，2005年，第88-100页。另外，黄克武指出严复思想之中的"权界"有两个层面的意涵：第一，指"人得自繇，而必以他人之自繇为界"；第二，以法律来保障和约束个人自由，这样做一方面可以使每个人的自我主体受到尊重，自我实现得以发挥，又不致使个人自由危害他人自由与群体利益。黄克武认为严复在沿袭了儒家思想传统中乐观主义的认识论倾向的基础上，将穆勒的思想大意介绍到中国，但对个人自由作为一种终极价值之所以然没有能够以具有说服力的方式翻译为中文。另一方面，严复对穆勒作品的翻译也含有（在儒家思想背景下）评估和建构新理论的成分在内。如果西方个人主义可以表述为"己重群轻"的话，那么严复对个人价值的肯定则是建立在群己平衡的基础上。参考黄克武，《自由之所以然——严复对约翰弥尔自由思想的认识与批判》，上海书店出版社，2000年。此外，值得注意的是路易斯·哈茨在给《寻求富强》所作的序中写道："严复站在尚未经历现代化变化的中国文化大立场上，一下子就发现并抓住了这些欧洲著作中阐述的'集体的能力'这一主题。……而这一主题所以尚未为西方评论家特别关注，显然是因为它常常是被通过其他观念加以表达的。""也许在我们吸取了他对能力和集体力量的阐述之后，我们将在更大程度上赏识个人主义的道德方案。"我想这里的启示在于，我们不仅要看严复翻译了什么、或者他是否用自己的观念解释被翻译的作品，还要看严复是如何阐述一套社会的构成逻辑及背后的时代关怀是什么。

[2] 穆勒原著，严复译述，民国22 [1933]年，《群己权界论》，上海·商务印书馆《译凡例》，第三页。

第八章　公民投票："这不只是私人财产权的问题"

日本学者沟口雄三对比了中日思想史中的"公私"概念。他指出，中国的"公"与"私"包含着道义正反关系，且"私"未与"公"分开而成为自立领域，因而"私"概念被肯定使用的场合极少。纵观中国思想史，曾有三个时期提出"私"的主张：六朝时期注重人的自然属性；明末清初关注私有财产权；清末则关注作为全体国民的政治主权。三者均带来了各个历史变动时期价值观念的转变，不过它们都是通过关于"私"的主张而产生出"公"的新观念。而明清以来公私的要义可以说是"合天下之私，以成天下之公"。但是，在主张联合私益而成共同体时，并未讨论私益的联合方式是什么。与每个人均从平等立场出发相互承认和保证他人私益的契约式的市民社会的联合方式不同，中国的"公"与"私"置于上下关系之中，并以共同性为重。换句话说，是公私界限不明，并以全体为重的联合（沟口雄三，1994）。

那么，群己分界有什么社会意义？界限不明会带来什么问题？对此，过很多学者都已作了深刻且形象的论述。借用阿伦特的圆桌比喻：圆桌同时将围绕它所坐着的人联系起来和分离开来，如果桌子突然从人们中间消失了，对坐的人不再彼此分离，与此同时也不再被任何有形的东西联系在一起了（阿伦特，2005）。回到人类学的叙述，莫斯通过叙述礼物交换推导出社会生活中"送与取"的原则时，也使用了圆桌比喻[1]（莫斯，2005：182-183）。简单地说，"分"是"合"的条件，边界消失便无所谓自我与他人、个人与群体。换言之，"己"之构成"群"需要在群己之间划分出一条界线。边界的功能在于使得两方区别开来的同时又联系起来，其意义不仅在于凸显个人价值以及保护个人免受公共权力的干预，还在于作为中介连接个人与社会。其实，个人利益与群体利益不存在不可避免的矛盾，但其

---

[1] 布列塔尼的《亚瑟编年史》讲到，亚瑟王在Cornouailles的一位木匠的帮助下，发明了他宫廷中的一大奇迹：一张令骑士们团团围坐而不再相互争斗的奇妙的"圆桌"。在此之前，这些愚蠢的莽汉"由于可鄙的嫉妒"，常令最华美的宴席也因决斗和杀戮而沾满血污。于是木匠对亚瑟说："我将为您打造一张漂亮的桌子，可以让一千六百人或更多的人围坐下来，没有一个人会被排除在外……任何一个骑士都不会再挑起争斗了，因为对这张桌子来说，所谓上首和下首其实都是平起平坐的。"没有了"上座"，争吵也就销声匿迹了。从此，无论亚瑟王把这张桌子带到哪里，他的贵族团队都充满欢乐，坚不可摧。智慧与团结的有恒秘诀之一便是对立却不能相互残杀、给予却不必牺牲自己（莫斯，2005：182-183）。

间的一致性也不是不辩自明的。可以说，个人与社会有机联系的机制就在于以圆桌为喻体的边界的存在，以及边界两边融合了自由与义务的不断地"送与取"。

现在我们回到本章所叙述的关于私人农场的投票个案。在一个政治社会里，个人与个人之间的边界、个人与国家之间的边界获得了公众的同意。对边界的强调在保障私人财产权的同时也隐含了对共同利益的追求，财产权的正当性基于不侵犯其他人的权利。在农场主人罗伊以诉诸投票的形式来追求将其农场改为商业用途的个案中，罗伊证明其行为正当的根本理由就是在不违背社区利益的前提下行使私人财产权。不止农场主本人，S县和悠然城的市民也承认，在公共场合表达私人利益具有正当性。因此，反对罗伊发展农场的人们并没有质疑私人财产权本身，他们反对的是财产增殖过程影响公众利益；而赞成者也一再强调项目非但不会破坏公众利益反而会给社区带来诸多便利。从上一节所引论辩双方的言辞便可清楚地看到这一点。人们正是就此达成了共识才要将私人财产的处理问题置于公共的讨论之下，也才参与进漫长且复杂的投票过程中。可以说，人们参与投票既是对投票这种社会互动形式的同意，也是对个人权利与群体权力必须有界限这种价值观念的同意。

美国社会对人与人、人与群体的关系的预期呈现为以个人为本位的个人主义。然而，需要指出的是，首先，作为一种价值表述的个人主义并不能被完全等同于社会经验，否则个人主义就与社会本身构成了强烈的紧张关系。换句话说，一个纯粹个人至上的社会是不可能存在的。其次，个人主义不等于利己主义，自由的要义表明个人权利与个人自主是有边界的。在这个投票的个案中，参与者就群己分界达成了共识。市民投票决定私人土地之命运的个案所表明的正是，个人权利与群体权力的边界既是关联群己的要素，又是意识形态的表述与日常经验之间的桥梁。这从一个侧面表明，"个人"蕴含作为背景的"社会"。

二、作为情感结构的地方

如果说"群己权界"是从权利和利益上关联个人与群体，那么社会生活中是否还存在某种情感逻辑，从而能够将关乎"私人"的话题顺畅

第八章　公民投票："这不只是私人财产权的问题"

地转化为关乎"公众"的话题？

阿帕度莱（Appadurai）区分了"邻里（neighborhood）"与"地方（locality）"，并解释了何为"地方主体"（local subject）。他指出，邻里是具有特定坐落的社区，是一种实际存在的社会形式。与之相对，地方是社会生活的一种属性，主要是关系性和语境性的。它具有现象学性质，是由社会直观感（sense of social immediacy）、互动技术以及语境相关性所组成的。地方主体则是指被归属于有所坐落的亲属、邻居、朋友或敌人等构成的共同体中的行动者。他们是由大量的"过渡仪式"所生产的，命名、受戒、隔离、割礼、免职等仪式都是把地方铭刻于身体之上的社会手段。阿帕度莱接着指出，地方是一种脆弱的产物，需要持续地命名、确认、生产与维系，否则地方将转瞬即逝。尽管建筑房屋、铺设道路、修葺田园、划分边界等都可被视为地方的生产，但更关键也更抽象的还在于生产作为情感结构的地方（Appadurai, 2003:179-182）。

那么，如何理解作为情感结构的地方？我们不妨先来看一下人类学对"经验"的理解。按照人类学的看法，经验不只是简单的经历，它与自我、主体和反思密切相关，意味着主体对其经历的回忆和思考以及对未来的展望和期待（Bruner, 1986:5）。我认为，地方作为一种情感结构，其实是主体经验的一种体现。也就是说，它蕴含着主体对生活在某地的经历的回忆和思考，以及对未来在该地生活的展望和期待。外在的观察者如果不借助主体的表述就无法直接认识它[1]。也正是在此意义上，由于对抽象的地方的生产已经内化到具体的地方主体的经验之中，地方的生产和维系在很大程度上也是地方主体的生产与再生产；反之亦然。

当我们把城市理解为一个外在于市民的、有边界的人口和机构的集中地域时，指的就是城市作为具体的社会形式的维度——邻里。然而，每一位市民都对他/她所居住的城市怀有特定的记忆、感受和期望，因

---

[1] 有人类学者指出，由于每个主体的经验都是由他/她自己的意识所接受的，没有表述出来的经验便不可避免地带有个体性。因此，外人只能通过理解主体对其经验的表述而实现对该经验的理解，也就是说，表述是理解经验的中介。所谓表述即人们对自己经验的言说、阐述和表现，它可以丰富并澄清经验。表述具有多样的形式，文字、图像、声音乃至表演等都可作为表述。表述可以是个人的，如个体讲述的生活故事；表述也可以是集体的，如各种节日与仪式（Bruner, 1986）。投票在这里恰好是市民经验的一种集体表述。

此，城市还存在于市民的经验当中，这就是城市所包含的另外一个维度——地方[1]。本书第一章提到的诸如历史遗迹、博物馆、明信片等复杂机制对于悠然城历史身份与文化认同的生产，第六、七两章叙述的普通市民对于社区事务的热心参与以及以地方事务为主题的城市"大选"等等，都在表明存在于市民经验之中的悠然城所蕴含的地方维度。

城市的地方维度使得城市与市民之间的内在关系得以可能，并且为市民转变为地方主体提供了可能性。同时，地方维度也说明了城市与市民以及二者之间的关系都不是给定的，需要在社会生活中进行持续的生产与维系。

罗伊农场的发展计划之所以引得那么多居民的关注，一个不容忽视的原因就是城市的地方维度。不论是对于世代居住此的人们来说，还是选择来此生活的人们而言，此时此刻之前的城市已经存在于他们的经验之中，如果未来有变化发生，那么它还是经验当中的那个悠然城吗？在事件发生之初，计划中庞大的购物中心威胁到了悠然城的地方价值，与存在于部分市民经验中的城市不符合："高速公路沿线那些盒子般的购物商场和城市几乎是一个模子里出来的，难道悠然城要舍弃自身的独特，甚至变得像洛杉矶那样吗？"这个禁止"得来速"（汽车穿梭餐厅）的城市会喜欢那些千篇一律的购物商场吗？

反对者不失时机地打出"地方控制联盟"的旗号，强调社区自主，暗示罗伊与外人共谋破坏社区利益。支持者也在援引"地方"，认为身为土著的农场主不会给社区带来负面影响，"一大家子都是很好的人，他不会不顾及这个城市。" 聪明的农场主人给居民写信或是举办家庭模式的见面会时，也念念不忘强调自家世代居住在此，其土著身份瞬时成了具有转化为物质资本之潜力的象征资本。为了让选民对农场项目怀有好感，年代久远的谷仓和农舍也被专门保存下来，并从原本的私人产物转化为展示本地农业传统的具体表征。

很多时候，贫穷或富有不止是一个量化指标，还是一种只能意会的社会区隔。一位市民的讽刺从一个侧面揭示了存在于不少人心目中的悠然城是什么样：

---

[1] 地方的抽象性并不意味着它可以脱离社会生活得以再生产的实际场所，因此城市所包含的两个维度是不可分的。

第八章 公民投票:"这不只是私人财产权的问题"

悠然城是白人的城市与富人的城市,它想保持这个样子。它不欢迎任何不符合这一肖像的人……这里的人们可以游行反对战争,可以宣传环保,或者任何游行都可以,但如果你不是白皮肤的、有钱的老顽固,你最好住到默瑞城或帕索城去。[1]

纵观议案 A 的发生过程,有着不同利益追求的各种社会行动者和公共机构介入到了多方力量的博弈中。长达数月的拉选票的过程客观上使得农场主人、"地方控制联盟"和普通市民都参与到一种集体叙事之中,并以投票的形式强烈且集中地叙述了对城市的感受与期待。尽管从现实利益上来讲,投票结果对于不同的个体具有不同的利弊影响,但在整个过程中更为重要的则是作为参与者的市民共享了参与本身。参与使得体验城市与他人的在场得以可能,从而使单独的个体超越了自身经验的局限性。不仅如此,2005 年的公民复决与 2006 年的公民立法提案程序在一定程度上改变了农场发展规划的面貌,使得即将出现的购物中心抹上了一缕地方色彩。回眸审视,整个过程有如一次过渡仪式,其结果是:第一,显现了该城的自我意识;第二,再生产了该城的地方认同;第三,把地方铭刻于个人的经验之中从而为其增加地方主体的身份。每一个作为地方主体的市民虽然是单独的个人,但却在情感与心理的层面与作为群体存在的城市形成了内在关联。归根结底,"地方"是一种属于个人的情感结构,但却依托社区文化认同,并可促成群己关联的实现。

三、经验的积淀与再讲述

很大程度上,社会生活的复杂性在于它们不是一种静止的状态,而是一种流动的过程,其间充满了各种运动与趋势。形成于过去的经验不仅是过去的元素,也在当下的文化过程中发挥作用;形成于当下的经验既是过去的经验的产物又是未来经验的动因。可以说,社会生活的形成离不开过去、现在与未来之间的复杂互动,它是记忆、感知与期待的糅合。在此意义上,议案 A 没有终结。

---

[1] 来自《论坛报》网络版的市民留言。

转眼到了 2007 年，去年底的投票刚刚降下帷幕，悠然城的市民又要面临新的选择。克鲁斯家族是悠然城的大户，在市中心拥有大量地产。从上个世纪末起，克鲁斯家族就开始规划重新发展其地产。2003 年，他们向市议会提出了发展中国城的项目，但由于未能在规定期限内完成复杂的复核程序，项目暂时被搁置。2007 年克鲁斯家族又把发展项目再度提上城市议程，他们希望在 2008 年春季开始动工改造家产中的一部分街区，计划将其修建为一个中国城，内容包括旅馆、商店和居民住宅。

2007 年 6 月[1]，城市公布了环境影响评估，提出中国城项目涉及以下一些需要解决的问题。例如：①规划中最高的建筑物有 75 英尺高，超出城市现有标准 25 英尺（不过城市正在讨论是否要把标准由 50 英尺提高至 75 英尺，这背后有城市人口增长的因素）；②按照计划，现有的停车场修葺之后将专供旅馆、住宅和商店职员使用，市民停车将是个问题；③该街区有可能会发现考古或历史遗留物。不过，评估报告也指出了规划的积极方面，例如规划将实现城市的一个长期目标——融合商店、办公地点和住宅的多用途项目。

克鲁斯告诉《论坛报》记者，他的计划尝试充实和丰富城市从而避免城市面积的扩张，同时他也表示该项目会选择能给市中心带来多样性的租户。联系一下不久之前发生的关于罗伊农场项目规划的投票，便不难发现克鲁斯家族从反对罗伊的声音中有所借鉴。比如罗伊农场曾被指责带来城市规模扩张（但按照市长兰德尔的看法，计划中的商场两边已经是商业设施，因此所谓扩张是伪命题）；又比如有声音批评那块土地应该建设廉价房但却没有这样做。如果克鲁斯家族足够聪明，他们就会小心翼翼地避免重蹈覆辙。

克鲁斯家族的发展规划公布后，一些住在市中心的居民便定期到市议会的例会上表达反对意见，主要是针对建筑高度以及担心带来一些连锁商店。应该说，这些声音的背后既有文化认同的考虑，也有利益考虑。一位"保护我们的市中心"的公民社团成员说：

---

[1] 这时我已结束田野调查，关于克鲁斯家族发展市中心商业区的认识多来自上网浏览当地报纸。

第八章　公民投票："这不只是私人财产权的问题"

市议会的成员在这件事上走得太快了，而这会给美丽的市中心带来根本的改变。我们主要有两个关注点，一个是对于市中心历史建筑采取什么态度，另一个是放宽建筑高度限制的长远影响会是什么？

2007年6月23日，《论坛报》就中国城项目进行了网上民意测验，有138名网友投票表达意见。其中58人支持克鲁斯家族的中国城规划，占投票人数的42%；74人反对，占投票人数的54%；6人表示无所谓，仅占投票人数的4%。

2007年7月11日晚，市议会、市规划委员会召开会议，听取公众关于中国城项目的意见，支持者有之，反对者有之。委员会在会议上没有做任何决定，只是听取公众意见，并对克鲁斯家族项目的环境影响报告的初稿提出了意见。根据当时的计划，中国城的项目包括拆除五座旧建筑，新建61750平方英尺的销售中心、8000平方英尺的办公区域、一个有十一间房屋的旅馆和六十四套公寓。有的建筑将会高达75英尺。备受争议的还是市民先前已经提出的建筑高度、对历史区域的影响、导致交通堵塞以及公共停车场减少等方面的问题。

第二天，报纸报道了头天晚上的会议。据说，拥有一座十九世纪的泥砖房（adobe）的市民克拉布在会上提出反对意见，认为计划将影响市区的历史建筑。配戴着"保护我们的市中心"的徽章的市民格雷夫提出，建筑高度应该降低，并且开发商应该提供十套廉价房，而不只是计划中的五套。部分在网上阅读报纸的市民参与了《论坛报》的民意测验，我浏览时看到的投票情形如下：94人投票，支持者40人，占投票人数的43%；反对者51人，占投票人数的54%；不关心者3人，占投票人数的3%。网上也有读者评论，例如：

①这个城市看起来好像是由一小部分可以影响多数人的人买下来的。从目前的表决来看，多数人反对克鲁斯家族的项目。那些人们选出来的官员应该关心大众想要什么。从前一条评论来看，克鲁斯将做他想做的事，而欺凌弱小的官员会让他的计划通过。他没有为城市和市民着想。或许我们应该像罗伊农场那样再来一次投票。如果保护悠然城的组织真想保卫我们的市中心，就该在地面被撬起来、历史建筑被拆毁之前参与投票

活动。

②我理解克鲁斯是商人,第一要务是赚钱。对他来说,按照他提出的方案发展他的地产很正常。不正常的是民选官员和城市职员出售悠然城,考虑城市长远的未来是他们的职责所在。克鲁斯家族要给悠然城带来的生意从长远来看并不是真正有益于社区的生意。悠然城面临丧失其身份并变得像其他任何城市一样的危险。克鲁斯先生,你希望看到悠然城继续作为一个独特的和给人灵感的城市吗?你可否站在"盒子"(指大型连锁商场,因其外观相似而得名)外,想一个既能赚钱又对社区有益的好点子呢?

同过去市民面对罗伊农场可能开发为商场时的情形几乎一样,反对者的声音出现了:"悠然城面临丧失其身份并变得像其他任何城市的危险","或许我们应该像罗伊农场那样再来一次投票"。看起来,罗伊农场的影响并未散去。

2007年9月,有了前车之鉴的克鲁斯家族重新提交了一份缩小了四分之一规模、并降低了建筑高度的新方案。克鲁斯家族的建筑师和发言人表示,规划正是听取了社区的意见而做出了相应改变。克鲁斯家族成员托马斯·克鲁斯给《论坛报》写信说明了新计划的内容。新的计划依然包括旅馆、公寓、零售商店等内容,但具体标准有很大的改变。例如在建筑高度上,原计划75英尺高的五到六层楼房,降为44英尺高的三层楼房;停车场也减少了专用车位并增加了公共车位。

两个月前曾在城市会议上提出反对意见的市民克拉布也表示新计划很好,"我认为他们的确为社区做了很棒的事。"一位市议员也发表意见说,看起来克鲁斯回应了市民的意见。与往常一样,不少市民在网上阅读《论坛报》,表达了自己的观点:

①罗伊应该从克鲁斯家这儿学点东西。如果罗伊减小了他那个洛杉矶风格的巨大商场,并支付立交桥建设的公平费用就好了。不过,那需要有善于倾听并乐于改变的能力。

②作为一个都市与地区规划学的毕业生和一直居住在此的居民,我个人倾向于原计划的更高的建筑。……我一辈子生活在悠然城,所以请

第八章　公民投票："这不只是私人财产权的问题"

别对我嚷嚷，说我来自洛杉矶。仅仅因为人们喜欢更紧凑、更高的市中心，并不能说明他们就是发展商或是喜欢交通拥挤的人，恰恰相反。

③做得好，克鲁斯家。所做的就只是小小的妥协，但显示了与社区合作的意愿和对环境评估程序的尊重。哎，或许当我们在市里投票反对时，罗伊应该听听市民们的观点。但他选择了忽视市民，而去说服县里其他人支持一个没有人愿意发生在自家后院的事。（去帕索城[1]吧！）发展商们注意了，开始与地方社区合作吧！

④规划中没有好好考虑中国城的历史真糟糕。如果保留下悠然城曾经的亚洲色彩将多好啊。

在支持克鲁斯家族规划的声音中，农场主人罗伊的名字不断出现："罗伊应该从克鲁斯家这里学点东西"，"哎，或许当我们在市里投票反对时，罗伊应该听听市民们的观点"……毋庸置疑，议案 A 作为不断向前流动的社会生活中的一个单元或一个时刻，看起来将会成为过去，实则早已积淀在人们的经验之中，并且，它对于"地方主体"的意义还会在社会生活的行进过程中富有建设性地不断浮现出来。总之，当下经验是过去经验的产物，同时还是未来经验的动因。从议案 A 的开始到暂告段落再到它出现在悠然城的另一个商业发展方案中，一次关于"群己权界"与"地方"的再生产的循环完成了。

2008 年 5 月，克鲁斯家族为悠然城的儿童博物馆捐资一百万美元，该博物馆离其中国城计划中的旅馆有两条街远。不过，直到此时，克鲁斯家族还在等待计划的通过来发展一个包括旅馆、商店、公寓和办公楼的综合街区。民主是一个没有终点的过程。

小结

围绕着对议案 A 的公民投票，我们看到了一个个人与他人及社会互动的相对完整的过程。可以想象，曲折的过程背后必然有复杂的资本及权力运作，但这并不妨碍民族志的分析。因为本章更关注各方力量公开

---

[1] 悠然城北的一个新兴城市，原本只是一个不大的社区，近些年发展迅速，人口日益超过悠然城。

互动的过程以及意义，或者说整个事件如何呈现于公共视野之下。换言之，悠然城市民用什么样的道德语言表达这一事件？此外，尽管存在复杂的资本及权力运作，但从不断更改完善的发展规划可知，公众利益始终是权力与资本不能忽视的重要因素。

　　投票是个人表达同意的方式，每一张选票的分量都是一样的，每个投票的个人都将自愿接受多数人作出的决定。投票无疑是一种制度设计，但因其离不开个人的参与意识和参与要求，它同时也是一种"心灵的习性"。投票的出现源于悠然城的市民对"群己权界"形成了共识。市民对城市所怀有的记忆、感受和期望也在影响其判断和选择。我们还可在复杂的投票过程中看到政府的组织与运作为市民协作性的社会互动提供资源、观点接近的个人以结盟作为有效参与的方式等民主社会的关键内容。已经成为共识的"群己权界"和个人对"地方"的体认是促成投票的要素，同时又在投票过程中实现了再生产。此个案也使我们认识到，城市与市民具有内在关系，不论是城市还是市民，又或者是二者之间的关系都不是给定的，需要在社会生活中进行持续的生产与维系。

结　语　在社会生活中实现『个人』

> 为了便于谴责个人主义,人们往往把个人主义与斯宾塞和经济学家狭隘的功利主义的功利的利己主义混为一谈。这实在是避重就轻。
>
> ——涂尔干:《个人主义与知识分子》

当"个人主义"这个词被构造出来之后,它便逐渐成为"美国信念"的核心要素之一,与"例外的"美国形成了转喻关系。然而,当片断取代整体时,难免就会简化社会生活的丰富性。实际上,一个纯粹个人至上的社会是不可能存在的。

本书导论已提到,反本质化是我们理解美国社会与文化以及认识自身的认识论立场。由此出发,当我们以个人主义为线索去理解美国的个人与社会时,有两点需要注意。其一,在社会或民族国家内部,个人主义作为一种突出个人优先性的现代意识形态,是社会对日常经验进行选择和过滤之后做出的对社会生活应该如何的一种流行的价值表述。也就是说,它作用于社会生活但不能完整表述社会生活。其二,在不同社会或民族国家之间,从社会生活中抽离出来的个人主义有可能被当作构建本质化的文化身份的工具。因而,诉诸个人主义/集体主义的二元对立语式既无益于理解美国社会的实际运作,也无益于反观中国社会。

这本民族志力求在日常生活中具体理解普通美国人对于自身作为一个独立存在的各种体验与解释,并通过经验叙述来呈现个人成为社会秩序的体现者与承担者的过程,进而理解个人与社会的现代关系。下文尝试对全文作一总结。

一 "个人"蕴含着作为背景的"社会"

通过前面的章节，我们看到了从不同层面、不同角度渗入社会生活及日常经验的"个人"语言。例如，"个人"成为具体行动者解释各自千差万别甚至截然相反的人生经历的理由（第二章）；对个人空间、私人空间与隐私的重视，体现了个人权利的彰显以及把这种权利扩展至他人的普遍原则（第三章）；个人的私人生活在家庭的私人生活中展开（第四章）；个人的独立性在信仰领域的表现（第五章）；社会成员之间所遵循的不羞辱原则体现了社会对个人抽象价值的尊重（第二章、第六章）。人们对"个人"的理解还呼应着对家庭、社团与城市的理解。例如，家庭是不受外界干预的私人领域（第四章）；社团是个人自愿参与而组织起来的独立于国家统治权力的协作性团体（第六章）；城市是平等的市民联合起来自己管理自己的地方自治团体（第七章）。与"个人"同时出现的是"边界"。从烹饪中每种要素各就其位容不得任意混淆，到空间划分及相应的行为规范，以及保持距离、回避争执等日常交往方式，再到政府与社会各司其职，最后到公民投票决定私人农场的用途，都可以看到"边界"体现在日常经验和社会生活的各个层面。

我们也在民族志中看到个人对公共生活的参与并能发现个人为何参与的一些原因。例如，从宗教信仰的角度来看，执著自我或疏离邻人都无从接近与承仰上帝，个人与上帝的关系成为个人与他人以及社会建立联系的中介（第五章）。当然，信仰不能完全解释基督徒参与公共生活的原因，更不能有效解释非基督徒参与公共生活的原因。因此，我们还需要在世俗领域中寻找答案。表达观点、自我实现、在回报社会中体验自立等因素也从一个侧面解释了个人的社会参与和政治参与（第六章）。此外，个人必须把自己的意愿转化为民意才能有效地在公共领域内达成自己的目标。还有，个人既是独立平等的权利主体，也是被烙上了"地方"印迹的地方主体，个人对城市怀有的记忆、感受和期望也在促使他/她参与进与自己休戚相关的地方事务之中（第七章、第八章）。所有这些也都从某个侧面解释着个人为何选择参与。

经过前面几章的经验叙述和初步分析后，下面尝试把我所参与观察到的悠然城的社会生活概括为：

第一，社会在日常生活的不同层面对"个人"观念进行不断的文化再生产，使"个人"嵌入普通人的思想、情感、身体、语言、反思和相互期待之中。这个过程在一定程度上是私人性的，发生在个体心性之中或者完成于私人领域之内，在更大程度上则是在公共生活中实现的。唯有具体个人在政治、经济、法律等方面享有制度保障，"个人"观念的文化再生产才能真正实现，"个人"才能成为为社会大众所意识和遵循的公共价值。

第二，个人嵌入社会关系之中的方式体现为对"边界"的划分，或者说"边界"是社会关系的一般形式。如同"个人"一样，"边界"也是社会与文化的产物，同样需要进行生产与再生产。

第三，"边界"意味着始终有两方在场，例如自我与他人、私人与公众、个人与社会，一方缺席则另一方也不成立。[1] 这也表明，"个人"语言在表述层面上倾向于隐含他人，在现实生活中却始终需要他人的在场。

第四，私人领域与公共领域之间存在边界，但没有出现断裂。并且，公共生活的实现并不依赖强制。

悠然城的田野调查经验表明，美国社会所宣扬的个人主义与利己主义没有必然关系，它并不承诺一种对人的原子主义理解，它在彰显个人权利的同时也对个人义务提出了要求。更重要的是，我们恰恰发现，人们的道德语言中所突出的"个人"背后蕴含着强劲幽深的"社会"。其实，缺乏对"社会"的公开言说并不意味着缺乏对它的意识以及依照它而行动的方式。

海外民族志的意义在于它有助于为中国社会科学"提供特定的现代社会在社区层次的实际运作的经验知识"（高丙中，2009），也有助于"通过对他者的理解，绕道来理解自我"。接下来，我们就简单回顾现代个人观念在中国社会的发生与演变，最后我们再回到对个人主义的内在张力以及个人与社会的共同建构的讨论。

---

[1] 有可能其中一方是可以直接感受到的，而另一方则是间接感受到的，但它们都是构成日常经验与社会生活的要素。

结语　在社会生活中实现"个人"

二　中国社会的个人观念

（一）传统中国社会的差序格局、差序人格与伦理本位

个人主义不是中国本土的伦理观念，当然，这并不是说中国社会向来没有关于"个人"或"自我"的讨论。例如余英时认为，"个人"或"自我"在道家或儒家的思想中都相当重要，庄子思想首开个人主义之风，至魏晋时期达到高峰，彼时的思想与文学都表明了个人意识的觉醒；儒家的修齐治平就是始于个人修身等等（余英时，2005）[1]。此外，如伊懋可(Mark Elvin)的相关讨论也为我们提供了线索[2]。不

---

[1] 余英时也指出，激烈反传统的五四知识分子未能从传统中觅取有关"个人"或"自我"的本土资源，而近代以来接触西方文化的过程中又缺乏对其文化的全面检视，最终未能理清"小我"与"大我"的关系，导致中国现代个人观的枯窘与自我意识的萎缩（余英时，2005）。梁启超对"小我"与"大我"进行了区分，称人的个体的物质存在为"小我"，称个人从属的群体的集合体为"大我"。二者的关系如同细胞与人体的关系，只要人体有生命，单个的细胞是无关紧要的。同样，只要"大我"具有生命力，"小我"的生死是无关紧要的。可以看到，在梁启超以塑造新人格来服务于"群"（民族国家）的新民思想中，"群"才是目的。故张灏说，"梁启超在《新民说》中对个人权利所做的激动人心的辩护带着一种强烈的集体主义特色"（张灏，2005：111）。

[2] 伊懋可以中国文化中"人"的概念的多样性修正了莫斯关于个人概念为西方所独有的观点。莫斯在其1938年的论文中曾简略地提到了中国文化关于"人"的概念，在伊懋可看来，莫斯并未将其置于一个历史的发展过程中进行考虑，同时也偏颇地把中国文化等同于儒家文化。伊懋可指出，一致的、独立的、做决策的自我图像早已显现在诗经的人物形象中。在屈原的作品中我们则看到了个人与社会之间的紧张、理想与现实之间的矛盾，不仅如此，一种内在感也得到了酣畅淋漓的表现。此外，在先秦时期的中国社会，对个人的理解已出现明显分野。例如，道家强调人的内在存在的相对自律；儒家突出社会力量对于个人及其个性的塑造之重要性。随后，伊懋可又分析了佛教、新儒家、心学乃至二十世纪革命思想中关于个人的观点。伊懋可最后总结到，中国人关于个人或自我的概念自古至今一直就是多变的，"自我"、"个人"并不为西方所特有(Elvin, 1985：156-189)。另外，有关中国晚清至五四时期现代个人观念发生演变的历史进程、思想脉络和逻辑关系的梳理还可参考罗晓静《寻找"个人"——论晚清至五四现代个人观念的发生》，作者以经典文献著述为依据，将"个人"从相关思想表述、文化文学话语中剥离出来，将其作为一种元话语进行了详细讨论。

过,正如个人主义突出个人相对于群体的优先性,对中国"个人"的理解也要看在中国人的伦理表述与生活实践中孰轻孰重。此外,个人概念在某个层面或某个阶层的存在与个人价值作为社会共识之间还有很长一段距离。或者说,个人作为心灵层面的道德主体与个人作为有制度保障的权利主体不是一回事。从而,对个人的认识还需放置在社会结构之中。

"差序格局"(费孝通,1998:23-36)对于理解个人在传统中国社会结构中的位置与意义提供了关键启示。所谓差序格局,即以"己"作为中心,由内向外一圈圈推出去的富于伸缩性的网络。伸缩性意味着网络范围变动不居,群己界限模糊不清。由于社会关系是私人联系的增加,所有的社会道德便只在私人联系中发生意义。不无讽刺的是,在这个以"己"为中心的差序格局中,克己恰恰是社会生活中最重要的德性。换句话说,个人及其权利的伸张缺少合法性。

差序的要义仅是范围可伸可缩的同心圆吗?根据阎云翔(2006:201-213)的阐释,差序格局不仅是水波纹比喻所描述的平面的蜘蛛网似的的状态,还是一个立体多维的结构,其中存在着纵向的等级差别。并且,强调尊卑有别的人伦才是差序的要义所在。由于否定了人格平等的可能性,且不承认权利与义务的平衡,"差序格局"孕育出了"差序人格",平等自主的个人则付之阙如。

此外,梁漱溟(2005:70-84)关于中国社会以伦理为本位[1]的论述中亦有类似观点。所谓伦理本位即以伦理为重,而伦理指的则是人与人之间的关系,中国社会就是经由伦理而得以组织。在梁漱溟看来,中国情景中的伦理关系重情谊,讲义务,但其最大弊端则是个人及其权利被忽略。

上述可见,不论是在差序的社会结构及人格构成中,还是在以伦理为原则组织的社会生活里,皆不存在普遍主义的原则以及独立自主的个

---

[1] "伦者,伦偶,正指人们彼此之相与。相与之间,关系遂生。"(2005:72)在梁漱溟看来,在伦理本位的社会里,"每一个人对于其四面八方的伦理关系,各负有其相当义务;同时,其四面八方与他有伦理关系之人,亦对他负有义务。全社会之人,不期而辗转互相连锁起来,无形中成为一种组织。"(2005:73)梁漱溟认为伦理关系的优点在于人于关系中互以对方为重,此原则有助于在个人自由和团体权力之间形成均衡状态。

人，而重私德轻公德的价值观也没有为团体格局开辟道路。

（二）在民族国家语境中重构的个人主义

一般认为，作为西方现代政治语汇的"个人"(individual)和"个人主义"(individualism)先在日本定名，然后传入中国（刘禾，2008；金观涛和刘青峰，2009）[1]。译介的复杂在于，它必然发生在历史语境之中，受到不同时期社会情势的深刻影响。中国知识分子译介individualism之时，正是传统价值与西学相互激荡碰撞的时期。"冲决伦常之网罗"的呼声交织着"私德居其九，而公德不及其一"的检讨，实现个人价值的呼声遭遇建设现代民族国家的时代使命，种种因素的纠缠叠加导致中国语境中的个人观及个人主义歧义丛生。透过学者们的相关论述可以看到，二十世纪初以来，个人主义一度与民族主义、国家主义相纠缠盘结，成为了反抗传统、建设现代国家的观念性力量或工具（参见林毓生，1996：160-204；秦晖，2006[2]；刘禾，2008：110-133；金观涛和刘青峰，2009：151-179）。

在当时思潮激荡、权力交锋的环境中，个人主义始终没有获得一个稳定的表述，随着社会诉求的变化，对它的质疑之声日渐强势。例如，新文化运动前后与儒学相对立的个人主义观念成为声讨传统文化的观念性力量，二十年代中后期个人主义蒙上了资产阶级意识形态的反面色彩而成为社会主义革命的对头（刘禾，2008：119）。新文化运动后期，阶

---

[1] 刘禾指出，"个人"和"群体"的二元思维很难对自身的思维逻辑和研究对象提出质疑。通过跨语际实践的讨论，即分析"个人主义"在汉语中是如何开始具有语境意义并获得合法性，可以有效解构"中国群体主义"和"西方个人主义"的二元对立以及对个人主义的本质化处理（刘禾，2008）。本书认同刘禾的上述观点，但采取的是民族志路径来理解美国人社会生活中表现出来的个人主义。

[2] 秦晖指出，清末以来的中国启蒙有一个追求就是个性自由，不过这里的个性自由却有国家主义的背景，即把个人从家庭、家族的束缚中解放出来，交给无所不能的国家。由此，启蒙对个人主义的弘扬变成了"以国家主义来反对宗族主义"，"以大共同体本位来反对小共同体本位"，其结果是把个人从宗族中解放出来之后又放到不受制约的国家权力的一元化控制之下。那么在反对宗族主义的背景下，就给极权主义和伪个人主义的结合提供了一种空间，以至于导致了以追求个性解放始，到极端地压抑个性为终的这样一种"启蒙的悲剧"（秦晖，2006：24）。

级意识带来了对个人权利的普世性与正当性的怀疑,中国知识分子开始否定个人主义(金观涛、刘青峰,2009:169-173)。这种态度变化也体现在了文学创作中:个人主义和自我呈现曾是五四作家的关注点,不过这种内向探究没有一路发展下去,延安文艺座谈之后,个人主义不论是在政治上还是在文艺上,逐步成了一个负面的名词(李欧梵,2000:45-69)。[1]

可以说,在个人主义被译介进入中国的过程中出现了以下情形:首先,作为一套复杂伦理价值的个人主义曾被简化与利用为适应不同目的与需求的工具;其次,个人主义话语曾经具有的一个明显功能是把个人从其与家庭、宗族的传统关系中剥离出来,并将其交给国家;最后,个人直接面对国家,与个人对应的团体则是缺失的。

此外,对个人主义的另一种误读是将其贴上自私自利的标签。但正如杜威所说,倘若个人主义意味着自私自利,那美国社会早就不存在了。[2] 梁漱溟亦曾提到:"虽经过几十年西洋近代潮流之输入,在今天百分九十九的中国人,亦还把它(个人主义)当作自私自利之代名词,而不知其理。"(梁漱溟,2005:44)

其实,一套价值观念在新的社会环境里获得阐释向来是一件复杂的事情,而当价值观念从具体的社会生活中抽离出来之后,笼罩阐释的迷雾就更多了。无论如何,个人主义在中国的社会环境里经历了不断地阐释与重构。这也正如阎克文所言:个人主义进入汉语语境之后,发生了鲁鱼亥豕般的意义嬗变,其中既有对异质文化的误读,也有政治意识形态的曲解,以致它原有的价值指向最终萎缩成了一种似是而非的道德评价(阎克文,2001,见《个人主义》译者前言)。

---

[1] 我们可以看几本新中国成立不久之后有关个人主义讨论的书,从书名中可大概了解当时的意识形态是如何看待个人主义的。例如,辽宁人民出版社1958年的《个人主义是万恶的根源:从反右派斗争中吸取教训》、北京出版社1958年《搞臭资产阶级个人主义》、吉林人民出版社1960年《彻底破除资产阶级个人主义思想》、上海人民出版社1958年《反对个人主义》等等。

[2] 杜威来华演讲时曾说过这样一段话:"有许多人问我:'东方的社会自打西方自私自利的个人主义进来,人人都只管自己不管别人,把东方的社会弄得很糟。'这些话究竟是误会。……像东方人说的,如果只顾自己不顾别人,美国的社会早应该亡了。"见袁刚等编,《民治主义与现代社会》,2004:10-11。

（三）当代"个人"的出现

从家庭、宗族或其他传统关系中"解放"出来的个人曾经一度直接面对国家，以单位或公社为代表的社会主义集体几乎组织了人们生活的各个方面，其他社会性的中介关系或中介结构在一定程度上则是缺席的。那么，当个人再次从单位或公社中释放出来，获得了享受个人自由的一定物质与制度条件之后，出现了什么情况？[1]

黑龙江下岬村是阎云翔生活了多年并持续做追踪调查的地方。深厚的田野调查所获得的诸多生活细节既让他看到了"个人"在中国人的日常生活中脱颖而出，也让他感到忧心忡忡："冲决网罗，告别祖荫"的个人并没有获得真正独立、自立、自主的个性。阎云翔指出，国家推动的私人生活转型带来了对个人理解的转变，然而，年青一代的个性发展既不全面也不平衡。不全面是因为绝大部分的社会变化只局限在私人生活领域；不平衡时因为对个人权利的强调并没有带动对他人权利的尊重以及对公众社会的负责。国家曾经通过国家政策或政治运动等自上而下的方式推动社会主义集体建设，在此过程中，传统的社会关系、道德观念遭受了不同程度的破坏。而集体化的终结也没有带来国家对社会自组织的信任。于是，私人生活发展的同时公共生活迅速衰落，或者说社会呈现出公共领域与私人领域断裂的迹象。由于个性和主体性的发展基本限制在私人领域，个人在获得其权利之后忘记了本应负有的社会义务，在全球性的消费主义的冲击下，从集体中解放出来的个人面临或已经滑向自我中心主义（阎云翔，2006）。

总之，十九、二十世纪之交以来，译介进入中国的个人主义被卷入了现代民族国家的宏大叙事之中；当代个人从集体之中"解放"出来也源于国家力量（包括国家力量与资本力量的结合）的推动。可见，在塑造现代个人观的过程中，国家始终在场。当然，这里不是说独立、自主、平等的个人的实现绝对排斥国家在场，但需要思考国家以什么样的形式在场，其在场如何不以个人或社会为代价。此外，无公德的个人的出现并不能成为否定个人权利与自由的理由。[2] 问题的关键是，如何保

---

[1] 个人从单位或公社中释放出来并不是说个人不再受到任何形式的管理，而是说国家对个人的自上而下的管理出现一定层面的弱化或者说形式发生了变化。

[2] 应星（2009）的研究揭示出，中国当代社会的"新德治"力求重新处理集体和

证摆脱了传统束缚的个体仍然可以作为社会生活中的道德主体。或者说，个人与社会的共同建构如何实现。

三 "送取相宜，一切如意"：在社会生活中实现个人与社会的共同建构

上文提到，个人主义进入汉语语境之后其意义发生了复杂嬗变。其实，在英语语境中，围绕着个人主义也有不少争论。如社群主义者批评当代西方社会对人的极端个人主义甚至原子主义理解，忽视了个人的自我认同由社群的价值与文化内涵所决定。[1] 又如古典自由主义者哈耶克（1989）提出个人主义的真伪之辨[2]。再如导论中提到的贝拉、普特南等学者对美国社会个人主义无限蔓延的批评等等。由于本书主要是通过民族志的经验叙述来理解个人与社会的现代关系，故不打算继续从概念的角度讨论英文语境中围绕个人主义展开的各种批判与辩护。不过，有一点仍需指出，即在作为道德观念的个人主义与作为非道德现象的利己主义之间既有关联又有区别。托克维尔（2004）、涂尔干（2006）、泰勒

个体的关系，然而，意在"塑造新人"的"新德治"最大悖论在于，这种史无前例的"去自我"的道德作用力恰恰消除了个人向善的伦理实践的可能性。

[1] 例如麦金太尔（2003）批评了西方情感主义文化中超然的个人，即与社会和历史角色彻底分离的个人。在其批评中我们可以看到，现代个人同时分居于组织化领域和私人领域，其身上表现着一种两歧性的自我：一个自我被牢牢地安置在科层制的领域内，另一个自我则在情感主义的泛滥中磨蚀着其真实性。

[2] 在他看来，"真个人主义"始于洛克，此外，伯纳德·孟德维尔、大卫·休谟，托克维尔、阿克顿勋爵等人的叙述也属于"真个人主义"之列。"真个人主义"因其思想具有前后一致性而"真"。它否认孤立的或自足的个人，不过分相信个人理性的力量。它主张应该允许人们按照自己认为理想的方向去努力，而不是说人们是唯一由他们的个人需要或自我利益指导的，它所描述的自我利益并不代表利己主义。"真个人主义"主张自愿和自发协作，它不否认强制力量的必要性，但限制强制力量。"伪个人主义"则来自法国和其他欧洲大陆国家，以卢梭和重农主义者为其代表，因其思想缺乏前后一致性而"伪"。"伪个人主义"以个人为起点，并且假定个人以正式契约的形式将自己的特定愿望与其他人达成一致，从而形成社会。它过分相信个人理性的力量，相信社会是设计的结果。它始于个人，却终于集体主义或社会主义（哈耶克，1989：1-31）。

(Taylor,1991)等学者都对此做了辨析[1]。从中可以看到,人们在生活中会从不同方向实践个人主义,从而,作为一种道德理想而诞生的个人主义蜕变出了非道德的利己主义,对本真性的追求也可能带来对自我之外的事务的漠不关心。

民族志的经验叙述表明,唯有蕴含于社会之中,"个人"才能成为真正有意义的道德语言。然而,社会实在之所以复杂的原因之一就是,当社会把日常经验在观念中重构出来之时做了一番选择和价值判断,有意无意地带来了个人与社会之间的罅隙。当个人缺乏对自身有限性的自觉认识时,作为道德观念兴起的个人主义就有可能走向非道德的一面。那么,观念中已然出现的个人与社会之间的罅隙如何弥补?作为道德理想的个人主义之真正实现的社会条件是什么?悠然城的个案可以提供什么启示吗?[2]

民族志所勾勒的普通个人在日常状态下实现公共生活的图像表明,作为中介性社会结构的公民社团,有助于个人找到并占有一个具体的社会位置,从而既无需直接面对抽象的社会或庞大的国家,也不至蜷缩在个人的狭小范围之内。另外,我们还看到,信仰不仅提供了一个安顿心人的去处,也有助于个人走出自我的狭小范围。自上而下地来看,国家所承诺的结社自由权保证了个人多样化的选择不至于因为缺乏依托而变

---

[1] 关于托克维尔的论述请参见导论。在《个人主义与知识分子》一文中,涂尔干论述了既意识到个人的神圣性,又承认个人有限性的道德个人主义,并驳斥了个人主义是产生于个人的、因而也是利己主义情感的错误认识,指出孤立的个人概念不可能推出个人主义道德。在其论述中,道德个人主义"并不是对自我的赞美,而是对普遍个人的赞美。它的动力不是利己主义,而是对人具有人性的一切事物的同情……"。在 The Ethics of Authenticity 一书中,查尔斯·泰勒指出,本真性本身充满了内在张力,可以向不同方向发展。就其作为道德理想而言,本真性强化了对普遍权利的强调以及对差异的承认,不论对于个人自由还是对于社会民主与多元文化而言这都是必不可少的。不过,它也潜藏着弱点与消极面。比如它会导向"自恋文化"(the culture of narcissism)与"道德主观主义"(moral subjectivism)等。在这些消极的变体那里,外在于个人的道德要求以及对他人和社会的承诺始终阙如。虽然本真性理想号召每个人去发现属于自己的原创存在方式,并且这种方式内在于我们每个人而不是社会派生出来的,但本真性理想的有效实现离不开与自我之外的更大整体的对话。

[2] 当然,我们并不是说悠然城社会生活中体现出的个人主义全然朝着道德的方向实践,也不是说其中体现了典范的个人与社会的现代关系。

得仅仅只是一种空洞的口号。选举权以及地方自治权等政治制度也在保障和促使公民通过参与走出自我,政府积极回应社会要求则为公民社会的实践提供资源。可以说,民主制度、宗教信仰等因素把人们对"个人"的理解、解释与实践置于一种复杂的张力之中,从而亦可起到平衡个人主义消极面泛滥的作用。[1]

在民族志的叙述中,我们也看到了个人主义在情感、婚姻、亲密关系等私人生活内的蔓延(第四章),而人心似乎不是制度可以直接过问的。或许可以说的是,我们在公共生活中形成的个人观以及对美好生活的看法也会影响到我们的私人生活。

当代中国,独立于政治国家的社会范畴既是知识界、媒体以及公众的议题与期待,也逐渐成为一种社会事实,而这一趋势必然要求独立、平等与自主的个人。即使由于各种因素的限制,相对独立的社会范畴还未出现,个人也已经脱离传统的集体形式。问题在于,一方面,个人一旦从集体中独立出来,趋势就难以逆转,更何况今时今日还有不容小觑的资本力量在一旁推波助澜。另一方面,平等、独立与自主的个人远非一蹴而就的,它需要要在具体的社会生活中去努力实现,而追求利润与效率的资本和市场并不会自动促成其实现。倘若个人不能真正参与到社会生活中,在资本和市场的推动下,个人难免蜕变至纯粹以自我为中心,单纯追求个人利益。不难设想,个人、次级群体、国家之间如何处理相互关系影响着社会生活以什么样的形态呈现出来。关键在于:第一,不能为了防止无公德的个人出现就否定个人权利与自由。第二,如果我们不满足于独立、平等、自主的个人仅仅停留在思辨层面,就需要在社会生活中去实现它。个人在享有权利的同时承担自己的义务,并通过义务的承担保障自己享有的权利。总之,制度设计要为社会生活开拓空间,或者说,制度设计要为个人过一种有道德的生活提供条件。[2]

个人主义可能是一种道德理想,也可能蜕变为一种非道德的幻象,使具体的个人产生对自身以及自身与社会关系的某种错觉。其实,人类

---

[1] 其实,这些观点并无新意,但我还是希望能以社区层面的经验叙述再次表明它们。
[2] 制度与道德从来就不是分离的,制度的制定出于道德的考虑,而道德亦在制度中得以体现。

结语 在社会生活中实现"个人"

历史上改变了的是关于个人的认识与表述而不是个人本身。不论个人是否与其社会角色相分离，每个人都是作为一个个人而存在的；而当自我与他人之间的区别受到强调，个人获得了抽象的存在价值之后，个人也并未因此而脱离周围的世界。所谓独立，在一定程度上只是一种想象。这也恰如埃利亚斯所言：单个人之所以能够说"我"，是因为和似乎他同时也能够说"我们"。甚至"我在"这种思想，尤其是"我思"的思想，就已预先设定了他人的存在和与他人的共存——简言之，已预先设定了一个群体，一个社会（埃利亚斯，2006：72-73）。

总之，现代社会既为自我实现提供了各种可能性，也在不断地揭示着个人自身的有限性。背弃了安置个人的社会，个人就只能是来自无何有之乡，去往无何有之乡，而那将是生命中不能承受之轻。"送取相宜，一切如意"，摆在我们面前的问题是如何在生活中实现个人与社会的共同建构。"个人"是一个历史范畴，对于它今后会朝着什么方向发展我们并非无能为力。

参考文献

中文文献

[美]阿尔蒙德，加布里埃尔、西德尼·维巴，2008，《公民文化——五个国家的政治态度和民主制》，徐湘林等译，东方出版社。

[法]阿利埃斯，菲利普、乔治·杜比主编，2008，《私人生活史》第四卷，周鑫等译，北方文艺出版社。

[法]阿利埃斯，菲利普、乔治·杜比主编，2008，《私人生活史》第五卷，宋薇薇、刘琳译，北方文艺出版社。

[美]阿伦特，汉娜，2005，《公共领域和私人领域》，刘锋译，汪晖、陈燕谷主编《文化与公共性》，三联书店第二版。

[德]埃利亚斯，诺贝特，2006，《个体的社会》，翟三江、陆兴华译，译林出版社。

[美]奥洛姆，安东尼、陈向明，2005，《城市的世界》，曾茂娟、任远译，上海人民出版社。

[英]鲍曼，齐格蒙特，2002，《个体化社会》，范祥涛译，上海三联书店。

[英]伯林，以赛亚，2002，《希腊个人主义的兴起——政治思想史的一个转折点》，以赛亚·伯林著，《自由论》，胡传胜译，译林出版社，第325-365页。

[英]波尔，J·R，2007，《美国平等的历程》，张聚国译，商务印书馆。

[法]迪蒙，路易，2003，《论个人主义——对现代意识形态的人类学观点》，谷方译，上海人民出版社。

杜维明、黄万盛、秦晖等，2006，《"启蒙的反思"学术座谈》，《开放时代》，第三期，第4页-第56页。

[美]方纳，埃里克，2003，《美国自由的故事》，王希译，商务印书

馆。

费孝通，2000，《乡土中国 生育制度》，北京大学出版社。

[美]弗里德曼，劳伦斯，2005，《选择的共和国：法律、权威与文化》，高鸿钧等译，清华大学出版社。

高丙中，2009，《凝视世界的意志与学术行动》，"走进世界海外民族志大系"总序，北京大学出版社。

[美]格尔茨，克利福德，1999，《巴厘的人、时间、行为》，克利福德·格尔茨，《文化的解释》，纳日碧力戈等译，上海人民出版社，第415页-470页。

龚浩群，2004，《信徒与公民——泰国曲乡的政治民族志》，北京大学人类学专业博士学位论文。

[日]沟口雄三，1994，《中国与日本"公私"观念之比较》，《二十一世纪》，2月号，总第二十一期，第85-97页。

[英]哈耶克，1989，《个人主义与经济秩序》，贾湛、文跃然等译，北京经济学院出版社。

[美]亨廷顿，塞缪尔，2005，《我们是谁？美国国家特性面临的挑战》，程克雄译，新华出版社。

黄克武，2000，《自由之所以然—严复对约翰弥尔自由思想的认识与批判》，上海书店出版社。

汲喆，2009，《礼物交换作为宗教生活的基本形式》，《社会学研究》，第3期，第1-25页。

金观涛、刘青峰，2009，《中国个人观念的起源、演变及其形态初探》，金观涛、刘青峰，《观念史研究》，第151-179页，法律出版社。

康敏，2006，《"平常"的变奏——一个马来村庄日常生活的民族志》，北京大学人类学专业博士学位论文。

李欧梵，2000，《现代中国文学中的浪漫个人主义》，《现代性的追求》，三联书店。

梁漱溟，2005，《中国文化要义》，上海世纪出版集团，2005年第1版，2009年第6次印刷。

林来梵，2003，《美国宪法判例中的财产权保护》，《浙江社会科学》，第5期，第76-83页。
林毓生，1996，《中国传统的创造性转化》，三联书店。
刘禾，2008，《跨语际实践》，宋伟杰等译，三联书店。
刘震云，2009，《一句顶一万句》，长江文艺出版社。
[德]卢克曼，托马斯，《无形的宗教——现代社会中的宗教问题》，覃方明译，中国人民大学出版社。
卢克斯，2001，《个人主义》，阎克文译，江苏人民出版社。
[英]洛克，约翰，2009，《政府论》，丰俊功译，光明日报出版社。
罗晓静，2007，《寻找"个人"——论晚清至五四现代个人观念的发生》，中国社会科学出版社。
[美]麦金太尔，2003，《追寻美德》，宋继杰译，译林出版社。
[英]麦克法兰，艾伦，2008，《英国个人主义的起源》，管可秾译，商务印书馆。
[美]曼彻斯特，威廉，2006，《光荣与梦想——1932-1972年美国社会实录》，广州外国语学院美英问题研究室翻译组、朱协译，海南出版社。
[英]密尔，约翰，2008，《论自由》，许宝骙译，商务印书馆。
[法]莫斯，马塞尔，2005，《礼物：古式社会中交换的形式与理由》，汲喆译，上海世纪出版集团。
[英]穆勒，1933，《群己权界论》，严复译述，上海：商务印书馆。
[美]帕特南，罗伯特，2006，《使民主运转起来》，王列、赖海榕译，江西人民出版社。
[德]桑巴特，2003，《为什么美国没有社会主义》，赖海榕译，社会科学文献出版社。
[美]桑塔格，苏珊，2003，《疾病的隐喻》，程巍译，上海译文出版社。
[美]史华兹，本杰明，2005，《寻求富强》，叶凤美译，江苏人民出版社。
[美]马克·史密斯著，2006，"时间之下的一个国家——标准化时间在美国"李荣荣译，载于《节日文化论文集》，中国民俗学会编，学苑出版社。

[美]特里林，莱昂内尔，2006，《诚与真》，刘佳林译，江苏教育出版社。

[加]泰勒，查尔斯，2001，《自我的根源》，韩震等译，译林出版社。

[法]托克维尔，2004，《论美国的民主》，董果良译，商务印书馆。

[法]涂尔干，爱弥儿，1999，《宗教生活的基本形式》，渠东、汲喆译，上海人民出版社。

[法]涂尔干，爱弥儿、马塞尔·莫斯著，2005，《原始分类》，汲喆译，上海世纪出版集团。

[美]威布，罗伯特，2007，《自治：美国民主的文化史》，李振广译，商务印书馆。

[德]韦伯，马克斯，2007，《新教伦理与资本主义精神》，康乐、简惠美译，广西师范大学出版社。

[英]威廉斯，雷蒙，2005，《关键词》，刘建基译，三联书店。

吴思，2009，《潜规则：中国历史中的真实游戏》，复旦大学出版社。

吴晓黎，2007，《社群、组织与民主实践：印度喀拉拉邦社会政治的民族志》，北京大学人类学专业博士学位论文。

[美]伍德，戈登，1997，《美国革命的激进主义》，傅国英译，北京大学出版社。

[美]许烺光，1989，《美国人与中国人：两种生活方式比较》，彭凯平、刘文静等译，华夏出版社。

阎云翔，2006，《私人生活的变革：一个中国村庄里的爱情、家庭与亲密关系》，龚小夏译，上海书店出版社。

阎云翔，2006，《差序格局与中国文化的等级观》，《社会学研究》，第4期，第201-213页。

杨春宇，2007，《平等及其边界——澳大利亚首都地区体育社团中的文化实践》，北京大学人类学专业博士学位论文。

袁刚、孙家祥、任丙强编，2004，《民治主义与现代社会：杜威讲演集》，北京大学出版社。

应星，2009，《村庄审判史中的道德与政治——1951—1976年中国西南一个山村的故事》，知识产权出版社。

余英时，2005，《中国近代个人观的改变》，余英时，《现代儒学的回顾与展望》，三联书店，第59-88页。

［美］张灏，2005，《梁启超与中国思想的过渡》，崔志海、葛夫平译，江苏人民出版社。

朱世达主编，2005，《美国市民社会研究》，中国社会科学出版社。

英文文献

Abu-Lughod, Lila. 1991. "Writing against Culture", in *Recapturing Anthropology: Working in the Present*, ed. Richard Fox. Santa Fe, NM: School of American Research Press, pp. 137-62.

Appadurai, Arjun. 1988. "Introduction: Place and Voice in Anthropological Theory", *Cultural Anthropology*, Vol 3. No.1, pp.16-20.

——. 2003 [1996]. *Modernity at Large*, University of Minnesota Press.

Bauman, Zygmunt. 2001. *The Individualized Society*, Polity.

——2005. *Work, Consumerism and the New Poor*. Open University Press.

Beck, Ulrich. 1992. *Risk Society, Towards a New Modernity*, translated by Mark Ritter, London: SAGE Publications.

Beck, Ulrich & Elisabeth Beck-Gernsheim. 2001. *Individualization: Institutionalized Individualism and Its Social and Political Consequences*, Sage.

Bellah, Robert (et al). 1996[1985]. *Habits of the Heart: Individualism and Commitment in American Life*, updated edition with a new introduction, University of California Press.

Bunis, K. William (et al). 1996. "The Cultural Patterning of Sympathy toward the Homeless and Other Victims of Misfortune", in *Social Problems*, Vol. 43, No. 4, pp. 387-402

Douglas, Mary. 1996[1970]. *Natural Symbols: Explorations in Cosmology*, with a new introduction, London and New York: Routledge.

Dumont, Louis. 1985. "A Modified View of Our Origins: the Christian Begins of Modern Individualism", in Michael Carrithers etl. ed, *The Category of the Person*, Cambridge: Cambridge university Press, pp.93-122.

Elvin, Mark. 1985. "Between the Earth and the Heaven: Conceptions of the Self in China", in *The Category of the Person*, edited by Michael Carrithers, Cambridge University Press, pp.156-189.

Ewing, Katherine. 1990. "The Illusion of Wholeness: Culture, Self and Experience of Inconsistency", *Ethos*, Vol.18, No.3, pp.251-278.

Farenga, Patrick. 2002. *A Brief History of Homeschooling*, http://www.hsc.org/prohistory.html

Geertz, Clifford. 1984. "From the Native's Point of View": on the Nature of Anthropological Understanding, in *Culture Theory*, pp.123-136, edited by Richard A Shweder and Robert A. Levine, Cambridge University Press.

Glasser, Irene & Rae Bridgman. 1999. *Braving the Street: The Anthropology of Homelessness*, Berghahn Books.

Grabb, Edward (et al). 1999. "The Origins of American Individualism: Reconsidering the Historical Evidence" in *Canadian Journal of Sociology*, Vol. 24, No. 4. pp. 511-533.

Hopper, Kim. 1991, "A Poor Apart: The Distancing of Homeless Men in New York's History", *Social Research* 58(1):107-132. 引自Arline Mathieu. 1993. "The Medicalization of Homelessness and the Theater of Repression", in *Medical Anthropology Quarterly*, New Series, Vol. 7, No. 2 , pp. 170-184

Hsu, F.L.K. 1961a. "American Core Value and National Character" in *Psychological Anthropology*, ed. Hsu, F. the Dorsey Press, Inc. pp.209-230

——1961b. "Kinship and Ways of Life", in *Psychological Anthropology*, ed. by Francis L. K. Hsu, the Dorsey Press, Inc

——1963.*Clan, Caste, and Club*, Princeton: D. Van Nostrand Company, Inc.

——1983. "Eros, Affect and Pao", in *Rugged Individualism Reconsidered*,

The University of Tennessee Press, pp.263-300.

Hurley, Jennifer. ed. 2002. *The Homeless, Opposing Viewpoints*, San Diego: Greenhaven Press Inc.

Kursserow, Adrie Suzanne. 1999a. "Crossing the Great Divide: Anthropological Theories of the Western Self", *Journal of Anthropological Research* Vol.55, No.4, pp.541-562.

——1999b. "De-Homogenizing American Individualism", *Ethos*, Vol.27, No.2, pp. 210-234.

La Fontaine, J.S. 1985. "Person and Individual: Some Anthropological Reflections", in *The Category of the Person*, edited by Michael Carrithers, Cambridge University Press, pp.123-140.

LaGory, Mark (et al). 2001. "Life Chances and Choices: Assessing Quality of Life among the Homeless", in *The Sociological Quarterly*, Vol. 42, No. 4, pp.633-651.

Lefebvre, Henri. 1991. *The Production of Space*, translated by Donald Nicholson-Smith, Blackwell.

Lewin, Kurt. 1997[1948]. *Resolving Social Conflicts & Field Theory in Social Science*, American Psychological Association.

Lipset, Seymour Martin. 1963. *The First New Nation: The United States in Historical and Comaprative Perspective*, New York: Basic Books.

——1996. *American Excpetionalism, A doubled-Edged Sword*. W.W. Norton & Company.

Lipset, Seymour & Reinhard Bendix. 1959. *Social Mobility in Industrial Society*, Berkeley: University of California Press.

Lofgren, Orvar. 2003[1984]. "The Sweetness of Home", in *The Anthropology of Space and Place*, Edited by Setha M. Low and Denise Lawrence-Zuniga, Blackwell, pp. 142-159.

Lynd, Robert & Helen Lynd. 1929. *Middletown, A Study in American Culture*, Harcourt, Brace and Company.

Margalit, Avishai. 1996. *The Decent Society*, translated by Naomi Goldblum, Harvard University Press.

Mathieu, Arline. 1993, "The Medicalization of Homelessness and the Theater of Repression", in *Medical Anthropology Quarterly*, New Series, Vol. 7, No. 2, pp. 170-184.

Mauss, Marcel. 1985. "A Category of the Human Mind: the Notion of Persons; the Notion of Self" in *The Category of the Person*, edited by Michael Carrithers, Cambridge University Press.

Mead, Margaret. 2000. *And Keep Your Powder Dry, An Anthropologist Looks at America*, Berghahn Books.

Mitchell, Don & Lynn Steheli. 2006. "Clean and Safe? Property Redevelopment, Public Space and Homelessness in Downtown San Diego", in *The Politics of Public Space*, edited by Setha Low and Neil Semith, Routledge, pp.143-175.

Neale, Joanne. 1997 "Theorising Homelessness Contemporary Sociological and Feminist Perspectives", in *Homelessness and Social Policy*, ed by Roger Burrows (et al), London: Routeldge.

Ortner, Sherry B. 1989. *High Religion, A Cultural and Political History of Sherpa Buddhism*, Princeton: Princeton University Press.

——1991. "Reading America: Preliminary Notes on Class and Culture", in *Recapturing Anthropology: Working in the Present*, edited by Richard G. Fox, the School of American Research, reprinted in Ortner, Sherry.2006, *Anthropology and Social Theory*, Duke University Press.

——1998a. "Generation X: Anthropology in Media-Saturated World", in *Cultural Anthropology*, 13(3):414-40, reprinted in Ortner, Sherry.2006, *Anthropology and Social Theory*, Duke University Press

——1998b. "Identities: The Hidden Life of Class", in *Journal of Anthropological Research*, 54(1):1-17, reprinted in Ortner, Sherry.2006, *Anthropology and Social Theory*, Duke University Press

——2002a. "Subject and Capital", in *Ethnos*, Vol.67, pp.9-32

——2002b. "'Burned Like a Tattoo' High School Social Categories and American Culture", in *Ethnography*, Vol. 3(2): 115–148

——2003. *New Jersey Dreaming: Capital, Culture, and the Class of '58*.

Durham, N.C.: Duke University Press.

Putnam, Robert D. 2000. *Bowling Alone: the Collapse and Revival of American Community*, New York: Simon & Schuster.

——2004. *Better Together: Restoring the American Community*, New York: Simon & Schuster Paperbacks.

Quroussoff, Alexandra. 1994. "Anthropologist, Comparison, the West and the Individual", in *Men*, New Series, Vol.24, No.9, pp.975-976.

Rosaldo, Michelle. 1984. "Toward an Anthropology of Self and Feeling", in *Culture Theory*, pp.137-157, edited by Richard A Shweder and Robert A. Levine, Cambridge University Press.

Roleff, Tamara ed. 1996. *The Homeless, Opposing Viewpoints*, San Diego: Greenhaven Press Inc.

Shain, Barry Alan. 1994. *The Myth of American Individualism: The Protestant origins of American Political Thought*, Princeton University Press.

Shweder, Richard & Edmund Bourne. 1984. "Does the Concept of the Person Vary Cross-Culturally", in *Culture Theory*, Cambridge University Press, pp.158-199.

Snow, David (et al). 1986. "The Myth of pervasive Mental Illness among the Homeless", in *Sociological Problems*, Vol.33, No.5, pp.407-423.

Spiro, Melford. 1993. "Is the Western Conception of the Self "Peculiar" Within the Context of the World Cultures?" *Ethos*, Vol.21 No.2 pp107-153.

Susser, I. 1996, "The Construction of Poverty and Homelessness in US Cities", in *Annual Review of Anthropology*, Vol. 25, pp. 411-435.

Taylor, Charles. 1989. *Sources of the Self*, Harvard University Press.

——1991. *The Ethics of Authenticity*, Harvard University Press.

Turner, Victor & Edward Bruner ed. 1986. *The Anthropology of Experience*, University of Illinois Press.

Wolch, Jennifer & Michael Dear. 1993. *Malign Neglect, Homeless in an American City*, San Francisco: Jossey-Bass Publishers.

Wolfe, Alan. 2003. *The Transformation of American Religion: How We Actually*

Live Our Faith, Free Press.

Wright, Talmadge. 2000,"Resisting Homelessness: Global, National, and Local Solutions", in *Contemporary Sociology*, Vol. 29, No. 1, Utopian Visions: Engaged Sociologies for the 21st Century, pp. 27-43

Wuthnow, Robert. 1988. *The Restructuring of American Religion*, Princeton University Press.

——2005."Changing Perspectives on Individualism: Strong Selves and Personal Narratives", Conference Papers, American Sociological Association, 2005 Annual Meeting, Philadelphia, p1-60.

致　谢

> 但愿神明赐我们本领
> 看见自己像别人看见我们！
> Oh would some power the gift give us
> To see ourselves as others see us

　　艾兰坐在养老院二楼的会客厅，给我念了彭斯《致虱子》中的这一名句，表达她对我来到悠然城做田野调查的感受与想法。其实，我们每一个人都希望看到他者眼中的自我，也都期待着绕道他者来理解自我，而人类学的田野调查则为我们开启了一种可能途径。

　　在这本由博士论文修订而成的书稿出版之际，有太多的感谢需要说出来——虽然语言不一定能完全表达我心中的谢意。我要特别感谢 Edna Mote 女士和 James Katekaru 先生。正是有了 Edna 和 Jim 的慷慨帮助，我才能够以微薄的经费在悠然城完成为期一年的田野调查。如今我与他们的友谊早已超越田野关系。在悠然城的时候，我们曾一起度过中秋节，那之后 Edna 开始留意月亮的圆缺，她知道那对于我们来说不只是自然现象。回国一年多后，Edna 在大儿子 David 的陪同下特意来北京旅行。对于年迈的她来说，北京之行的目的更多是为了来看我。

　　在小城生活的那一年，Jim 总说我不爱运动，他每次去跑步或爬山总要叫上我；他还计划教我打网球，可惜我实在没有运动天赋，打了两次之后不愿坚持了。如今，Jim 的邮件经常提到他在坚持长跑，为夏威夷国际马拉松赛做准备。我明白，他是在鼓励我多运动。

　　Stella, Jianghong, Shawn, Donna, Betty, Elisa, Eugene, Melissa……，她们视我为朋友而不仅是田野工作者。在得知我爬山摔了一跤之后，Stella 给我送来一本精美的小书：*Heavenly Mail: Words of Wisdom from God*，那天她本计划带我去悠然城北部的一个海边小镇看灯塔。在悠然城，Jianghong 和 Shawn 的家门总是对我开着。离开悠然城回国的时间与Donna早就定好的日程有冲突，她为未能送我到洛杉矶机场而一再说抱歉。Betty每周二、四早晨来接我去教会，做完志愿工作之后又把我送回家。Elisa介绍我认识她的家人和朋友。Eugene帮我联系访谈人。Melissa找来中文版的《圣经》送给我……离别悠然城前夕，James在他家为我办了一个farewell party，朋友们给我带来了笑声和礼物，更给我带来了温暖与愉悦。谁说田野调查仅仅是专业性的学术活动呢？它还是研究者个人的人生之旅。我衷心祝愿悠然城的人们喜乐、宁静！

我要表达对导师高丙中教授的感谢。最初报考高老师的博士研究生是因为高老师的民俗学背景——我硕士期间读的也是民俗学。当时，我没有想过自己的田野调查会在美国完成。海外民族志项目为我打开了一扇理解他人及认识自己的窗户。高老师是一位严厉又不失温和的导师，他为学生的无私付出既有组织大家讨论至深夜时的点点滴滴，更有为学生营造的学术空间，在其中我们可以发现面向自己敞开的无限可能性。

我要郑重感谢洛杉矶加州大学人类学系与中国研究中心的阎云翔教授。没有阎老师接收我到中国研究中心进行为期一年的访问研究，我的田野调查是无法开展的。在美国期间，阎老师为我提供参考文献，多次不厌其烦地帮我分析、修正调查思路，他的肯定和鼓励也增添了我的信心。这一次，阎老师又在百忙中为本书作序，他的宽厚以及对年轻人的期望令我感动。

我还要感谢拨冗参加我的博士论文开题报告、预答辩和答辩的诸位老师：朱晓阳老师、赵旭东老师、方文老师、钱民辉老师、谢立中老师、周云老师、吴飞老师、黄平老师、杨圣敏老师。老师们的批评和建议使我受益匪浅。

在北京大学社会学系和社会学人类学研究所就读的几年，使我有机会接触到一个向往已久的学术领域。在蔡华老师、王铭铭老师、朱晓阳老师、赵旭东老师、秦明瑞老师的课堂上我受益匪浅，老师们严谨的治学态度和深厚的学术素养令我难忘。遗憾的是，因为时间的限制，我没能更多地从其他老师那里听取教诲。感谢于晓萍老师、系图书室的各位老师，因为各种事务我经常叨扰她们。

我还要感谢洛杉矶加州大学的李放春博士、陈慧彬博士，在美国的一年里我不止一次地麻烦他们，他们的慷慨帮助让我难以忘记。

许多同学参加了我论文提纲和初稿的集体讨论,各自提出了有益建议。他们是龚浩群(完成了泰国的民族志研究)、康敏(完成了马来西亚的民族志研究)、吴晓黎(完成了印度的民族志研究)、杨春宇(完成了澳大利亚的民族志研究)、周歆红(完成了德国的个案调查)、夏循祥(完成了香港的民族志研究)、张金岭(完成了法国的民族志研究)、马强(完成了俄罗斯的个案调查)、章邵增(在美国念人类学博士,已赴巴西进行个案调查)、宋红娟、王立阳、宋奕、高卉(已赴美进行个案调查)和梁文静(已赴美进行个案调查)。此外,赖立里和李霞的中肯批评也帮我理清了修改思路。

由于学识有限,我未能完全吸纳老师们与学友们的宝贵建议,本书的所有材料和观点均由我本人承担文责。

感谢中国社科院社会学研究所提供的严谨宽容的学术环境。人类学室罗红光研究员给了我很大的鼓励,与王甘博士、鲍江博士、阿嘎佐诗博士、郑少雄博士的交流及合作也加深了我对人类学的认识。本书的出版离不开北京大学出版社丁超编辑的辛苦工作。在此我谨向所有人致以诚挚的谢意!

最后要说的是,由于语言能力及调查时间有限,我的田野调查不可避免地带有偶然性,很多问题也未能深入调查。虽然几经修改,这本民族志依然带有生涩味道。若有可能得到读者的建议或批评,我将不胜感谢,并进一步修正、完善自己的研究。

李荣荣
2011 年 5 月于北京